dtv MERIAN reiseführer
Piemont, Ligurien Lombardei

Von Henning Klüver

Deutscher
Taschenbuch
Verlag

Gräfe und Unzer Verlag, München
Reiseredaktion
Redaktion/Lektorat: Ulrike Bässler
Bildredaktion: Ulrike Bässler
Kartenredaktion: Dagmar Piontkowski

Wir freuen uns, Ihre Meinung zu diesem Reiseführer zu erfahren. Bitte schreiben Sie uns, wenn Sie Berichtigungen und Ergänzungsvorschläge haben oder wenn Ihnen etwas besonders gut gefällt.

Gräfe und Unzer Verlag
Reiseredaktion
Stichwort: dtv MERIAN
Postfach 83 03 66
Grillparzerstraße 12
81 675 München

Originalausgabe
1. Auflage 1998
Deutscher Taschenbuch Verlag
GmbH & Co. KG, München
© Gräfe und Unzer Verlag GmbH,
München
Visuelles Konzept und
Umschlaggestaltung:
Klaus Meyer/Jorge Schmidt,
München
Umschlagfoto: Herbert Hartmann
S. Caterina del Sasso, Lago Maggiore
Kartographie: Huber, München
Produktion:
Verlagsbüro Walter Lachenmann,
Waakirchen-Schaftlach
Druck und Bindung:
Kösel, Kempten

Printed in Germany
ISBN 3-423-37027-0

Alle Rechte vorbehalten. Nachdruck, auch auszugsweise, sowie Verbreitung durch Film, Funk und Fernsehen, durch fotomechanische Wiedergabe, Tonträger und Datenverarbeitungssysteme jeglicher Art nur mit schriftlicher Genehmigung des Verlages.

Inhalt

11 Erste Begegnung mit dem
Piemont, mit Ligurien und der
Lombardei

25 Geschichte und Gegenwart

Unterwegs im Piemont, in Ligurien
und in der Lombardei

41 **Aosta**
Orte in der Umgebung: Cogne und
der Parco Nazionale del Gran Paradiso 46, Courmayeur 47, Saint Vincent 48, Valle di Gressoney 49

49 **Asti**
Orte in der Umgebung: Alba 55,
Alessandria 58, Bra 60, Casale M.
und das Monferrato 61, Cherasco
62, Cuneo 63, Limone Piemonte 63,
Mondovì 64, Rocchetta Tanaro 64,
Saluzzo 65

67 **Brescia und der Gardasee**
Orte in der Umgebung: Boario und die Valcamonica 75, Castiglione delle Stiviere 76, Gardone Riviera und der obere Gardasee 77, Lago d'Iseo 80, Mantua 81, Sabbioneta 84, Sirmione und der südliche Gardasee 86

88 **Como**
Orte in der Umgebung: Bellagio 94, Cantù 95, Castiglione Olona 97, Gravedona 98, Lago di Lugano 98, Lecco 99, Menaggio und das Westufer des Comer Sees 100, Ostufer des Comer Sees 102, Sondrio und die Valtellina 103, Varese 103

104 **Genua und die Riviera**
Orte in der Umgebung westlich von Genua: Alassio 117, Albenga 118, Finale Ligure 118, Imperia 119, San Remo 120, Savona 122, Ventimiglia 124
Orte in der Umgebung östlich von Genua: Camogli 125, Cinque Terre 126, La Spezia 128, Portovenere 129, Rapallo 130

131 **Mailand**
 Orte in der Umgebung: Bergamo 152, Cremona 155, Lodi 158, Monza 159, Pavia 160, Vigevano 162

163 **Novara und der Lago Maggiore**
 Orte in der Umgebung: Arona 168, Cannobio 168, Laveno und das südliche Ufer des Lago Maggiore 168, Luino 171, Oleggio 171, Ortasee 172, Schweizer Ufer 174, Stresa 174, Varallo 177, Verbania 177, Vercelli 179

180 **Turin**
 Orte in der Umgebung: Avigliana 194, Biella 195, Ivrea und das Canavese 196, Rivoli 197, Stupinigi 197

Routen und Touren
201 Auf dem Rücken der Pferde durch das Piemont
202 Mit dem Fahrrad durch den Ticino-Park
204 Mit dem Zug von Domodossola nach Locarno
205 Wandern auf dem ligurischen Höhenweg
206 Wandern in den Cinque Terre
208 Spaziergang durch die Oberstadt von Bergamo

Allgemeine Informationen
215 Anreise, Apotheken, Auskunft, Auto, Camping, Diplomatische Vertretungen, Einkaufen, Einreise, Essen und Trinken (mit Speisen- und Getränkelexikon), Feiertage, Feste und Folklore, Geld, Hotels, Kinder, Klima und Reisezeit, Leihfahrzeuge, Medizinische Hilfe, Notruf, Post, Radio und Fernsehen, Sport, Sprache, Strände, Taxi, Telefonieren, Trinkgeld, Zeitungen und Zeitschriften, Zoll

234 Orts- und Sachregister

Karten und Pläne:
Piemont-Ligurien-Lombardei, westlicher Teil auf der Umschlag-Innenseite vorne; Piemont-Ligurien-Lombardei, östlicher Teil auf der Umschlag-Innenseite hinten; Genua: hintere Umschlagklappe; Brescia 71, Mantua 83, Como 90, Mailand 132/133, Turin 181, Bergamo 209

Wißt Ihr schon da Neueste? Drei Gra zien vom Ostufer de Lago Maggiore i S. Caterina del Sass

Erste Begegnung mit dem Piemont, mit Ligurien und der Lombardei

Erste Begegnung mit dem Piemont, mit Ligurien und der Lombardei

Wenn man von den Alpen kommt, wechselt zuerst das Licht. In die klare Luft, die eben noch über den Almen gestanden hat, mischt sich warmes Flirren. Die Straße windet sich talwärts, und Rebpflanzungen breiten sich aus, die man auf dieser Höhe kaum vermutet hätte. Sie sind Boten des milden Klimas, das von den Seen aufsteigt. Wenig später nimmt der Besucher die subtropische Umwelt an den Seen zwischen Lago di Garda und Lago Maggiore gefangen. Ein leichter Wind streicht durch Olivenhaine, Wein wechselt mit Maispflanzungen und Freizeitfischer suchen ihr »Petri Heil« am palmenbestandenen Ufer. Hinter den Seen ändert sich das Licht dann nochmals, es wird milchiger, besonders am Abend, wenn sich die Straßen an die langen Pappelreihen anlehnen. Am Horizont überragen Kirchtürme die feuchten Wiesen, schließlich versperren Deiche den Blick – und die Weiterfahrt. Nach einigem Suchen hält man bei der Brücke, unter der Ticino und Po zusammenfließen. Im Westen spiegelt sich das letzte Rot der Dämmerung in den sich ausbreitenden Wasserflächen der Reisfelder, während im Süden der Abend erste Lichter in den Hügeln jenseits des Po entzündet. So kann man Norditalien erleben, wenn man Nebenstraßen sucht. Auf den Hauptstraßen und Autobahnen zeigt sich ein anderes Bild – das eines modernen und geschäftstüchtigen Landes mit rund 15 Millionen Einwohnern. Allein die Lombardei ist der Bevölkerungszahl nach die größte Region Italiens. Hier leben fast neun Millionen Menschen – etwa soviel wie in Österreich. Manager und Designer, Modeschöpfer und Galeristen bilden das anspruchsvolle Publikum für Italiens vielseitigste Restaurantszene. Manche Besucher übersehen dabei, daß diese reiche und kreative Industrieregion auch der größte landwirtschaftliche Erzeuger der Nation ist und mit der herrlichen Seenkette einen der großen touristischen Anziehungspunkte besitzt. Dem stehen die Nachbarn kaum nach: Piemont und das Aosta-Tal mit den Alpenpanoramen im Nordwesten, Ligurien und das Meer im Südwesten.

Vorherige Seite:
Das blaue Meer Liguriens und der Hafen von Vernazza
Links: Zu den Cinque Terre gehört auch Monterosso, wo man den Fischern beim Flicken ihrer Netze zusehen kann

Die Landschaft prägt die Menschen

Gemeinsam haben diese vier Regionen an einem geographischen Glücksfall Anteil: Es sind die Alpen, die sich wie ein schützender Arm um Oberitalien legen. Aus den Bergen kommen auch die Gewässer, die in immer neuen Formen Seen bilden und die verschiedensten Landschaften prägen. Am Monviso an der

Grenze nach Frankreich entspringt der Po, der sich dann mal majestätisch, mal träge durch die fruchtbare Ebene zwischen Alpen und Apennin schlängelte, die seinen Namen trägt. Zwischen Turin und Casale nähert sich die liebliche Hügellandschaft des Monferrato bis an sein rechtes Ufer. Weiter gegen Südwesten steigt diese beträchtlich an und geht in die Seealpen über. Hier an der ligurischen Wasserscheide, die sich bei Altare oberhalb von Savona nach Osten im Apennin fortsetzt und im großen Bogen um die Bucht von Genua erst bei La Spezia ausläuft, wirft man zum ersten Mal einen Blick auf das faszinierend blaue Meer, das Mittelmeer. So unterschiedlich wie die Landschaften sind auch die Menschen, die hier leben. Die Lombarden gelten als geschäftig, die Piemontesen als geruhsam, die Ligurer als sparsam, und im Aosta-Tal bleibt man gern häuslich. Fast britischer Spleen ist in Genua zu Hause, eine gewisse französische Bohemie in Turin und in Mailand findet man Schweizer Organisationstalent. Oberitalien ist so etwas wie ein europäisches Haus im kleinen. Denn da sind ja noch die Zuwanderer aus Süditalien, aus Caltanissetta, Campobasso oder Carbonia, die hier in den fünfziger und sechziger Jahren Arbeit und Wohnung fanden. Und deren Kinder längst norditalienische Dialekte sprechen. Ganz zu schweigen von den farbigen Zuwanderern aus Ländern vom anderen Ufer des Mittelmeers, die den Straßenhandel unter den Bögen der Via Sottoripa (Genua), Via Roma (Turin) oder längs der Piazza Duomo (Mailand) bestimmen.

Bezaubernde piemontesische Landschaft – die Langhe, zwischen Neive und Barbaresco

Die Kunst, mit dem kulturellen Erbe umzugehen

Und noch etwas anderes finden wir an Land: Nach einer Untersuchung der Kulturbehörde der Vereinten Nationen (Unesco) beherbergt Italien zwischen 35 und 40 Prozent aller erhaltenswerten Kulturgüter der Welt. Villen und Gärten, Kirchen und Klöster, Burgen und Mauern, Stadttürme und Plätze, Bilder und Statuen. Das Land trägt schwer an dieser Last. Wer während der Öffnungszeiten vor einem geschlossenen Museum steht, mag das für Arroganz einer touristenfeindlichen Bürokratie halten. Manchmal liegt der enttäuschte Besucher gar nicht so falsch mit seiner Vermutung, aber häufig ist die Verwaltung gerade kleiner Ortschaften schlicht überfordert. Und nicht immer springen private Sponsoren ein. Schon gar nicht, wenn es sich um wenig spektakuläres Gut handelt wie romanische Fresken einer abgelegenen Kirche in der Valtellina oder das Tafelbild eines Museums am Rande Mailands, dessen Maler leider nicht Leonardo da Vinci heißt. Doch trotz dieser Widrigkeiten findet man kaum anderswo in Italien solch kunsthistorischen Reichtum und diese landschaftliche Vielfalt. Kultur ist eine Frage des Alltags – und beschränkt sich, wie man bei Tisch erfahren kann, nicht nur auf historische Bauwerke.

Die Kraft der Natur im Piemont und im Aosta-Tal

Am Fuße der Berge« *(pie-mont)*, so läßt sich der Name der westlichsten Region Italiens übersetzen. Drei große Landschaftsbilder bestimmen sie: zunächst die mächtigen Alpen an der Grenze nach Frankreich und zur zweisprachigen autonomen Region Valle D'Aosta (Monviso, Gran Paradiso, Monte Bianco, Cervino und Monte Rosa); dann folgt die Ebene, durch die der Po fließt, die aber hier zwischen der Regionalhauptstadt Turin und der Grenze zur Lombardei noch nicht die spätere Weite hat; schließlich das Hügelland im Südwesten mit seinen versteckten Burgen und alten Städten wie Alba und Asti. In den Bergen gibt es von Limone Piemonte (Skifahren gleichsam mit Meeresblick!) über das Nobeldorf Sestriere bis nach Domodossola eine ganze Reihe von Orten, die auf Sommer- wie Winterurlaub eingerichtet sind. Außerdem liegen das Aosta-Tal (Courmayeur) und die französischen Alpen (Val d'Isère) vor der Tür. Der Parco Nazionale del Gran Paradiso ist ein (geschütztes) Naturparadies mit einer reichen Flora und Fauna. Burgen und hübsche Ortskerne (allen voran das römische Aosta) charakterisieren die zweisprachige Region Aosta-Tal. Am Rande der Alpen, wo das Vorgebirge dem Tal des Ticino Platz macht, beginnt dann die großartige Kette der oberitalieni-

schen Seen mit dem Lago di Orta, einem landschaftlichen Kleinod, und dem Lago Maggiore, über den man zu Recht ins Schwärmen kommen kann.
Kräftige Flüsse münden in den Po und nähren den größten Strom Italiens: die Dora Riparia, Stura, Dora Baltea und Sesia von Norden sowie der Tanaro und die Scrivia von Süden. Kein Wunder also, daß Wasserkraft eine traditionelle Energiequelle des Landes ist. Eine Kraft, die – wie die Überschwemmungen im Herbst 1994 gezeigt haben – nur von den Menschen gebändigt werden kann, wenn man sie nicht etwa durch Flußbegradigungen aus ihrem natürlichen Gleichgewicht reißt.
In der Ebene sind historische Städte gewachsen: Novara (Antonellis Kirchenkuppel) und Vercelli (gotische Basilika S. Andrea). Hier beginnt auch das Reisanbaugebiet, das sich bis weit in die Lombardei südlich von Mailand fortsetzt. Besonders im Frühling, wenn die Bauern ihre Felder fluten, spiegelt sich der klare Himmel auf den Wasserflächen. Und schneebedeckt leuchtet der Alpenkranz am Horizont. Reisgerichte – *Risotti* in allen Variationen – stehen auch auf der Speisekarte. Folgt man dem Po Richtung Turin, trifft man zunehmend auf kleinere und mittlere Industriebetriebe, hauptsächlich auf Maschinenbau konzentriert, die das wirtschaftliche Rückgrat der Region ausmachen. Bei Biella und Ivrea haben sich Computerunternehmen wie Olivetti angesiedelt. In Turin erreicht dann diese Entwicklung mit Fiat, dem größten Automobilunternehmen Europas, einen Höhepunkt.

Zwischen verträumten Denkmälern und kulinarischen Genüssen

Industriestadt Turin: Wenn man sich ins Zentrum vorwagt, folgt die Überraschung auf dem Fuß: Eine im Barock geplante Residenzstadt will erlaufen sein, mit schönen, zum Teil arkadengesäumten Plätzen, verträumten Denkmälern, eleganten Geschäften, stilvollen Cafés, interessanten Museen. Wer den Barock nur aus Mittel- und Süd-

Die Arkaden in der Via Roma von Turin laden zum Bummeln ein

italien kennt, lernt in den Kirchen und Palazzi eines Guarini höchst originelle Interpretationen dieses seit der Aufklärung so verachteten Stils kennen, der mit seiner Virtuosität und Theatralität unserer modernen Kommunikationsgesellschaft viel näher steht, als man zunächst glauben mag. Wie sehr etwa die Turiner an diesen Bauwerken hängen, zeigte die große Anteilnahme, als im Frühjahr 1997 ein Brand die Kapelle der SS. Sindone zwischen Dom und Stadtschloß zerstört hatte. Aber auch die gegenwärtige Kultur kommt nicht zu kurz. In Turin stößt man immer wieder auf große Ausstellungen, Messen *(salone del libro)* und Theaterereignisse. Und zur Alltagskultur gehört sicher auch der Fußball, der hier mit »Juventus« einen Meisterclub besitzt. Das angrenzende Hügelland ist ganz anders geprägt. Berühmte Weine kommen aus den Langhe und dem Monferrato. Hier wächst auch die kostbare Trüffelknolle. Weinland sei Feinschmeckerland, meinte der berühmte Koch Paul Bocuse. Hier läßt sich diese These wieder einmal verifizieren: von der Trauben-Mostarda aus Rocchetta Tanaro zu den Schnecken aus Cherasco, von der Trüffel aus Alba zum Castelmagno-Käse aus dem Grana-Tal.

Doch erst langsam richten sich die Bewohner darauf ein, fremden Besuchern ein Zimmer zu vermieten. Es gibt wohl kaum eine schönere Gegend Italiens, die so unentdeckt und unerschlossen ist. Liegt es daran, daß über ihr gerade in der schönsten Jahreszeit, im Herbst, ein hauchdünner Schleier von Traurigkeit liegt?

Etwas leichter geht die Zimmersuche, wenn man die kleinen, hübschen Städte Asti oder Alba zum Stützpunkt wählt. So zeigt sich das »unbekannte« Piemont als landschaftlich äußerst vielfältige Region. Nicht zu vergessen die romanischen Abteien und Burgen, gotischen Kirchen und Stadtanlagen wie in Cherasco oder Mondovì.

Die Lombardei hinter einem Nebelschleier...

Wenn es um Vorurteile geht, hat die Lombardei gute Chancen, als untouristisch durchzugehen. Mailand? Kennt man: Industriestadt mit Dom. Die Umgebung: Nochmal Industrie. Dann kommt der Po, der ist, wie man weiß, verschmutzt. Und außerdem? Da gibt es höchstens noch Nebel. Also, gucken wir mal, wenn sich die Vorurteile gelichtet haben, etwas genauer hin. Im Norden liegen schützend die Alpen mit dem Bernina-Massiv. Darunter zieht sich die Valtellina, in der man nicht nur herrlich wandern, sondern auch Skisport betreiben kann, in Bormio zum Beispiel. Die Valcamonica mit ihren Thermen, beispielsweise in Boano, und dem Park mit frühgeschichtlichen Felsritzungen übergehen wir hier einfach.

Darunter liegt See an See: Lago Maggiore (Ostufer lombardisch),

Lago Varese, Lago di Lugano (zum größeren Teil allerdings im Tessin), Lago di Como (Bellagio ist viel zu schön, als daß man es umgehen könnte), Lago d'Iseo (Monte Isola), Lago d'Idro und natürlich der Deutschen liebster See, der Lago di Garda (wobei das Nordufer zur Region Trentino/Südtirol und das Ostufer zur Region Venetien gehört). Gardasee, das sind himmelblaue Wasser, Palmen, Gärten und blühende Zitronenterrassen (bei Limone) – von wegen Nebel! Unterhalb der Seen, zum Teil auch direkt an ihren Ufern, haben Menschen seit römischen Zeiten sehenswerte Stadtanlagen gebaut: Como, Bergamo, Brescia.

Bergamos Oberstadt nannte der Architekt Le Corbusier charmant eine »verehrungswürdige Unbekannte«. Vielen unbekannt bleibt auch das sympathische Brescia, weil es seine Schönheiten im Zentrum hinter einer häßlichen Peripherie versteckt. Dabei lohnen ein venezianisches Ambiente, römische Tempel und frühchristliche Mosaiken allemal den Weg.

Was nun den Po, den größten Fluß Italiens angeht: Man muß ja nicht darin baden – wie man es auch nicht im Rhein oder in der Elbe tun kann. Ganz Italien beklagt zu Recht seinen Verschmutzungsgrad und hofft darauf, daß Mailand – die hauptschuldige Stadt neben der emilianischen Landschaft – endlich eine funktionierende Kläranlage bekommt.

Lecco, kleine »Schwester« von Como, wird bald Hauptort einer eigenen Provinz sein

Wer je am Po gewandert ist (auch Fahrradtouren bie-

ten sich hier an), wird sich kaum dieser herben Landschaft mit Pappeln und Kirchtürmen entziehen können. Außerdem spürt man nicht nur bei Tisch andere kulturelle Einflüsse: Der Fluß bildet die südliche Grenze der Lombardei zur Region Emilia-Romagna, die mit dem berühmten Parmaschinken und dem köstlichen Parmesankäse gesegnet ist.

Die Kunststädte und die Metropole im Schnittpunkt der Wege

Aus den lombardischen Alpen streben wichtige Flüsse dem Po zu: der Ticino, von einem Naturschutzgebiet umgeben, die Adda, ebenfalls mit Naturpark, der Oglio und der Mincio. Innerhalb dieses Wassernetzes, das bei Mailand auch noch das Kanalsystem der Navigli speist, haben sich die Kunststädte der Lombardei verfangen: das viscontische Vigevano und das langobardische Pavia, wo die Lombardei den Po überspringt und mit dem Oltrepò ein liebliches Hügelland voller Weinreben bildet.

Weiter gegen Osten folgen Lodi, die Geigenbaustadt Cremona und schließlich Mantua, die Residenz der Gonzaga mit dem prächtigen Palazzo Ducale – alles Städte zum Bummeln und Verweilen. Auch bei Nebel. Ja, mittendrin, wo alle Wege sich kreuzen, liegt Mailand. Die Aggressive, die Große, die Laute, die Dyna-

Unentdeckte Schönheit vor den Toren der lombardischen Hauptstadt Mailand: Lodi – mit der Piazza Duomo

mische, die Protzige, die Geschmackvolle, die Zersiedelte, die Romanische, die Verseuchte, die Phantastische, die Teure, die Offene, die Modische, die Arrogante, die Freigiebige. Man mag sie hassen, aber es ist unmöglich von dieser Stadt mit ihren Kirchen und Geschäften, Reklametafeln und Museen, Snackbars und Verlagshäusern nicht fasziniert zu sein.

Zwei Rivieren – westlich und östlich von Genua

In diesen Landschaftsbildern fehlte bisher ein wichtiges Italienerlebnis: das Meer. Endlich, in Ligurien liegt es vor uns. Ligurien bedeutet 350 Kilometer Küste, die nicht überall so feine Sandstrände bietet wie bei San Remo, Alassio oder in Sestri Levante. Das Wasser ist, von Industriestandorten abgesehen, weitgehend sauber – sofern Mittelmeerwasser überhaupt noch sauber sein kann. Gleich hinter dem Strand steigen Felsen und Hügel steil an. Für die Ligurer war es deshalb gar nicht so leicht, nebeneinander Platz für Ortschaften, Autobahn und Eisenbahn zu finden; manchmal liegen sie deshalb einfacherweise übereinander.

Der große Bogen, den der Apennin um die gesamte Region schlägt (bei Voltri hat er mit rund 1200 m seinen höchsten Punkt), umgreift zwei verschiedene Teile Liguriens. Westlich von Genua erstreckt sich die Riviera di Ponente, zu der bereits Genua gehört, gefolgt von der Bucht von Savona. Die Strandstrecke bei Alassio schließt sich an und geht hinter Imperia über in die Blumenriviera bei San Remo, dem Zentrum der Nelkenproduktion, und trifft zuletzt auf die Seealpen, die bei Ventimiglia ans Meer stoßen. Hinter der Grenze liegen dann gleich die Leckerbissen der Côte d'Azur: Menton, Monte Carlo, Nizza.

Östlich von Genua fährt man die Riviera di Levante Richtung La Spezia. Das Vorgebirge von Portofino wird von magischen Orten des Fremdenverkehrs abgesteckt: Camogli, San Fruttuoso mit den Doria-Gräbern, Portofino mit seinen Luxusfischern, S. Margherita und Rapallo. Bei Sestri Levante weicht das Gebirge etwas zurück, bald aber versperrt der Monte Vé die Weiterfahrt, und nur in einem großen Bogen erreichen wir wieder die jetzt zerklüftete Küste der »fünf Länder«, der Cinque Terre. Dazu gehört ein herrliches Wandergebiet, das man im Sommer an Wochenenden wegen des Menschenandrangs lieber meiden sollte.

An der Spitze der Riviera liegt der zauberhafte kleine Hafen Portovenere mit seiner blauen Grotte – ein Stück Capri im Norden Italiens. Und dahinter der Industrie- und Militärhafen La Spezia mit seinem Schiffahrtsmuseum.

Zu Fuß vom Stadtzentrum bis an die Kaimauern

Apropos überfüllt: Manche mögen ja das sommerliche Gewühl und fühlen sich erst dann so recht in den Ferien – wie die Italiener zwischen Juli und August. Aber das milde Klima, besonders an der Riviera di Ponente, erlaubt eine fast ganzjährige Saison.
Persönlich finden wir den Monat Februar am schönsten, wenn es schon nach Frühling riecht und man beispielsweise allein am Strand von San Remo spazierengehen kann. Blau fällt die Dämmerung von den Hügeln, und die Lichter der Promenadenstraßen setzen ihr funkelnde Spitzen auf.
Dreh- und Angelpunkt dieser beiden Arme nach Osten und Westen ist Genua. Ob die Stadt zu stolz ist, sich ganz dem Tourismus zu öffnen – oder zu sparsam oder einfach zu geizig, bleibt eine Frage für Mentalitätsforscher. Die Stadt- und Regionalverwaltung möchte gerne den »Bildungs- wie Geschäftsreisenden« anziehen – haben sich deshalb zunächst die Hotelpreise erhöht? Immerhin gibt es in der Stadt mit dem der Ausdehnung nach größten historischen Zentrum Italiens eine ganze Menge zu sehen: Kirchen und Paläste, Museen und Stadtbefestigungen, die grünen Vorstädte am Wasser und auf den Hügeln.
Im alten Hafen ist nach der Weltausstellung von 1992 eine Fußgängerzone zwischen dem neuen Aquarium, einem der größten in Europa, und den Messegebäu-

Ein Stück Capri in Norditalien: Portovenere und die Küste bei San Pietro

Italienische Literatur *Von der Klassik bis zur Postmoderne, von Vittorio Alfieri (1749–1803) aus Asti bis zur Mailänderin Paola Capriolo (geb. 1962) haben die oberitalienischen Regionen eine ganze Reihe von namhaften Autoren hervorgebracht. Autoren, die an dem beispiellosen Erfolg, den die italienische Literatur seit geraumer Zeit im deutschen Sprachraum feiern kann, einen erheblichen Anteil haben. Ausgelöst wurde dieser Erfolg u.a. durch Umberto Eco. Der Autor, der sich vor allem als Zeichentheoretiker wissenschaftlichen Ruf erworben hat, wurde 1932 im piemontesischen Alessandria geboren und lebt heute in Mailand. Seine gleichsam als Divertimenti komponierten Romane beschreiben vielfach oberitalienische Landschaften und Begebenheiten. Besonders sein erster und größter Erfolgstitel, der Kloster-Krimi »Der Name der Rose« (1980), führt spannend und intelligent in die Welt des Mittelalters ein. In seinem umstrittenen und komplexeren dritten Buch »Die Insel des vorigen Tages« (1995) lernen wir das barocke Italien kennen, vor allem die kriegerischen Auseinandersetzungen zwischen Franzosen und Spaniern, in die der Hauptdarsteller im Monferrato gerät. Umberto Eco wird oft wegen seiner Bestseller kritisiert, er hat damit aber auch auf andere Schriftsteller aus Italien neugierig gemacht. Das gilt zum Beispiel für Sebastiano Vassalli (geb. 1941 in Genua). Vielleicht ist Vassalli mit »Die Hexe von Novara« (1990) einer der besten Romane über die Mischung von Religiosität und Aberglauben im 17. Jahrhundert gelungen. Er ist zugleich eine*

den entstanden, die Renzo Piano aus alten Lagerhäusern gestaltet hat. Endlich ist auch die Unterführung der Piazza Caricamento fertiggestellt, so daß man jetzt zu Fuß vom Stadtzentrum bis an die Kaimauern bummeln kann, wo die Barkassen zur Hafenrundfahrt ablegen.

Aber irgendwie hat man den Eindruck, als habe Genua Angst vor seiner eigenen (ehemaligen) Größe. Projekte wie eine U-Bahn werden laut zerredet und nur auf einer Minimaltrasse realisiert. Die häßliche Stadtautobahn, die hoch auf Stelzen das Altstadtviertel beschämt, sollte irgendwann unter der Erde im Tunnel verschwinden. Irgendwann.

Mit dem Dogenpalast, der gerade aufwendig restauriert worden ist, weiß man auch nichts Rechtes anzufangen. Und das berühmte Teatro Carlo Felice, das nach 40 Jahren endlich durch Aldo Rossi aufwendig, und im Inneren aufregend postmodern, umgebaut worden ist, scheint viel zu groß für Genua.

Ein Spaziergang auf der Circonvallazione a Monte mit dem weißen Blick über das Meer aus Steinen, den Hafen und das Tyrrhenische

Liebeserklärung an die flache Landschaft der Po-Ebene, den Reisanbau und die bäuerlichen Traditionen. Bosetta Loy wurde 1931 in Rom geboren, stammt aber aus einer piemontesischen Familie. Mit ihrem Roman »Straßen aus Staub« (1987) lernt man das Piemont des 19. Jahrhunderts aus der Sicht einer bäuerlichen Familie kennen – ein spannend und zugleich einfühlsam geschriebenes Buch.
Es gibt natürlich nicht nur die interessanten Gegenwartsautoren, zu denen selbstredend das Krimi-Duo Carlo Fruttero und Franco Lucentini gehört. Was wäre das Piemont ohne die Romane von Cesare Pavese (1908–50) oder Beppe Fenoglio (1922–63)? Was die Lombardei ohne den Klassiker überhaupt: Alessandro Manzoni (1785–1873) und sein Epos »Die Verlobten«, das zur Grundlage für die italienische Hochsprache wurde? Aus Ligurien stammt der große Italo Calvino (1923–85), der mit »Wo Spinnen ihre Nester bauen« einen der schönsten Romane über die Resistenza geschrieben und in den Hügeln bei San Remo angesiedelt hat. Lang wäre die Liste aller Autoren aus diesen Landstrichen. Zu den wichtigen modernen Schriftstellern gehören außerdem aus Piemont: Guido Ceronetti, Natalia Ginzburg, Carlo Levi, Primo Levi, Nico Orengo, Lalla Romano, Mario Soldati; Massimo Bontempelli, Aldo Busi, Dino Buzzati, Camilla Cederna, Dario Fo, Antonio Fogazzaro, Franco Fortini, Giovanni Giudice, Giorgio Manganelli, Elio Vittorini aus der Lombardei und Francesca Duranti, Anna Maria Ortese und Edoardo Sanguineti aus Ligurien.

Meer entschädigt für so manches. Es gibt da unten zwischen den Gassen noch viel zu entdecken, und sei es eine der Bratküchen unter den Arkaden der Via Sottoripa. Oder den Koch, der einem den letzten Kniff für die richtige Pesto-Zubereitung verrät.

Warten auf die Dunkelheit...

Am Abend fährt man dann die Küste entlang, die Sonne hat sich längst hinter den grünen Spitzen des Monte Bastia zur Ruhe gesetzt und letzte Strahlen streicheln rosa die Schönwetterwolken am Himmel.
An der Landseite zieren Palmen die reichen Gärten, und Schwalbengeschwader jagen um den Turmbau an einer Wegbiegung hinter der kleinen Kirche. Hier steigt man aus, geht ein paar Stufen hinunter zum Wasser, wo man sich auf die immer noch warmen Klippen setzen kann. Dann guckt man über das Meer zum blinkenden Abendstern hoch und wartet auf die Dunkelheit...

Geschichte und Gegenwart

Geschichte und Gegenwart

Langsam sucht die Tramlinie 15 ihren kurvenreichen Weg zur Haltestelle vor der Kirche San Lorenzo an der alten Porta Ticinese. Hier kann der Blick langsam über fast zwei Jahrtausende schweifen. Vor der Mailänder Lorenzbasilika bilden antike römische Säulen, die aus einem nahen Tempel herbeigeschleppt wurden, eine Art Atrium. San Lorenzo wurde im vierten Jahrhundert vom arianischen Bischof Auxentius damals vor den Toren Mediolanums gegründet. Aus dieser Zeit ist die Cappella S. Aquilino erhalten. Die frühchristliche Kirche ersetzte man im Mittelalter durch einen romanischen Neubau, der festungsgleich in den damaligen Mailänder Mauerring eingebettet wurde. Spuren vieler Jahrhunderte haben sich mit dem Kapellenkranz um den Zentralbau gelegt, der schließlich im geistigen Klima der Gegenreform so gestaltet wurde, wie wir ihn vor uns sehen.
Im Barock entstanden die Nebengebäude, in den dreißiger Jahren des 20. Jahrhunderts kam die Kopie einer antiken Kaiserstatue auf ihren Platz. Sie stellt Konstantin den Großen dar, der in seinem Toleranzedikt von Mailand das Christentum mit dem römischen Staat versöhnt hatte. Aufgestellt wurde sie unter dem Regime Mussolinis, das ästhetisch und ideologisch an die alte Größe Roms anknüpfen wollte. Zwischen den Atriumssäulen und dieser Statue fährt heute quietschend die Tramlinie 15, ein Stück Gegenwart auf diesem geschichtsträchtigen Platz. Vor San Lorenzo kann man sehen lernen, und der Reisende, der sich diesen Blick erhält, wird gerade in Norditalien auf seine Kosten kommen. Städte und Landschaften, Kirchen und Gärten, Höhlen und Paläste, Statuen und Bilder erzählen zu allererst von eben diesen Menschen – von politischen, wirtschaftlichen, alltäglichen Entwicklungen an deren Ende wir selber stehen. Der Besucher kann in diesem historischen und kulturellen Raum wie zum Vergnügen in einer Art Bilderbuch der Geschichte blättern. Eine Geschichte, die irgendwann vor langer, langer Zeit begann...

Frühgeschichte – Keramik, Stelen und Sgraffiti

Vorherige Seite:
So feierte man in mythischer Vorzeit
– Fresken in Mantuas Palazzo del Tè aus dem 16. Jh.
Links: Der Geigenbauer Antonio Stradivari machte Cremona berühmt

Schon früh hinterließen Menschen in Oberitalien Zeugnisse ihres alltäglichen Lebens. Die Sgraffiti in den Felsen der Valcamonica nördlich von Brescia aus der Jungsteinzeit und der ersten Bronzezeit (8. bis 3. Jahrtausend vor Chr.) ritzen gleichsam erste, noch sehr primitive Bilder in unser historisches Bewußtsein. Noch älter sind Spuren, die Archäologen in Ligurien fanden. Man nimmt an, daß bei Ventimiglia vor

200 000 Jahren Höhlenmenschen gelebt haben, bei Finale Ligure gibt es dann in einigen Höhlen zum ersten Mal Belege für den Homo sapiens sowie für menschliche Siedlungen aus der jüngeren Altsteinzeit. Im südlichen Teil Liguriens stoßen wir auf geheimnisvolle Stelen. Diese faszinierenden Statuen, die u. a. im Museo Civico von La Spezia ausgestellt sind, werden zwischen dem Ende des dritten und dem Anfang des zweiten Jahrtausends datiert. Damit treten wir langsam in eine nacherzählbare Zeit ein. Sogenannte ligurische Völker besiedelten im 2. Jahrtausend den Mittelmeersaum von der heutigen französischen Riviera bis weit in die Po-Ebene. Ob es sich dabei um ein vorindogermanisches Volk handeln soll oder um eine Mischung alteingesessener Bevölkerungsteile und langsam zugewanderter Kelten – den Streit überlassen wir gerne den Historikern. Jedenfalls waren die Insubrer Kelten, die dann durch das Tessin aus dem Norden in die Po-Ebene kamen. Die bisherige Bevölkerung zog sich in den Raum des heutigen Ligurien zurück. Mailand, so nimmt man an, ist eine insubrische Gründung. Insubrisch war auch die sogenannte Golasecca-Kultur (900–500 v. Chr.) südlich des Lago Maggiore. Andere keltische Stämme, wie die Cenomanen gründeten Bergamo und Como. Auf diesen keltischen Ursprung berufen sich heute die Ideologen der Separatisten (*Lega Nord*). Sie vergessen dabei, daß gerade das westliche Norditalien der historische Raum einer Mischkultur ist, die in den folgenden zweieinhalbtausend Jahren von den verschiedensten Völkern

Das Castello Sforzesco in Mailand diente einst den Herrscherfamilien als Schutz vor den eigenen Untertanen

bestimmt wurde. Schon damals zogen aus dem Süden die Etrusker zum Beispiel in die oberitalienische Ebene (Mantua).

Kelten, Römer, Hannibal und Augustus

Es bedurfte einiger Kriege, damit die Römer ihre Pax Romana auch über Oberitalien legen konnten. Damals lernten die Völker eindrucksvoll, was es heißt, in einem Durchzugsgebiet zu leben. Zunächst die Kelten aus dem Norden, dann die Römer aus dem Süden, Hannibal kam mit seinen Elefanten aus dem Südwesten und wurde dahin wieder vertrieben. Endlich war dann unter Augustus Ruhe eingekehrt, Städte putzten sich in Marmor (man überprüfe das etwa in Brescia), umgaben sich mit herrlichen Stadtmauern und Toren (zum Beispiel Turin). Große Straßenzüge verbanden Ligurien (Via Aurelia) und die Lombardei (Via Cassia) mit Rom, wichtige Pässe schlugen Brücken zu den römisch besetzten Regionen Galliens und Germaniens. Mailand wurde nicht nur Hauptort der Region, sondern durch die Reichsreform von Diokletian im Jahr 286 n. Chr. Hauptstadt des weströmischen Reiches. Hier erließ Kaiser Konstantin 313 n. Chr. das Toleranzedikt, mit dem das Christentum zur Staatsreligion erhoben wurde. Erst Anfang des 5. Jahrhunderts mußte Mailand dann seine Rolle als Hauptstadt an Ravenna abgeben.

Spuren der Vergangenheit: die Felsgravuren im Val Camonica

Die Langobarden

Mediolanum, das heißt übersetzt »Land der Mitte« – der antike Name Mailands kennzeichnet die geographische Lage Oberitaliens als wirtschaftlich günstig und politisch nicht ungefährlich. Das sollte sich in der Völkerwanderung wieder einmal bewahrheiten. Durchziehende Völkerscharen wie Hunnen und Goten zerstörten Städte und Ländereien mehrfach. Eine gewisse Ruhe trat erst ein, als die Langobarden nach langer Wanderung aus ihrem ursprünglichen Siedlungsgebiet südlich von Hamburg über Pannonien (heute der österrchisch-ungarische Raum) in Italien einbrachen (568). Sie gründeten im ganzen Land mehrere Herzogtümer, die miteinander nur lose verbunden waren. Der König in Pavia hatte in Friedenszeiten nur die Funktion eines repräsentativen Staatsoberhauptes. Pavia war Hauptstadt und Krönungsort (letzteres blieb es bis ins 11. Jahrhundert auch für die nicht-langobardischen Könige Italiens), Mailand Verwaltungssitz und Monza Sommerresidenz. Die Langobarden waren nicht nur »Barbaren«, sie hatten auch als Arianer (die die Wesensgleichheit von Gottvater und Sohn leugneten) den »falschen« christlichen Glauben. Spätestens seit Ambrosius, der sich in Mailand im 4. Jahrhundert gegen die Arianer durchgesetzt hatte, war die angestammte Bevölkerung weitgehend römisch-christlich geprägt. Im Verlauf der langen Herrschaft paßte sich zwar die langobardische Elite bis in Sprache und Religion der lateinischen an, doch kam die Expansionspolitik der langobardischen Herren immer mehr in Konflikt mit einem erstarkten Papsttum in Rom. Das rief schließlich die fränkischen Könige zu Hilfe. Pippin zwang die Langobarden, weite Gebiete Mittelitaliens an Rom abzugeben (Pippinische Schenkung 756), was später zur Gründung des Kirchenstaates führte. Karl der Große besiegte nach mehreren Feldzügen den letzten Langobardenkönig Desiderius im Jahr 774 und nahm den Titel *Rex Francorum et Langobardum* an. Von den Langobarden haben bis heute in Oberitalien nur spärliche Zeugnisse überdauert – aber sie haben der größten und wichtigsten Region ihren Namen hinterlassen: Lombardei.

Durchzugsgebiet für die deutschen Kaiser: Norditalien

Die Auseinandersetzungen zwischen Kaiser und Papst, Stadt- und Landadel, Bischöfen und Kommunen fanden innerhalb der mittelalterlichen Gesellschaft ihren Ausdruck in zwei »Parteien«: die kaiserliche (ghibellinische) und die päpstliche (guelfische) Partei prägen mit ihrem Streit das Geschehen der folgenden Jahrhunderte. In vielen Städten von Cremona bis Albenga, von Asti bis Brescia zeugen noch

heute die stolzen Bauten der frühen Romanik vom Freiheitswillen der Bürger – und die Geschlechtertürme von ihren inneren Zwistigkeiten.
Im Piemont zog sich die Landbevölkerung, die sich von den Städten bedroht fühlte, in eigene, festungsartige Anlagen *(borgo franco)* zurück. Orte wie Cherasco oder Mondovì sind so entstanden. Doch es gab größere Plagen: Norditalien wurde wieder einmal ein Durchzugsgebiet. Diesmal für die deutschen Kaiser, um sich in Rom krönen zu lassen – und um ihre Lehnsherrschaft in Oberitalien wiederherzustellen. Bei Pavia liegen jene Ronkalischen Gefilde, auf denen sich das Heer sammelte, um den Kaiser nach Rom zu begleiten.
Barbarossa hatte es besonders schwer, von den auf Eigenständigkeit bedachten Städten anerkannt zu werden. Mehrfach zog er nach Oberitalien, im Jahr 1176 wurde das deutsche Heer von dem der lombardischen Liga (einem Bund mehrerer Städte) bei Legnano geschlagen. Im Frieden von Konstanz (1183) bestätigte der Stauferkaiser die innere Unabhängigkeit der Städte, die ihm im Gegenzug Treue schworen, Steuerrechte einräumten und seine Krone als Oberhoheit anerkannten. Auf diese *Lega Lombarda* beruft sich heute die Partei der *Lega Nord* in ihrer Autonomiepolitik und der Polemik gegen die angeblich fremde Macht, die gegen Ende des 20. Jahrhunderts nicht aus dem Norden, sondern aus dem Süden (Rom) kommt.

Regierung der »Signoria«: die Visconti, die Sforza...

In der Lombardei bildeten sich bald, wie anderswo auch, stabile Stadtregierungen, die durch diktatorische Herrschaft einer Signoria, einer Familien gekennzeichnet waren. In Mailand kamen 1227 die Visconti an die Macht, die sie im folgenden Jahrhundert auf große Teile des Landes ausdehnten. Im Norden gehörte das Tessin dazu, im Westen der Lago Maggiore, im Süden reichte der lange Arm der Visconti bis nach Bologna. Überall im Land entstanden zur Gebietssicherung jene Burgen, denen wir heute immer wieder beggenen. Und in Mailand sollte der größte und schönste Dom von der neuen Macht der Visconti künden. Im Kampf mit Venedig und dem Kirchenstaat verloren sie zwar Bologna, Bergamo und Brescia, doch blieb Mailand neben Venedig weiterhin regionale Großmacht.
Den Visconti folgte nach einigen Unruhen (und dem Versuch, eine Ambrosianische Republik zu gründen) im Jahr 1447 Francesco Sforza, der die Tochter des letzten Visconti-Herrschers Filippo Maria geheiratet hatte. So wurde aus dem Söldnerführer ein »Signore« und fortan herrschte die Sippe der Sforza. Ludovico Sforza, wegen seiner etwas dunkleren Hautfarbe *il moro* genannt, brachte Mailand noch einmal einige Jahrzehnte der Prachtentfaltung. Das Castello ließ er

Geschichte und Gegenwart

Die Piazza, Guckloch in die Vergangenheit Italien und die Piazza – das klingt doch schon nach Urlaub, nach alten Kirchen, spielenden Kindern und einem warmen Platz im Straßencafé. Die Piazza, der zentrale Platz eines Ortes oder eines Stadtviertels, ist ein Erlebnisraum und meist zugleich auch ein Guckloch in die Vergangenheit. Als Markt- und Gerichtsplatz hat sie sich aus dem antiken Forum entwickelt, dessen Reste wir heute noch zum Beispiel in Aosta oder Brescia sehen können. Auf einer Reise durch Oberitalien stößt man auf herrliche Platzanlagen aus den verschiedensten Zeiten: mittelalterlich streng die von S. Matteo in Genua mit den Doria-Häusern oder monumental wie die Piazza del Comune in Cremona. Herzoglich repräsentativ öffnet sich die Piazza Ducale aus der Renaissance in Vigevano, arkadengesäumt die Piazza della Vittoria in Lodi, barock verspielt die von San Carlo in Turin. Mailands Piazza Duomo zeigt sich im Kleid der Gründerzeit und die Piazza della Borsa, nur fünf Minuten entfernt, erweist sich mit ihren Monumentalbauten aus den dreißiger Jahren des 20. Jahrhunderts als »kaltes« Symbol dieser Epoche. Die Piazza hat allerdings einiges von ihren historischen Funktionen abgeben müssen: Gerichte tagen längst nicht mehr öffentlich, die

zum Schloß umbauen, Kirchen wie Santa Maria delle Grazie entstanden, und Künstler wie Bramante und Leonardo da Vinci arbeiteten für Ludovico. Aber: Aus politischen Gründen verbündete er sich mit dem französischen Königshaus, das bald selber Ansprüche auf Mailand anmeldete. Norditalien wurde erneut Durchzugsgebiet und Schlachtfeld. Nach mehreren Kriegen zwischen Franzosen, Schweizern, Spaniern und den lombardischen Truppen war die politische Landkarte verändert, das Mailänder Lehen verfallen (1535) und spanische Vizekönige ins Castello Sforzesco eingezogen. Das Tessin fiel an die Schweiz (übrigens bis 1798 auch das Veltlin). Bischöfe wie Carlo Borromeo, die in der Gegenreform die Lombardei zum Bollwerk gegen den Protestantismus machten, hatten nur eine religiös-gesellschaftliche Bedeutung. Politisch und militärisch bestimmten die Spanier, die erst nach den Erbfolgekriegen (1701–14) die Fremdherrschaft an die Habsburger, die neue europäische Großmacht, übergaben.
Während der Spanischen Erbfolgekriege gab es erneut den Versuch Frankreichs, sich auch des Piemont zu bemächtigen. Doch der Plan scheiterte. Obwohl Turin belagert war und kurz vor der Aufgabe stand, schlug ein Ersatzheer unter Prinz Eugen von Savoyen-Carignon (»der edle Ritter«) die Franzosen im Jahr 1706 vernichtend. Die Militärmacht Piemont-Savoyen galt plötzlich etwas in Europa. Im Frieden von Utrecht erhielt sie Sizilien – und damit die Königskrone.

Märkte wandern in Einkaufszentren ab, Politiker diskutieren nur noch in Talkshows auf dem Bildschirm, sogar die Kirchen leeren sich. Die Piazza habe heute nur noch historisch-museale und touristische Funktionen, sagen die Soziologen, das sonntägliche Treffen auf den Plätzen der Kleinstädte sei ein letzter Reflex einer langen Geschichte von Öffentlichkeit. Und wenn es dann doch zu einer großen Veranstaltung komme, dann diene diese eigentlich nur als Kulisse für eine Fernsehübertragung.

Und dennoch (oder vielleicht gerade wegen ihres Funktionswandels) haben viele Plätze besonders in kleineren Orten viel von ihrer geheimnisvollen Schönheit bewahrt. Die Piazza Vecchia in Bergamo zum Beispiel oder der venezianisch anmutende Domplatz von Crema. Der Tourismus wird oft wegen seiner zerstörerischen Folgen, die er in Kunst- und Kulturlandschaften hervorruft, gescholten. Was die Piazza angeht, so gilt genau das Gegenteil: Man schaue sich die Plätze an, die der Tourismus links liegen läßt. Die gehören längst zu den Schmuddelecken der Städte, werden kaum gesäubert oder als Parkplätze dem Autoverkehr geopfert. Wer sich also auf der Piazza in Ferienstimmung bringen läßt, darf sich ein bißchen als Umweltschützer fühlen.

Als die Spanier die Insel zurückeroberten, wurde Piemont als Ausgleich an Sardinien übergeben – als seien alle diese Staaten und Länder nur Schachfiguren für die Kanzleien der europäischen Mächte, die beliebig hin und her geschoben werden konnten.

Genua und die Entwicklung Liguriens

Die Entwicklung Liguriens ist eng mit der Genuas verknüpft. Die Stadt unterwarf im 13. Jahrhundert selbständige Kommunen wie Savona, Albenga oder Ventimiglia. Zugleich schuf die Flotte im östlichen Mittelmeer ein Handelsimperium, das mit dem Venedigs durchaus Schritt halten konnte. Doch zeigten sich hier schon die Nachteile genuesischer Lebens- und Denkensart. Wo Venedig die Sicherung der Republik, des Staates im Auge hatte, herrschten in Genua die Eigeninteressen der reichen Familien vor: die der Spinola, Fieschi, Doria, Grimaldi. Doch drangen ihre Schiffe in immer fernere Gegenden vor. Anfang des 14. Jahrhunderts entdeckte Kapitän Lanzarotto Malocello die Kanarischen Inseln – eine von ihnen wurde nach seinem Namen benannt: Lanzarote. Im Krieg mit Venedig (1381) verlor Genua einen großen Teil seiner Stellung im Osten. Im westlichen Mittelmeer versäumte es seinen Einfluß auf Sardinien auszudehnen.

Immerhin wußten die Genuesen mit der Gründung der Bank S. Giorgio (1407) eine Antwort auf die verminderten Chancen im Mittelmeerhandel – aus Kaufleuten wurden Bankiers. Viele europäische Fürstenhäuser fingen an, sich in Ligurien Geld zu leihen. Nur einer wollte unbedingt zur See fahren: der 1452 in Genua geborenen Cristoforo Colombo. Weil er in seiner Heimatstadt sein Glück nicht machen konnte, begab er sich in portugiesische bzw. spanische Dienste. Das Ende ist bekannt. An der schicksalhaften Wende vom 15. zum 16. Jahrhundert gelang es den Franzosen, Genua für eine kurze Zeit unter ihre Herrschaft zu bringen. Als sich der Admiral der Flotte, Andrea Doria, dann aber 1528 auf die Seiten Karls V. und der Spanier schlug, mußten die Franzosen der Übermacht weichen. Karl V. schenkte Genua aus Dank die Unabhängigkeit. Andrea Doria blieb bis zu seinem Tod 1560 Stadtoberhaupt und gab ihr eine neue, streng aristokratische Verfassung.

Die Einheitsbewegung Risorgimento

Auftakt zur Oper: Abendstimmung vor der Mailänder Scala

Der Flickenteppich der verschiedenen Machtbereiche und Einzelgeschichten wurde von Napoleon ab 1796 mit einem Einheitsmuster überzogen. Die Lombardei wurde mit der Emilia und der Romagna zur zisalpinen Republik vereinigt, in Genua und Turin

entstanden eigene Republiken von Napoleons Gnaden – der sich bald aus diesen Republiken ein zweites Reich zimmerte: 1805 ließ er sich selbst als König von Italien krönen, Mailand sollte seine Hauptstadt sein.

Neun Jahre dauerte es, dann übernahm Österreich nach dem Wiener Kongreß Napoleons Erbe in der Lombardei. Ligurien wurde am grünen Tisch Piemont angeschlossen, das von da an eine immer größere Rolle in der italienischen Politik spielen sollte. Bereits ab den zwanziger Jahren gab es patriotische Aufstände in allen Städten, 1831 gründete der Genuese Giuseppe Mazzini den Geheimbund *Giovine Italia* für ein einheitliches, unabhängiges und republikanisches Italien. Die Savoyer in Piemont versuchten sich an die Spitze der Einheitsbewegung (Risorgimento) zu stellen – um die Republik zu verhindern, wie böse Zungen behaupteten.

1858 gewann Vittorio Emanuele II. den Franzosen Napoleon III. zum Verbündeten im Krieg gegen Habsburg. Dafür mußte Graf Cavour, der als Regierungsschef die Verhandlungen führte, den Franzosen Nizza und Savoyen abtreten. Die Österreicher verloren die blutigsten Schlachten des 19. Jahrhunderts am 24. Juni 1859 bei Solferino gegen die Franzosen und bei S. Martino gegen die Italiener. Damit waren die Lombardei und das westliche Norditalien befreit, sieben Jahre später kam auch Venetien dazu. 1871 wurde endlich Rom erobert – Viktor Emanuel II. zog als italienischer König vom Po an den Tiber, wo er 1878 starb.

Gigantisch: der Blick über Genuas Häusermeer

Faschismus und Widerstand

Im 20. Jahrhundert erlebte Norditalien das Eingreifen fremder Heere. Während im Ersten Weltkrieg der bittere Kampf mit Österreich vor allem in Venetien und Friaul ausgetragen wurde und mit dem Gewinn von Triest und dem Trentino-Südtirol endete, erlebte ganz Italien im Zweiten Weltkrieg seit 1943 die Besetzung durch Hitlerdeutschland. Der faschistische Großrat hatte Mussolini, den Duce, abgesetzt, doch König und Generalstab waren geflohen. Im ganzen Land, vor allem aber in Ligurien und in Piemont, sammelten sich die politischen Gruppen im aktiven und organisierten Widerstand gegen die heimischen Faschisten und die fremden Besatzer. So konnte die »große Koalition« aller demokratischen Kräfte von den Liberalen über die Christdemokraten bis zu den Sozialisten und Kommunisten zur Grundlage der Verfassung von 1946 werden.

Bevor es jedoch soweit kam, zerstörten Bombenangriffe der Alliierten weite Teile der historischen Zentren in Mailand, Turin und Genua. Die Deutschen antworteten mit immer brutaleren Strafmaßnahmen auf Anschläge der Partisanen, während die SS auch italienische Juden verschleppte. Mussolini versuchte vom Gardasee aus mit seiner »Sozialen Republik« von Salò, den faschistischen Staat zu retten. Der Duce floh, als sich die Truppen Hitlers nach den erfolgreichen Invasionen der Alliierten zunächst auf Sizilien und dann bei Anzio immer weiter nach Norden zurückziehen mußten und schließlich kapitulierten. Am 27. April 1945 wurde er bei dem Versuch, zusammen mit seiner Lebensgefährtin Clara Petacci in die Schweiz zu gelangen, von Partisanen gefangengenommen und erschossen.

Eindrucksvoll: das Denkmal des Unbekannten Soldaten in Genua

Wirtschaftlicher Aufschwung und Umweltprobleme

Die Nachkriegszeit stand ganz im Zeichen des industriellen Aufbaus. Die günstige geografische Lage im Schnittpunkt europäischer Handelswege und der Ausbau bestehender Industrieanlagen in Turin, in und um Mailand, aber auch in Genua und in anderen Städten wie etwa in Brescia begünstigte zusammen mit der traditionellen Ausrichtung auf Mitteleuropa den Aufschwung. Der Automobilkonzern Fiat in Turin, der Chemieriese Montedison und die großen Stahlwerke in Genua waren nur die Spitzen einer Entwicklung, die viele kleine und mittlere Firmen mit sich zog. Wieder einmal zogen Völkerscharen in die Po-Ebene. Doch diesmal kamen sie friedlich und wie gerufen – Arbeitskräfte aus dem ärmeren Süden Italiens, die hier im Norden dringend gebraucht wurden. Von einigen Gegenbeispielen abgesehen gelang – wenn auch nach schwierigen Jahren – die Integration der südlichen Mentalitäten. Dies ist neben den wirtschaftlichen Erfolgen eine der großen sozialen und kulturellen Leistungen des Nordens. Das Aosta-Tal, das bereits mit der Staatsgründung 1948 wegen der Doppelsprachigkeit Italienisch-Französisch den Status einer autonomen Region erhalten hatte, kann in Sachen Ökologie sogar als Vorreiter gelten, wenn man zum Beispiel an das Aufforsten von Skipisten denkt.

Ein Land auf der Suche...

Wie in ganz Europa machte sich in den neunziger Jahren trotz wirtschaftlichen Aufschwungs sozialer Unmut Luft. Dazu kam eine schwere Legitimationskrise der politischen Klasse nach mehreren Korruptionsaffären, in die besonders die Parteien der Craxi-Sozialisten und der Christdemokraten (DC) verstrickt waren. In diesen unruhigen Jahren löste sich die DC als politische Sammelpartei der Katholiken auf. Es entstand mit der *Forza Italia,* die der Mailänder Medienzar Silvio Berlusconi ins Leben rief, eine neue liberalkonservative Kraft, die zusammen mit der *Alleanza Nazionale* einen Mitte-Rechts-Pol bildet und die Stadt Mailand und die Region Lombardei regiert. Dem steht der neue Mitte-Links-Pol aus ehemaligen Kommunisten (heute Linksdemokraten), Linksliberalen und Teilen des katholischen Zentrums gegenüber, der in den Städten Genua und Turin regiert.
Das Land ist auf der Suche nach einer neuen Verfassung (starke Föderalisierung nach deutschem Modell) und einem neuen politischen System.
Die Lombardei, Ligurien, Piemont und das Aosta-Tal zählen nicht nur wegen des hohen technologischen Entwicklungsstandes und der Finanzstärke zu den Motoren eines gemeinsamen Europa. Ihre historischen und kulturellen Besonderheiten gehören zum Reichtum eines Europa der Regionen – das nur entstehen kann, wenn alle Regionen ihre Verschiedenheiten in die gemeinsame Idee einbringen.

Geschichte auf einen Blick

2. Jt. v. Chr. *Ligurische Völker besiedeln den nordwestitalienischen Raum und vermischen sich mit keltischen Zuwanderern.*

900–500 v. Chr. *Golasecca-Kultur am Lago Maggiore; Gründung Mailands durch die Insubrer.*

205 v. Chr. *Genua wird römischer Stützpunkt im Kampf gegen Karthago.*

Seit 225 v. Chr. *Kriege Roms gegen die Kelten, Koloniegründungen (z. B. Brescia) in der Po-Ebene.*

Seit 59 v. Chr. *Eroberung Galliens; Caesar wird Prokonsul der neugeordneten nordwestitalienischen Provinz Gallia cisalpina.*

292 n. Chr. *Mailand wird Residenzstadt der weströmischen Kaiser*

313 *Kaiser Konstantin der Große verkündigt im Mailänder Edikt Religionsfreiheit, das Christentum setzt sich immer mehr durch*

374 *Ambrosius (gestorben 397) aus Trier wird Bischof von Mailand.*

5.–8. Jh. *Hunnen, Ostgoten und schließlich Langobarden besetzen die Po-Ebene; Pavia und Monza werden Residenzstädte.*

774 *Eroberung Norditaliens durch die Franken (Karl der Große).*

10.–11. Jh. *Bildung selbständiger Städte innerhalb des Heiligen Römischen Reiches; Konflikte zwischen Papst und Kaiser.*

1176 *Sieg der Lega Lombarda in der Schlacht bei Legnano gegen die Truppen von Kaiser Barbarossa. Der Kaiser erkennt die Autonomie der lombardischen Städte an.*

1277 *Ottone Visconti wird »Signore« (Herr) von Mailand. Ausdehnung der Macht der Visconti und später der Sforza auf ganz Oberitalien.*

1499 *Französische Truppen besetzen Piemont und die Lombardei; in der Folge gab es Auseinandersetzungen mit Spanien. Es ging um die Kontrolle Oberitaliens.*

1528 *Sieg Genuas, das auf Seiten Spaniens steht, unter Andrea Doria über die französische Flotte; ab 1529 spanische Herrschaft in der Lombardei.*

1701–14 *Spanische Erbfolgekriege: Mailand und die Lombardei fallen an die Habsburger, das Herzogtum der Savoyer (seit 1730 Königtum) wird zu einer bedeutenden politischen und militärischen Kraft.*

Geschichtstabelle

1796 Besetzung Norditaliens durch Napoleon, Mailand wird Hauptstadt eines Königreiches Italien.

1814 Wiederherstellung der alten Ordnung durch den Wiener Kongreß; Savoyen bekommt auch Ligurien zugesprochen.

1848 Den Märzaufstand (»Cinque Giornate«) gegen die habsburgische Herrschaft in Mailand beendet Marschall Radetzky blutig.

Seit 1859 Unabhängigkeitskriege gegen Österreich.

1861 Ausrufung des Königreiches Italien durch das Parlament in Turin; Vittorio Emanuele II. von Savoyen wird König.

1882 Nach der Eröffnung des Eisenbahntunnels durch den Gotthard wird der westliche Teil Norditaliens enger mit den Wirtschaftsräumen in Frankreich und Deutschland verbunden.

1914 Gründung der »Fasci di Combattimento« durch Benito Mussolini in Mailand.

1922 Marsch der Faschisten auf Rom.

1943 Absetzung Mussolinis; Einmarsch deutscher Truppen in Italien; Mussolini gründet in Saló die Repubblica Sociale Italiana; Beginn des aktiven Widerstands gegen Faschisten und deutsche Besatzung.

1945 Befreiung Italiens; Mussolini wird am Comer See von Partisanen hingerichtet.

1946 Italien wird Republik; das Aosta-Tal erhält zusammen mit einigen anderen Regionen weitgehende Autonomie.

1969 Unruhen und Massenstreiks in norditalienischen Städten.

1974 Regionalisierung Italiens; Lombardei, Ligurien und Piemont bekommen eigene Parlamente und Regierungen.

1976 Durch ein Chemieunglück bei Seveso werden mehrere hundert Personen zum Teil schwer verletzt und weite Landstriche verseucht.

1992 Die Aufdeckung eines Korruptionsskandals in Mailand führt zur politischen Krise der ersten Republik; der Mailänder Richterpool »Mani pulite« stellt die alte politische Führungsschicht unter Anklage: Erfolge der separatistischen Lega Nord bei Kommunal- und Regionalwahlen.

1997 Das römische Parlament bereitet eine weitergehende Verfassungsreform mit einer stärkeren Föderalisierung vor.

Unterwegs im Piemont, in Ligurien und in der Lombardei

Unterwegs im Piemont, in Ligurien und in der Lombardei

Geopolitisch teilt sich Italien in 20 Regionen, von denen sich jede aus mehreren kleineren Verwaltungseinheiten (Provinzen) zusammensetzt. Zum westlichen oberitalienischen Raum gehören das Piemont, Ligurien, die Lombardei und als autonome Region – wegen der Doppelsprachigkeit – das Aostatal. Das Aostatal (ital. *Valle d'Aosta*), etwas größer als das Saarland, ist zugleich die kleinste Region Italiens mit einer Fläche von 3262 qkm, in der aber nur 115 000 Menschen leben. Einzige Provinz ist Aosta mit der gleichnamigen Hauptstadt. Das Piemont (ital. *Piemonte*) mit 4,3 Mio. Einwohnern, erstreckt sich auf einer Fläche von 25 399 qkm, ist halb so groß wie Niedersachsen und nach Sizilien die zweitgrößte Region des Landes. Neben der Hauptstadt Turin gehören dazu die Provinzen Alessandria, Asti, Biella, Cuneo, Novara, Verbania-Cusio-Ossola und Vercelli. Ligurien (ital. *Liguria*) mit 1,7 Mio. Einwohnern entspricht mit einer Fläche von 5415 qkm etwa einem Drittel von Schleswig-Holstein. Die Hauptstadt ist Genua, außerdem bilden Imperia, La Spezia und Savona jeweils eine Provinz. Schließlich kann man die Lombardei (ital. *Lombardia*) mit 8,9 Mio. Einwohnern auf einer Fläche von 23 834 qkm ungefähr mit Österreich vergleichen. Provinzen sind neben der Hauptstadt Mailand Bergamo, Brescia, Como, Cremona, Lecco, Lodi, Mantua, Pavia, Sondrio und Varese.

In diesen vier Regionen stößt man auf eine Fülle von Sehenswürdigkeiten und Orten, so daß auch nur der Versuch auf Vollständigkeit den Rahmen dieses Bandes gesprengt hätte. Es gibt aber im oberitalienischen Raum ein hervorragendes Netz von lokalen Informationsbüros (»APT«, »IAT« oder »Pro Loco«), in denen die Reisenden gut beraten werden.

A2 Aosta

Die Hauptstadt der kleinen autonomen Region Valle d'Aosta liegt 580 m hoch in einem weiten, von hohen Bergen umgebenen Talkessel am Zusammenfluß des Buthier und der Dora Baltea. Die günstige Lage am Schnittpunkt zweier Wege über die Alpen hat bereits in der Frühgeschichte zu ersten Ansiedlungen geführt. Unter römischer Herrschaft wurde Aosta ab 23 n. Chr. zu einer Festungsstadt ausgebaut, deren zum Teil großartige Reste man heute noch sehen kann, und die der Stadt den Namen »Rom der Alpen« eingebracht haben.

Nach den Wirren des Mittelal-

Vorherige Seite: Vogelfrei – Besucher vor dem Mailänder Dom beim Füttern der Tauben.
Links: Sauer macht lustig – eine Zitronenhändlerin in Monterosso, Cinque Terre, die auch Saft verkauft

41

Die kleinste Region Italiens:
das Aosta-Tal

ters fiel Aosta im 11. Jh. an das Haus Savoyen. Davon erzählen die Kollegiatskirche S. Orso und einige antike Mauertürme, die zu kleinen Familienfestungen umgestaltet worden waren. Bis heute ist der Ort wie das ganze Tal zweisprachig (italienisch/französisch) geblieben.

Nach der Gründung der autonomen Region im Jahr 1948 hat sich Aosta mit inzwischen rund 36 000 Einwohnern zu einer lebhaften Stadt entwickelt. Der Besucher kann sie am besten zu Fuß erlaufen – Parkplätze gibt es bei der Piazza della Repubblica oder in Bahnhofsnähe bei der Viale Carrel (bewacht). Einen Stadtplan und vielfältige Informationen bekommt man bei der APT auf der zentralen Piazza Chanoux. Der Platz ist auch der beliebteste Treffpunkt der Einheimischen.

Kunsthandwerk und besonders Holzschnitzereien werden traditionell auf der Fiera di Sant'Orso Ende Januar ausgestellt. Dann feiert der ganze Ort, der unter dem Andrang der Besucher aus dem ganzen Aosta-Tal (und einiger Fremder) nicht wiederzuerkennen ist, ausgelassen die Nächte durch.

Hotels

Neben denjenigen des Zentrums findet man einige gut geführte Häuser im Ortsteil Porossan (Straße nach Valpelline), die meist eine Garage oder zumindest einen eigenen Parkplatz besitzen.

Aosta

Holiday Inn Aosta
Cso. Battaglione Aosta 30
Tel. 23 65 56, Fax 23 68 37
50 Zimmer
1. Kategorie (Æ, DC, EC, Visa)
Modern und professionell geführtes Haus im Stadtzentrum. Großes Frühstücksbüffet (Preis in der Übernachtung eingeschlossen!).

Milleluci
loc. Porossan
Roppoz 15
Tel. 23 52 78, Fax 23 52 84
12 Zimmer
2. Kategorie (Æ, EC, Visa)
Die zum Wohlfühlen eingerichteten Zimmer haben Terrakotta-Böden, dazu kommen geräumige Badezimmer.

Miravalle
loc. Porossan
Tel. 23 61 30, Fax 3 57 05
24 Zimmer
30. Nov. – 15. Dez geschl.
3. Kategorie (Æ, EC, Visa)
Ein sympathisch kunterbunt eingerichtetes (und tierfreundliches) Haus. Kein TV im Zimmer.

Sehenswertes

Arco di Augusto
Pza. Arco d'Augusto
Der Triumphbogen wurde bei der Stadtgründung (25 v. Chr.) zu Ehren des Kaisers Augustus errichtet. Das Walmdach ließ man erst im 18. Jh. aufsetzen, dadurch wirkt der Bogen gedrungener als andere römische Triumphbögen. Das Kruzifix unter dem Bogen ist eine Kopie einer spätgotischen Arbeit (Original im Kathedralmuseum), die hier 1542 angebracht wurde.

Cattedrale
Pza. Giovanni XXIII
Am ursprünglichen römischen Forum (Reste mit einem Kryptoportikus sind zu besichtigen) wurde die Kathedrale im 11 Jh. erbaut und S. Maria Assunta geweiht. Inzwischen hat man sie aber weitgehend umgestaltet; die Fassade stammt beispielsweise aus dem Klassizismus. Im Inneren romanische Fußbodenmosaiken und das Hochgrab des Grafen Tommaso II. von Savoyen, eine burgundische Arbeit um 1400. Zugang zum spätgotischen Kreuzgang (→ Museen).

Collegiata di S. Orso
Via S. Orso
Die wichtigste mittelalterliche Anlage der Stadt, ursprünglich um 520 außerhalb der Mauern als Peterskirche in Opposition zum arianischen Bischof gegründet. Die mehrfach umgebaute und erweiterte Anlage wird heute von einem mächtigen romanischen Glockenturm (1131) beherrscht. Im Inneren Fresken aus dem späten 15. Jh., herrlich geschnitztes Chorgestühl im Presbyterium, Zugang zum malerischen romanischen Kreuzgang (Arkaden aus dem 15. Jh.).

Parco Archeologico del Teatro Romano
Zugang von der Via Pretoriane
Im Sommerhalbjahr 9.30 bis 12 und 14.30 – 18.30 Uhr (im Winter nur bis 16.30 Uhr)
Ausgrabungen der Reste des römischen Theaters, das ursprüng-

lich 3500 Besuchern Platz bot. Erhalten ist u.a. eine Fassadenmauer. Im Hof des Klosters S. Caterina aus dem 13. Jh. (Besichtigungsgenehmigung erfragen) findet man Reste des Amphitheaters, das für Gladiatoren- und Tierkämpfe genutzt wurde und 20000 Menschen (der doppelten Einwohnerzahl der damaligen Stadtbevölkerung) Platz bot. In der Stadtmauer Zugang zur Tour Fromage, der auch als Ausstellungsraum genutzt wird.

Der gute Tip **M**:
Stadtmauern und Stadttore
Die antiken Mauern mit der Porta Praetoria geben einen guten Eindruck von der römischen Stadtbefestigung.

Stadtmauern und Stadttore M

Trotz vielfacher Zerstörungen gilt die Stadtbefestigung (ab 23 n. Chr.) als eine der besterhaltenen Europas. Die Mauern aus Kalkstein umfassen ein Rechteck von 754 x 572 m und waren ursprünglich 6,5 m hoch und bis zu 2 m dick. Im Inneren trugen Stützpfeiler einen hölzernen Wehrgang. Einzelne Türme wie die Torre del Lebbroso (Via B. Festaz) sind gut vor allem an der Westseite zu erkennen. Von den vier Toren ist heute die Porta Praetoria (Via Pretoriane) erhalten, wenn auch der um rund 2 m angehobene Straßenverlauf ihren monumentalen Eindruck schmälert. Die hier verdoppelte Mauer bildet einen Waffenhof.

Museen

Museo del Tesoro della Cattedrale
Pza. Giovanni XXIII
Mo–Sa 10–12, 15–18 Uhr, So 15–17.45 Uhr
Eintritt 3000 Lit.
Das Kathedralmuseum zeigt Architekturteile und Kunstobjekte aus der Baugeschichte (u.a. ein frühchristliches Elfenbein-Diptychon und ein Silberreliquiar des S. Grato).

Essen und Trinken

Im Aosta-Tal mischen sich nicht nur die Sprachen aus Frankreich, Italien und der Schweiz, sondern auch die Küchen. Mit dem Fontina-Käse werden viele Spezialitäten angereichert: Fondue, Gnocchi, Polenta und sogar Schnitzel. Mocetta nennt sich luftgetrocknetes Gemsenfleisch – überhaupt sind Wildgerichte Trumpf. Interessante Traubenarten aus dem höchsten Weinanbaugebiet Europas sind Donnas, Gamay, Fumin und Petit Arvine.

Ristorante Le Foyer
Cso. Ivrea 146
Tel. 32 11 36
Di und je zwei Wochen im Jan. und Juli geschl.
1. Kategorie (Æ, DC, EC, Visa)
Am Ortsrand beim Hotel »Valle D'Aosta« gelegen, herrlich leichte Küche (geräucherter Aal mit Orangen), große Auswahl an französischen und lokalen Käsesorten, bevorzugtes Restaurant der Einwohner.

Aosta

Ristorante Vecchia Posta
Pza. Porta Pretoria 4
Tel. 36 11 86
Mi und je zwei Wochen im Juli und im Okt. geschl.
2. Kategorie (Æ, DC, EC, Visa)
Hübsch innerhalb der alten Stadtmauer gelegen, gehobene Küche (Speck aus Arnad mit Kastanienhonig).

Taverna da Nando
Via de Tillier 41
Tel. 4 44 55
Mo und Ende Juni/Anfang Juli geschl.
2.–3. Kategorie (Æ, DC, EC, Visa)
Einfaches Lokal zentral gelegen mit typischer Küche (wir empfehlen Polenta und Wild), interessante Salate, gute Weinauswahl.

Einkaufen

Überall im Zentrum, vor allem auf der Straßenachse zwischen Pza. della Repubblica und Pza. Arco di Augusto findet man Geschäfte, die traditionelle Handwerksarbeiten verkaufen. Ein jüngst auf der Fiera di S. Orso preisgekrönter Figurenschnitzer ist Elio Busellato. Dienstags findet auf der Pza. Cav. Vittorio Veneto ein großer Wochenmarkt statt.

Handwerk:
Al Borgo
Artigianato Tipico
Via Porta Pretoria 53

Holzschnitzereien:
Elio Busellato
Via St. Martin de C. 19

Wein:
Enoteca la Cave
Via Festaz 53
Die besten Tropfen der Region, dazu eine große internationale Auswahl.

Allgemeine Informationen

Auskunft
APT
Pza. E. Chanoux 3
11100 Aosta
Tel. 01 65/3 33 52, Fax 4 05 32
Mo–Fr 8.30–12.30 und 14.30 bis 17.30 Uhr, Sa und So geschl.

Club Alpino Italiano
Pza. E, Chanoux 8
Tel. 4 01 94
Mo, Mi, Do 17–19 Uhr, Di und Fr 20–22 Uhr
Information über Bergwanderungen und Hütten.

Bahnhöfe
Busbahnhof
Via Carrel
Tel. 26 20 27

Stazione FS
Pza. Manzetti
Tel. 26 20 57
Züge nach Prè S. D. sowie Chivasso/Turin.

Medizinische Hilfe
Pronto Soccorso
Ospedale Regionale
Vle. Ginevra 3
Tel. 30 42 56 oder 30 41

Polizei
Questura
Cso. Battaglione 169
Tel. 26 21 69

Vigili Urbani
Municipio
Pza. E. Chanoux
Tel. 23 82 38
(Falls das Auto abgeschleppt sein sollte.)

Post
Posta e Telecomunicazioni
Sede Centrale
Piazza Narbonne

Der gute Tip Ⓜ:
Cogne und der Parco Nazionale del Gran Paradiso
Die Klöppelstadt Cogne als Ausgangspunkt zur Erkundung des schönsten und größten Naturschutzparks Westitaliens am Gran Paradiso.

Taxi
Taxenstände findet man auf der Pza. Manzetti, Pza. Narbonne (Tel. 3 56 56) und Pza. Ginevra.

Veranstaltungen
30./31. Jan.: Fiera di S. Orso (große Handwerksmesse mit Volksfest).
Anfang/Mitte Feb.: Carnevale de Sen Marteun et Tsesallet (Karneval mit Umzügen und Maskenwettbewerb).
Juli/Aug.: Arte e Musica (Konzert- und Folkloreveranstaltungen).
Aug.: Foire d'Eté (Sommermesse des Handwerks).
Okt.: Batailles de reines (Finale des Kuhkampfes am vorletzten Sonntag des Monats).
10.–14. Dez.: Internationales Treffen der Ballonflieger.

24. Dez.: Presepio vivente (Krippenspiel nach der Mitternachtsmesse auch in den meisten anderen Orten des Aosta-Tals).

Orte in der Umgebung

Cogne und der Parco Nazionale B2
del Gran Paradiso Ⓜ
Auf das rund 1500 m hoch gelegene Cogne stößt man südlich der Dora Baltea am Ende des gleichnamigen kleinen Tals. Von Cogne aus erreicht man den Gran-Paradiso-Nationalpark, der sich mit einem Umfang von 180 km um das Massiv des Gran Paradiso (4061 m) erstreckt. Bemerkenswert sind die hochalpine Flora (rund 1500 verschiedene Arten) und seltene Tierarten (Gemsen, Steinböcke, aber auch Füchse, Berghasen, Murmeltiere, Hermeline) und Vögel (Adler). Der Nationalpark, der im Jahr 1922 eingerichtet wurde, ist relativ leicht über viele Wege mit insgesamt 450 km Länge zu durchstreifen, die von den Savoyern in ihrem ehemaligen Jagdgebiet angelegt worden waren. Der südliche Teil des Parkes gehört bereits zur Region Piemont, der westliche geht in Frankreich in den Parc National de la Vanoise über. Informationszentren sind in Rhêmes-Notre-Dame, Degioz und Valnontey eingerichtet. Über Führungen informiere man sich bei der APT in Cogne oder im Hotel.

Hotels
Hotel La Barme
fraz. Valnontey, 8

Aosta
Orte in der Umgebung

Tel. 749177, Fax 749213
9 Zimmer
3. Kategorie (Æ, EC, Visa)
Einfach eingerichtetes Hotel in zwei typischen Gebirgshäusern. Der Besitzer organisiert selbst Führungen in den Park.

Hotel Bellevue
rue Grand Paradis 22
Tel. 74825, Fax 749192
37 Zimmer
1. Okt.–21. Dez. geschl.
1. Kategorie (Æ, EC, Visa)
Elegantes Hotel mit Schwimmbad und Spielsälen für Kinder; Bergführer stehen für Ausflüge zur Verfügung.

Sehenswertes
Giardino Alpino Paradisia
loc. Valnontey
15. Juni–15. Sept.
Tgl. 9.30–12.30 und 14.30 bis 18.30 Uhr
Gebirgspflanzen (rund 1500 Arten) der alpinen Flora; dazu Arten, die sonst nicht in Europa zu finden sind.

I Pizzi di Cogne
Cooperative Dentellières de Cogne
Tgl. im Sommer 9–12.30 und 15–19.30 Uhr; im Winter 8.30 bis 11.30 und 13.30–17.30 Uhr
Seit dem 17. Jh. wird in Cogne die Arbeit mit Klöppel-Spitzen gepflegt, die man in dieser Dauerausstellung der Cooperative Dentellières besichtigen kann.

Essen und Trinken
Ristorante Lou Ressignon
Mines de Cogne 22
Tel. 74034
Juni, Sept., Nov. jeweils 2 Wochen geschl.
Mo abends und Di geschl.
2. Kategorie (Æ, DC, EC, Visa)
Man probiere den Gemsenschinken oder die grünen Gnocchi mit Fontina-Käse.

Allgemeine Informationen
Auskunft:
APT Cogne-Gran Paradiso
Pza. Chanoux 36
11012 Cogne
Tel. 0165/74040, Fax 749125

Courmayeur A2
Die Königin der westlichen Alpen wird dieser traditionsreiche Urlaubsort genannt, der rund 1200 m hoch unterhalb des majestätischen Mont-Blanc-Massivs liegt. Einen letzten Aufschwung nahm Courmayeur (2700 Einwohner) durch die Eröffnung des Montblanc-Tunnels, der Frankreich mit Italien verbindet – und Courmayeur mit Chamonix. Die Ursprünglichkeit des historischen Ortszentrums hat vielleicht durch den Einfluß eines teilweise mondänen Ski-Tourismus gelitten, doch ist Courmayeur nach wie vor ein idealer Ausgangspunkt für den Wintersport (auch Eisstadion) wie für Bergwanderungen im Sommer (auch Sommerski). Hier treffen sich die Wanderwege Nr. 1 von Gressoney Saint-Jean und Nr. 2 (von Champorcher).
Mit der Seilbahn kann man zum Colle del Gigante (3354 m) und zur Aiguille du Midi (3842 m) fahren und dabei den Montblanc

überqueren: ein überwältigendes Panorama bietet sich an (Abfahrt Station La Palud, Dauer ca. 1½ Std.).

Hotel
Hotel Belvedere
loc. Val Ferret
Tel. 869701, Fax 842461
10 Zimmer
1. April – 30. Juni und
1. Okt. – 30. Nov. geschl.
2. Kategorie
Sympathisches, einfach eingerichtetes Haus mitten im Wald gelegen.

Museum
Museo Alpino Duca degli Abruzzi
Pza. A. Henry
tgl. 9 – 12.30, 15 – 18.30 Uhr,
Mo geschl.
Eintritt 4000 Lit.
Zeugnisse größerer Alpenbesteigungen und Expeditionen.

Allgemeine Information
Auskunft
APT Monte Bianco
Ple. Monte Bianco 13
11013 Courmayeur
Tel. 0165/842060, Fax 842072

B2 Saint-Vincent
An den Hängen des Monte Zerbion liegt das elegante Saint-Vincent mit 5000 Einwohnern rund 575 m hoch im mittleren Tal der Dora Baltea. Der Ort besitzt eine Thermenanlage, denn hier kurte man bereits in der Antike – wie Ausgrabungsreste einer römischen Villa unter der Pfarrkirche S. Vincenzo (im Inneren Fresken aus der Renaissance) belegen.
Größter Anziehungspunkt aber ist das Casino, in dem neben dem Spielbetrieb Veranstaltungen mit landesweiter Bedeutung (Journalismus- und Kino-Preise) abgehalten werden. Karnevalszeit bedeutet in Saint-Vincent Kinderherrschaft: Für elf närrische Tage im Februar schwingt der Piccolo Sindaco, der kleine Bürgermeister, sein Zepter. Vom Ort erreicht man die sehenswerten Burgen von Issogne und Fénis sowie die von Verrès und die Festung Bard. Durch die Valtournenche schlängelt sich eine Straße bis zum Ferienort Breuil Cervinia mit seinem internationalen Flair, 2000 m hoch unterhalb des Matterhorns gelegen, das die Italiener Monte Cervino nennen.

Sehenswertes
Castello di Fénis
Tgl. 1. April – 30. Sept. 9 – 19 Uhr,
1. Okt. – 31. März 10 bis 17 Uhr
Eintritt 4000 Lit.
Seit dem 13. Jh. erbaut, prächtiger Innenhof mit Holzgalerie und Wandmalereien. Außerdem sehenswert: freskierte Wohnräume, durch Jaquerio u.a.

Castello di Issogne
Tgl. 1. April – 30. Sept. 9 – 19 Uhr,
1. Okt. – 31. März 10 – 17 Uhr
Eintritt 4000 Lit.
Mittelalterliche Anlage, die im 15. Jh. zu einem stattlichen Herrensitz der Familie Challant, einem der schönsten des Aosta-Tals, umgebaut wurde. Hof mit achteckigem Brunnen, große

und reich geschmückte Säle sowie eine holzgetäfelte Kapelle.

Allgemeine Informationen
Auskunft
APT Saint-Vincent
Via Roma 48
112027 Saint-Vincent
Tel. 0166/512239, Fax 513149

Valle di Gressoney
Im Tal, durch das die Lys vom Monte Rosa bergab rauscht, wird noch ein altdeutscher Dialekt gesprochen, den die Walser aus dem Schweizer Wallis mitgebracht haben, als sie hier vor rund 750 Jahren einwanderten. In dem Ferienort Gressoney Saint-Jean (1385 m hoch) heißt die Piazza deshalb auch »Obert Platz« – eine gute Adresse für Gourmets mit dem Feinschmeckerladen »Grapp'Haus«, wo man den berühmten Käse des Tals (Toma di Gressoney) finden kann. Der Besucher stößt nicht nur in Andenkengeschäften auf Walser-Spuren. So liest man zum Beispiel auch Inschriften wie »Beckeri, Kondiotori, Greschoney-Siessegkeite.« Die deutschstämmige italienische Königin Margherita (von der übrigens die Pizza ihren Namen hat) war oft zu Gast und galt als Förderin der Walser. Am 24. Juni werden am Festtag des »St. Johanz« die alten Trachten angezogen.

Sehenswertes
Castel Savoia
Tgl. außer Mo 1. April bis 30. Sept. 9–19 Uhr, 1. Okt. bis 31. März 9–12 und 15–18 Uhr, Eintritt: 4000 Lit.
Schloß der Königin Margherita, um die Jahrhundertwende von Emilio Stramucci entworfen.

Einkaufen
Grapp' Haus
Obert Platz
Gressoney Saint-Jean
Verkauf u.a. von Käse, Honig, Pilzen, Süßspeisen.

Allgemeine Informationen
APT Monte Rosa Walser
Villa Margherita 1
11025 Gressoney Saint-Jean
Tel. 0125/355185, Fax 355895

Asti

Im Winter riecht es in den Straßen um den zentralen Corso Alfieri nach Kaminfeuer, im Sommer zieht ein frischer Spumanteduft durch das Zentrum dieser alten Handelsstadt. Wein, und was dazugehört, haben sie in den letzten Jahrzehnten aus provinziellem Tiefschlaf geweckt. Asti hat heute noch ein wunderschönes mittelalterliches Zentrum, das die Stadtverwaltung versucht, noch ansehnlicher zu machen. Allerdings ist es immer noch nicht gelungen, das Alfieri-Theater wiederzueröffnen. Das Theater trägt seinen Namen nach dem größten Sohn der Stadt, dem Dichter und Dramatiker Vittorio Alfieri (1749–1803). Aber Leute von heute denken hier eher an einen Dichter und Komponisten der leich-

Die Könige der Weine Barolo und Barbaresco gelten nach einem piemontesischen Sprichwort als die Könige der Weine – und die Weine der Könige. Beide werden sie aus der Nebbiolo-Traube gekeltert. Der Name leitet sich von »nebbia« (Nebel) ab. Wie die Traube, so das Land: Im September liegen leichte Schleier zur Zeit der Dämmerung morgens und abends über dem Anbaugebiet. Hier in den Langhe südlich von Alba reifen um die Orte Barolo und Barbaresco die Spitzengetränke Italiens mit DOCG-Siegel, der höchsten italienischen Kontrollinstanz. Winzer wie Gaja haben sich Weltruhm erlangt. In den jeweiligen Önotheken (Enoteca regionale) kann man die Weine an Ort und Stelle testen: Wuchtig und voll hintergründiger Geschmacksvielfalt, legt der Barolo erst im Alter eine gewisse Härte ab; etwas feiner und bereits nach vier, fünf Jahren zu genießen ist der Barbaresco, der aber nicht ganz das Alter seines vielleicht berühmteren Nachbarn erreicht. Aus der ertragsarmen und säurehaltigen Nebbiolo-Traube werden aber auch weniger teure und dennoch zum Teil körperreiche Weine gewonnen. Wobei Nebbiolo d'Alba noch unter die DOC-Regelung (zweithöchste Kontrollstufe) fällt, Nebbiolo del Piemont oder Nebbiolo delle Langhe als Tafelweine beachtliche Ergebnisse erzielen können. Daneben stehen viele Rebsorten wie der vollmundige Dolcetto (der ganz und gar nicht süß ist), der rassige Barbera (Vorsicht bei Massenware) und der raffinierte Grignolino. Klassische Rotweine wie

ten Muse: an Paolo Conte, den singenden Rechtsanwalt aus Asti, der mit seinen Jazzliedern besonders die Herzen der mittleren Generation in Europa erobert hat. Zu Asti gehört auch der Palio, das Pferderennen, das auf eine Tradition aus dem Jahr 1275 zurückgeht und am dritten Sonntag im September die Stadt in ein Meer von Kostümen und Fahnen taucht. Eine Schlauchpilzknolle, die bei Asti und vor allem rund um Alba besonders reichlich wächst, läßt das Herz aller Gourmets höher schlagen: die Trüffel. Kunst- wie Weinfreunde kommen ebenfalls auf ihre Kosten: Die romanischen Bauten des Monferrato etwa oder die kostbaren, weltberühmten Tropfen (Barolo, Barbaresco), die von den Winzern in den Langhe gekeltert werden.

Hotels

Mit seinen 12 Hotelbetrieben ist die Kleinstadt Asti relativ gut ausgestattet. Das gilt nicht immer für die Umgebung, wo man allerdings in vielen Bauernhöfen und Winzereien Ferien machen kann.
Cascina Lovera
fraz. Quarto Superiore 87
Tel. 0141/29 33 85
4 Zimmer
3. Kategorie

der sehr säurehaltige Freisa, von denen eine Zeitlang viel Durchschnittsware produziert wurde, sterben leider aus – wer sie findet, sollte sie unbedingt probieren. Hoch oben im Aosta-Tal gewinnen die Winzer aus Nebbiolo den charakteristischen Donnaz, einen Geheimtip unter Weinfreunden. Unter den Weißweinen fällt der aus der Cortese-Traube gekelterte Gavi heraus, der allerdings oft über Wert bezahlt werden muß. Aus dem Most der Moscato-Traube stellt man in Asti den berühmten Spumante her (trocken wie süß). In Ligurien muß der Mensch mühsam die Anbaufläche für Reben den steilen Hängen abringen. An der Westküste wächst zum Beispiel rund um Dolceacqua die rote, kräftige Rossese-Traube mit ihrem typischen Rosenduft. Über mittlere Qualitäten kommen die lombardischen Weine des Oltrepò Pavese aus dem Hügelland südlich von Pavia meist nicht hinaus, dennoch probiere man Barbera, Spanna (so heißt hier der Nebbiolo), Croatina, und unter den Weißen Moscato, Riesling italico und Cortese. Am Gardasee (Provinz Brescia) gedeiht vor allem der Weiße Trebbiano und im Valtellina wird aus der Chiavennasca-Traube (Nebbiolo-Art) ein kerniger Rotwein gewonnen. Relativ jung ist der Erfolg des Franciacorta-Gebietes westlich von Brescia, wo inzwischen so gute Sekte produziert werden, daß sie es mit Champagner aufnehmen können – aber höchstens halb so teuer sind wie der Nobelfranzose.

Weinbauer- und Reiterhof, ideal für Kinder.
Rainero
Via Cavour 85
Tel. 0141/35 38 66, Fax 59 49 85
54 Zimmer
1.–16. Jan. geschl.
2. Kategorie (Æ, DC, EC, Visa)
Im Zentrum gelegen, die schönsten Zimmer im restaurierten Teil eines alten Hauses (man verlange die »zona verde«).

Sehenswertes

Arazzeria Scassa
fraz. Antica Certosa di Valmanera
Via dell Arazzeria
Tel. 27 11 64
Mo–Fr (möglichst nach Voranmeldung)
Die wohl einzige Weberei für Wandteppiche in Italien, die noch mit der traditionellen Arbeitstechnik produziert (Aufträge u. a. für den Vatikan). Vorlagen für die Teppiche liefern vor allem moderne und zeitgenössische Künstler. Auch Verkauf.
**Dom SS. Maria Assunta
e Gottardo und Krypta
S. Giovanni**
Piazza del Duomo
Tgl. 7.30–12, 15–19 Uhr
Vermutlich über einem antiken Juno-Tempel um 800 gegründete

Kirche, die ab 1309 als gotische Hallenkirche errichtet wurde. Durch den schönen spätromanischen Campanile und die prächtige Vorhalle (im Stil französischer Gotik) ist die Südfront zur Hauptfassade geworden. Im Inneren romanisches Taufbecken, eine Terrakotta-Gruppe (Beweinung Christi) aus der Frührenaissance und vor allem die umstrittene Rokoko-Ausmalung (1764) mit illusionistischen Fresken. Nebenan (Via Natta) die kleine Taufkirche S. Giovanni mit einer frühchristlichen Krypta (Gruppen nur nach tel. Anmeldung).

Geschlechtertürme

Aus der Zeit der Familienfehden zwischen dem guelfischen und dem ghibellinischen Lager sind eine Reihe von Wehr- und Wohntürmen erhalten, die das mittelalterliche Stadtbild Astis berühmt gemacht hatten (»Stadt der 100 Türme«). Zum Beispiel: Torre dei Troya (Piazza Medici), Torre De Regibus (Corso Alfieri/Ecke Via Roero), Torre dei Comentini (Piazza Roma) und Torre dei Guttuari (Piazza Statuto).

S. Pietro
Corso Alfieri 2
Di–Sa 9–12, 15–18 Uhr,
So 10–12 (Mai–Sept. auch 16–19) Uhr, Mo geschl.
Beeindruckende Gruppe von Sakralbauten eines früheren Johanniterspitals mit u. a. dem Baptisterium S. Pietro (um 1160, achteckig nach dem Vorbild der Jerusalemer Grabeskirche) und der kleinen (aufgelassenen) Kirche S. Pietro in Consavia. Der Kreuzgang gehört zu einem kleinen Museo Archeologico.

Weinkellereien
Der Schauraum der Weinproduzenten in Asti (Enoteca Douja d'Or) vermittelt einen guten Überblick über Sorten und Lagen der Gegend. Hier (sowie bei der APT s. u.) gibt es Adressen von Winzern, die auf Anfrage Besichtigungen organisieren.

Enoteca Regionale
Douja d'Or
Piazza Alfieri 23/24
Tgl. 9–12.30, 15–19 Uhr

Museum

Pinacoteca Civica
Corso Alfieri 357
Tel. 0141/594791
Di–Sa 9–12, 15–19 Uhr,
So 10–12 (Mai–Sept. auch 16 bis 19 Uhr), Mo geschl.
Eintritt frei
Kunstgegenstände aus dem Piemont zwischen Gotik und Klassizismus im Piano Nobile des Palazzo Mazzetti. Das Museum befindet sich in einer Umbauphase, mehr als acht Personen gleichzeitig sind nicht zugelassen. Gruppen vorher anmelden.

Essen und Trinken

Zu den Spezialitäten zählen Risotti mit Pilzen oder gar mit Trüffeln. Wer keinen Spumante mag (dabei gehört ein Glas hier unbedingt zum Dessert, außerdem gibt es ihn auch trocken als Aperitif), findet zwischen dem raffinierten Grignolino d'Asti

Aufstrebendes Asti: gotischer Dom mit barocker Ausmalung

und dem schweren Barbera d'Asti herrliche Rotweine.

Caffè Ligure
Corso Alfieri 280
Im schönsten Jugendstil eingerichtet. Am Vormittag gemischtes Publikum, am Nachmittag trifft sich hier das Bürgertum.

Gelateria Cercenà
Via Cavour 115
Mo geschl.
Filiale des berühmtesten Eismachers des Monferrato aus Alessandria.

Trattoria Da Dirce 🅼
Via Valleversa 53
Tel. 27 29 49
Mo, Di mittags und im Aug. geschl.
2. Kategorie
Typische Küche aus dem Piemont bietet die Familie Torta ihren Gästen. Die Trattoria ist etwas außerhalb gelegen (rund 5 km vom Zentrum an der Straße nach Casale) aber der Weg lohnt: reiches Angebot an Antipasti, dann Gnocchi, die auf der Zunge zergehen, oder das typische Tajarin (eine Art Tagliatelle) mit verschiedenen Saucen, im Winter eine herrliche Bohnensuppe, Kaninchenbraten und zum Abschluß eine Mousse – hausgemacht wie alles hier. Dazu kommt eine große Auswahl piemontesischer Weine.

Der gute Tip 🅼:
Trattoria Da Dirce
Eine Trattoria im alten Stil mit großartiger Küche bei vorbildlichem Preis-Leistungs-Verhältnis.

Trattoria L'altra Campana
Via Sella 2
Tel. 43 70 83
Di und im Jan. geschl.
3./2. Kategorie (Æ, EC, Visa)
Gut bürgerliche Küche im Zentrum mit preisgünstigem, tgl. wechselndem Menü.
Ristorante Gener Neuv
Lungotanaro 4
Tel. 55 72 70
So abends, Mo und im Aug. geschl.
Luxuskategorie/1.Kategorie
Berühmtes Spitzenrestaurant von Asti (man probiere den Entenbrustsalat mit Nußsauce).

Einkaufen

Der zentrale Corso Alfieri ist zusammen mit dem Corso Dante auch die wichtigste Einkaufsstraße. Ein großer Lebensmittelmarkt wird täglich außer So am Vormittag auf der Piazza Catena abgehalten. Kleider, Haushaltwaren und allerlei Nützliches und Überflüssiges halten die Händler mittwochs und samstags auf dem großen Markt auf der Piazza Alfieri und dem Campo del Palio bereit. Ein Flohmarkt wird jeden letzten So im Monat in den Gassen um die Piazza Statuto veranstaltet.
Mercato del Tartufo Monferrino
c/o Caffè San Carlo
Via Cavour 42
Während der Saison (Sept. bis Jan.) treffen sich hier jeden Mi und Sa bereits am frühen Morgen ab vier Uhr Trüffelsucher und bieten ihre Funde an. Tagsüber verkauft der Wirt kleine Portionen.

Am Abend

In der Sommersaison organisiert die Stadt Theater- und Musikaufführungen. Informationen geben die APT (→ Allgemeine Informationen) und das Teatro Alfieri (das als Spielstätte allerdings immer noch geschlossen ist). Im Juni/Juli findet traditionell das Theaterfestival »Asti Teatro« mit zeitgenössischen Stücken (u.a. auch Kindertheater) an verschiedenen Spielorten statt.
Teatro Alfieri
Via Teatro Alfieri
Tel 0141/35 39 88
Informationen und Karten für kulturelle Veranstaltungen.

Allgemeine Informationen

Auskunft
APT di Asti
Piazza Alfieri 34
14100 Asti
Tel. 0141/53 03 57
Fax 53 82 00
Mo–Fr 9–12.30, 15–18 Uhr,
Sa 9–12.30, So geschl.

Bahnhof
Stazione FS
Pza. Stazione
Tel. 53 54 11

Busse
Innerhalb der Stadt führen die Linien 5 und 6 vom Bahnhof ins Zentrum zur Piazza Alfieri und

Asti
Orte in der Umgebung

Wo immer der Hut hoch geht – Hauptsache die Kopfbedeckung hat Stil

zum Corso Alfieri. Die Karte für maximal 60 Min. kostet 1400 Lit. und ist an vielen Zeitungskiosken und Tabacchi erhältlich (im Bus entwerten). Busse in die Umgebung (Karten im Bus lösen) sowie in die Region findet man an der Autostazione neben dem Bahnhof.
Autostazione
Piazza Medaglie d'Oro

Feste
Juni: am 2. Juni großes Marktfest Mercà dij Bussiard
Juni/Juli: Asti Teatro (Festival des zeitgenössischen Theaters)
Sept.: 3. So im Monat: 14 Stadtbezirke und sieben Randgemeinden treten zum traditionellen Pferderennen *(Palio)* an. Den ganzen Monat dauert das Weinfest *La Douja d'Or.*
Okt./Dez.: sonntägliches Trüffelfest abwechselnd in Asti und in den Orten der Umgebung.

Medizinische Hilfe
Man wende sich an den ambulanten Dienst *(pronto soccorso)* des städtischen Krankenhauses:
Ospedale Civile
Via Botallo 4
Tel. 39 24 24
Apotheken gibt es überall im Zentrum, zum Beispiel:
Farmacia Baronciani
Piazza S. Secondo 12

Polizei
Questura (Polizeipräsidium)
Corso XXV Aprile 19
Tel. 41 81 11
Vigili Urbani (Stadtpolizei)
Piazza Leonardo da Vinci
Tel. 59 34 21

Post
P. T. (Posta e Telecomunicazioni)
Corso Dante 55

Taxi
Piazza Alfieri 5 26 05
Piazza Marconi (Bahnhof)
59 27 22

Orte in der Umgebung

Alba C4
Die keltische Gründung, die die Römer dann unter dem Namen Alba Pompeia im 1. Jh. v. Chr. befestigten, schrieb als selbst-

In den Weinkellern in und um Barolo schenkt man gerne einen guten Tropfen ein

verwaltete Stadtrepublik im Mittelalter Geschichte, als sie Asti Konkurrenz bot. Gleich Asti bestimmten die Geschlechtertürme das Ortsbild. Sehenswert sind der spätgotische Dom (mit einem herrlichen Chorgestühl) sowie die Kirchen S. Giovanni Battista (wegen der Gemälde, u.a. von Macrino d'Alba, um 1508) und S. Domenico (14. Jh.). Im Oktober feiern Alba, seine 31 000 Einwohner und viele Gäste ein großes Volksfest (»Giostra delle Cento Torri«) mit Eselrennen und Kirmes. Am Martinstag (3. Nov.) erreicht das Trüffelfest seinen Höhepunkt.

Vom Weinbau bestimmt ist die herrliche Umgebung (»le Langhe«). Viele Orte wie Barolo haben eigene Weinmuseen oder Ausstellungsräume, in Grinzane Cavour befindet sich im Schloß des Grafen Cavour die große Enoteca Regionale.

Hotels
I Castelli
Cso. Torino 14
12051 Alba (CN)
Tel. 0173/36 19 78
Fax 36 19 74
60 Zimmer
2. Kategorie (Æ, DC, EC, Visa)
Angenehmes modernes Haus mit gutem Preis-Leistungs-Verhältnis.
Azienda Agrituristica
Oberto Egidio Ⓜ
Borgata Croera 34
12064 La Morra (CN)
Tel. 0173/50 84 0

3 Zimmer
3. Kategorie
In herrlicher Hanglage mit Blick auf Barolo im Süden und (bei klarer Sicht) auf das überwältigende Alpenpanorama mit dem Monviso im Nordosten hat die Winzerei Oberto ihren Sitz. Der junge Önologe Franco hat sie von seinem Vater Egidio übernommen. Auf 5 ha Anbaufläche entstehen wenige, aber höchst begehrte Flaschen Barolo, Dolcetto oder Freisa. Im kleinen Hof hat Franco Oberto Zimmer eingerichtet, alle mit Talblick, wo Individualisten es sich wohlergehen lassen können (Doppelzimmer, Kochnische und Duschbad). Die Gäste können auch an der Arbeit in den Weinbergen teilhaben, mit auf Trüffelsuche gehen, kräftig wandern – oder den Anstrengungen des Landlebens vom Balkon aus zu sehen. Für tiefen Schlaf sorgt der Wein, da können die Hähne morgens krähen, solange sie wollen.

Sehenswertes
Castello Grinzane Cavour M
12060 Grinzane Cavour (CN)
Tel. 0173/262172
Di und im Jan. geschl.
Eintritt 5000 Lit.
Das ursprünglich romanische Kastell im kleinen Ort Grinzane Cavour, rund 8 km von Alba entfernt, hat im Laufe der Geschichte viele Veränderungen und Umbauten erfahren. Zuletzt im vergangenen Jahrhundert als in ihm Graf Camillo Cavour residierte, der als piemontesischer Ministerpräsident die gleiche Rolle für die italienische Einheitsbewegung (Risorgimento) gespielt hat, wie Fürst Bismarck für die deutsche.
Nach langer Restaurierung wurde im Castello 1967 die erste der regionalen Weinschauen des Piemont eingerichtet (Enoteca Regionale Piemontese). Dabei werden die Weine aller wichtigen Winzer um Alba dokumentiert und ausgestellt – man kann sie auch verkosten. Das Castello wird von einer Vereinigung mit klingendem Namen geleitet: »Ritter des Trüffelordens und der Weine aus Alba« (*ordine dei Cavalieri del Tartufo e dei Vini di Alba*). Im Gebäude bieten die Ritter außerdem die Besichtigung eines kleinen landwirtschaftlichen Museums mit typischen Gerätschaften eines Bauernhofes aus der Gegend an sowie den Besuch einer einfachen Trattoria (je nach Wein 2./3. Kategorie).

Der gute Tip M:
Winzerei Oberto
Die Übernachtung bei einem Barolo-Winzer mit Blick über die Hügel der Langhe – ein unvergeßliches Erlebnis!

Der gute Tip M:
Castello Grinzane Cavour
Im Kastell des Grafen Cavour wurde die erste regionale Weinschau des Piemont eingerichtet.

Castello Falletti di Barolo
12050 Serralunga d'Alba (CN)
Tgl. außer Mo 9–12, 14 bis
19 Uhr (im Winter nachmittags
15–17.30 Uhr
Eintritt: 5000 Lit.
Eine der besterhaltenen mittelalterlichen Burgen der Langhe (aus dem 13. Jh.), gerade restauriert.

Museum
Museo Civiltà Contadina
Castello Comunale di Barolo
1206 Barolo (CN)
Tgl. außer Do 10–12.30, 15 bis
18.30 Uhr
Eintritt: 3000 Lit.
Bauern- und Weinmuseum mit landwirtschaftlichen Geräten und Werkzeugen aus mehreren Jahrhunderten.

Essen und Trinken
Alba und Umgebung ist ein Paradies für Schlemmertouren. Bei der APT kann man einen ausführlichen Führer erhalten.
Osteria dell'Arco
Piazza Savona 5
12051 Alsa (CN)
Tel. 36 39 74
So und Mo mittags sowie drei Wochen im Juli/Aug. geschl.
2./3. Kategorie (Æ, EC, Visa)
Traditionelle und innovative Küche treffen sich in diesem wundervollen Restaurant.
Ristorante Da Guido
14055 Costiglione d'Asti (AT)
Piazza Umberto 1
Tel. 0141/96 60 12
nur abends geöffnet, So und 15 Tage im Aug. geschl.
Luxuskategorie (Æ, EC, Visa)
Eines der besten Restaurants Italiens, betreut von der Familie Alciati, in allen Einzelheiten perfekt.

Allgemeine Information
Auskunft:
APT delle Langhe e del Roero
Piazza Medfor
12051 Alba (CN)
Tel. 01 73/3 58 33, Fax 36 38 78

Feste und Messen
April/Juni: Veranstaltungen der früheren Ostermesse »Vinum« rund um den Wein (auch Folklore, man informiere sich bei der APT).
Okt: (1. So im Okt.) »Palio degli Asini« (Eselsrennen).
Okt./Nov.: Den ganzen Monat Okt. über wird die »Fiera Nazionale del Tartufo«, die nationale Trüffelmesse mit Veranstaltungen aller Art (auch Volksfest) abgehalten – Höhepunkt ist der Martinstag (3.11.). Im Cortile della Maddalena (Via Vittorio Emanuele 19) geht die Trüffelschau bis Dez. weiter. Wer zu anderen Jahreszeiten kommt, wende sich in Sachen Trüffel an das Geschäft Tartufi Morra (Via E. Pertinace 3).

Alessandria D4
Die lebhafte Hauptstadt (98 000 Ew.) der gleichnamigen Provinz liegt zwischen den Flüssen Tanaro und Bormida. Hier hat der berühmte Hutmacher Borsalino seinen Hauptsitz, der leider keine Besichtigungen zuläßt. Dafür gibt es das Hutmuseum (Mu-

seo del Capello). Im Zentrum lohnt die rechteckige Piazza della Libertà mit dem arkadengeschmückten Rathaus. Südöstlich an der SS 10 stößt man auf den Ort Marengo, wo Napoleon im Jahr 1800 die Habsburger besiegte (kleines Museum). Von dort geht es weiter über Spinetta nach Bosco Marengo, dem Heimatort von Papst Pius V. (1566 bis 72), mit der Renaissancekirche S. Fede (Fresken von Giorgio Vasari und Pius-Mausoleum). Von Alessandria erreicht man über die SS 30 Castellazzo Bormida mit der klassizistischen Wallfahrtskirche Madonna delle Grazie (Patronin der Motorradfahrer, im Juli großes Fest und Rallye am 2. So im Juli). Die SS 30 Richtung Acqui Terme führt dann in den Weinbauort Cassine mit der lombardisch-gotischen Kirche S. Francesco (13. Jh.). Jenseits des Flusses Bormida liegt Sezzadio mit der Abteikirche S. Giustina.

Hotel

Agriturismo Eden Ranch
Via Molinara 10
fraz. S. Giuliano Vecchio
15100 Alessandria
Tel. 0131/387595
2 Zimmer
3. Kategorie
Bauernhof mit Reitmöglichkeit und Fahrradverleih, ideal für Kinder.

Hotel Londra
Cso. F. Cavallotti 51
15100 Alessandria
Tel. 0131/251721
Fax 25 34 57
31 Zimmer
2. Kategorie (Æ, DC, EC, Visa)
Angenehmes Hotel in Bahnhofsnähe, Babysitterservice, tierfreundlich.

Sehenswertes

S. Giustina
loc. Abbadia
15079 Sezzadio (AL)
Tgl. 15–19 Uhr
Ab 1030 durch Benediktiner erbaute Kirche, die als bedeutendster erhaltener Sakralbau der piemontesischen Backsteinarchitektur in der Frühromanik gilt.

Museen

Museo Civico e Pinacoteca
Via Tripoli
15100 Alessandria
Tel. 25 37 08
z. Z. geschl., Wiedereröffnung geplant für 1998/99
Die städtische Pinakothek bietet eine kleine, aber interessante Sammlung von Werken vom 15. Jh. bis heute.

Museo del Cappello
Via Cavour 84
15100 Alessandria
Tel. 20 21 11
Hutmuseum, über Besichtigungen informiert die APT.

Museo della Battaglia di Marengo
Via Genova 8a
15047 Spinetta Marengo (AL)
Tel. 0131/619589
Di–Sa 15–18, So 10–12, 15–18 Uhr, Mo geschl.
Eintritt 3000 Lit.

Erinnerung an den Sieg Napoleons über die Österreicher am 14. Juni 1800.

Essen und Trinken
Gelateria Cercenà
Pzta. della Lega
15100 Alessandria
im Okt. geschl.
Alessandria lohnt allein wegen des Besuchs einer der besten Eisdielen Norditaliens. (1907 gegründet). Die Familie Cercenà stammt aus dem Val Zoldo (Venetien), wo das Speiseeis erfunden wurde.
Ristorante La Fermata
Pza. Vochieri/Ecke Via Casale
15100 Alessandria
Tel. 0131/25 13 50
So und im Aug. geschl.
1./2. Kategorie (EC, Visa)
Elegante Küche zu zivilen Preisen, wundervolle Entenbrüste mit frischen Feigen.

Der gute Tip M:
Slow Food und die Osteria Boccondivino
Gegen das schnelle Essen gründete Carlo Pertini in Bra die Organisation Slow Food. Man kann sich an Ort und Stelle von der Qualität seiner Empfehlungen überzeugen.

Allgemeine Informationen
Auskunft:
APT di Alessandria
Via Savona 26
15100 Alessandria
Tel. 0131/25 10 21
Fax 25 36 56

Bra B4
Das landwirtschaftliche Zentrum (28 000 Einwohner) am Rande der Langhe besitzt ein kleines barockes Zentrum. Längs der Via Vittorio Emanuele reihen sich Stadthäuser aus dem 17. und 18. Jh. Bemerkenswert ist auch die Kirche S. Chiara (Via Barbacana), ein barocker Zentralbau aus dem Jahr 1742. In Bra hat die Feinschmeckerorganisation »Slow Food« ihren Sitz (mit Restaurant).

Essen und Trinken
Slow Food und die Osteria Boccondivino M
Via Mendicità Istruita 14
12042 Bra (CN)
Tel. 0172/42 56 74 (Osteria), 41 25 19 (Slow Food)
So und Mo mittags sowie drei Wochen im Juli/Aug. geschl.
2./3. Kategorie (Æ, DC, EC, Visa)
Als Anfang der achtziger Jahre in Rom der erste McDonald's aufmachte, beschloß Carlo Pertini, ein Gourmetjournalist aus Bra, eine Gegenbewegung unter dem Namen »Slow Food« zu gründen. Pertini wollte die Eßkultur und die jeweils regionalen Küchen stärken. Die Bewegung wurde bald international, heute gibt es 20 000 Mitglieder in Italien und im Ausland (vor allem in Deutschland). Der dazugehörige Verlag Arcigola Slow Food Editore, gibt kulinarische Bücher, u. a. einen Weinführer und einen Führer über die besten Osterien des Landes, heraus. In

Lokalen, die das Zeichen der Schnecke (das Symbol von Slow Food) tragen, kann man bedenkenlos einkehren. Natürlich trägt die Haus-Osteria in Bra dieses Zeichen der einfachen, aber geschmackvollen Küche: Die Sformati di verdura (Gemüseaufläufe) gehören dazu wie die Gnocchi (mit verschiedenen Saucen) oder die Faraona (Perlhuhn) mit Basilikum. Den Abschluß bildet die Panna Cotta (Sahne-Vanille-Dessert). Die Weinkarte führt weit über das Piemont hinaus. Buon Appetito!

Allgemeine Information
Auskunft:
Pro Loco
Via Guala 45
12042 Bra (CN)
Tel. 01 72/42 10 61

D3 **Casale M. und das Monferrato**
Als Hauptort des Monferrato hat Casale (41 000 Einwohner) eine bewegte Vergangenheit. Am Südufer des Po gelegen, wuchs hier die Residenzstadt der Monferrater Grafen (unter der Dynastie der byzantinischen Paleologen), 1533 fiel Casale dann an die Gonzaga aus Mantua, welche die Stadt zur Festung ausbauten, Reste sind beim Kastell am Po zu sehen. Nach französischer Herrschaft erlangten schließlich die Savoyer 1708 die Gewalt über die Stadt und das Monferrato. Der romanische Dom S. Evasio (12. Jh.) hat eine bemerkenswerte Vorhalle, die mit ihrem maurischen Stil an Bauten in Spanien und auf Sizilien erinnert. Weitere wichtige Kirchen: S. Caterina (barocker Zentralbau um 1730) und S. Domenico (spätgotische Hallenkirche). In Casale hat sich lange Zeit eine große jüdische Kolonie gehalten, im israelitischen Museum kann man auf Spurensuche gehen.

Hotel
Hotel Principe
Via Cavour 55
15033 Casale Monferrato (AL)
Tel. 01 42/45 20 19, Fax 7 11 74
26 Zimmer
2. Kategorie (Æ, DC, EC, Visa)
Einfach, aber hübsch in der Altstadt gelegen. Die freundliche Bedienung entschädigt für mangelnden Komfort.

Sehenswertes
Enoteca Regionale del Monferrato
Palazzo Callori
Piazza del Popolo 7
15049 Vignale Monferrato (AL)
Tel. 01 42/92 31 30
Tgl. 9–12, 15–18 Uhr, Di und im Jan. geschl.

> Der gute Tip M:
> **Sinagoga**
> Die restaurierte Synagoge von Casale aus dem 16. Jh. mit einem Museum jüdischer Kultgegenstände sollte man unbedingt besichtigen.

Sinagoga und Museo d'Arte e Storia Ebraica M
Vicolo Salomone Olper 44
15033 Casale Monferrato (AL)

Tel. 0142/71807
So 10–12, 15–17.30 Uhr,
Mo–Fr nach Vereinbarung, Sa geschl.
Eintritt 6000 Lit.
Als Casale noch zu den Gonzaga gehörte, förderte die Stadt im 16./17. Jh. den Zuzug von Juden, denen freiheitliche Lebensbedingungen zu horrenden Steuern geboten wurden. Mit den Steuern finanzierte Casale die kostspieligen Verteidigungskriege gegen Franzosen und Spanier.
Im Jahr 1595 (5355 nach dem jüdischen Kalender) begann man mit dem Bau einer Synagoge, die später erweitert wurde. Im Dekkengewölbe liest man die Hebräische Inschrift: »Dies ist das Tor des Himmels«. Der Aron Haqodesh (die heilige Arche) stammt wie die kunstvollen Gitter der Frauenabteilung aus dem Barock. Im Gang der Frauenabteilung ist auch das Museum mit Kultgegenständen aus vier Jahrhunderten untergebracht. Zur Jahrhundertwende lebten in Casale mehr als 900 Juden, heute sind es, das Umland mitgerechnet, knapp über 20. Mit Hilfe der Region Piemont wurde die Synagoge im Jahr 1969 restauriert und das Museum eingerichtet.

Allgemeine Informationen
Auskunft:
APT del Casalese
Via L. Marchino 2
15033 Casale Monferrato (AL)
Tel. 0142/70243, 781811

Cherasco B4
Die Stadt wurde von den Bewohnern der Gegend im Mittelalter gegründet, um vor Überfällen aus Alba und Asti Schutz zu haben. Sie liegt schön auf einer Bergterrasse oberhalb der Stura-Mündung in den Tanaro. Die Straßen im Zentrum führen rechtwinklig um das zentrale Kreuz Via Cavour/Via Vittorio Emanuele II. (mit barockem Marientor). Am Ortsrand erhebt sich ein Visconti-Kastell (1348). Am Palmsonntag, dem 3. So im Sept. und im Dez. gibt es einen riesigen Flohmarkt. Ende Sept. findet in der Stadt, die das Zentrum der italienischen Schneckenzüchter ist, eine Schneckenmesse statt. Südlich von Cherasco stößt man auf Bene Vagienna, den Nachfolgeort der römischen Stadt Augusta Bagienorum (gegründet 5. Jh. v. Chr.) mit einer großen Ausgrabungsanlage.

Essen und Trinken
Osteria della Rosa Rossa
Via San Pietro 31
12062 Cherasco (CN)
Tel. 0172/488133
Di, Mi und im Jan. geschl.
2./3. Kategorie (Æ, EC, Visa)
Landgasthof im besten Sinne, Ravioli mit Kräutern und Ricotta – und natürlich Schnecken (mit Rosmarin).

Pasticceria Sorelle Barbero
Via Vittorio Emanuele 74
12062 Cherasco (CN)
Mi und im Juli geschl.
Ein begehrter Platz für alle Süß-

speisenfreunde (Baci di Cherasco, Marron Glacé, Torrone etc.).

Allgemeine Informationen
Auskunft:
Informazione Turistica
Municipio
12062 Cherasco (CN)
Via Vittorio Emanuele 72
Tel. 01 72/48 93 82

Cuneo   B5
Die liebliche Provinzhauptstadt (56 000 Einwohner) am Rande der Seealpen und Cottischen Alpen ist ein idealer Ausgangspunkt für schöne Touren in die umliegenden Täler. Das Zentrum um die Piazza Galimberti lädt zum Bummeln – teilweise unter Laubengängen – ein und macht den Eindruck eines kleinen Turin. Im angrenzenden Boves gibt es mit dem Bäcker und Konditor Baudino einen kulinarischen Höhepunkt sondergleichen. Westlich beginnt hinter dem Ort Craglio das kleine Grana-Tal in dem sich lange die provenzalische Sprache erhalten hat.

Aus diesem Tal stammt auch der Geheimtip für Feinschmecker: der Castelmagno, den viele für den König der Käse halten (in den Orten Campomolino und Castelmagno kann man ihn kaufen). Nordwestlich, am Eingang vom Maira-Tal, lohnt ein Besuch der romanischen Kirche S. Costanzo sul Monte (12. Jh.) in der Nähe des Ortes Dronero. In der Gegend findet man übrigens merkwürdige, durch Erosion gebildete Gesteine in Pilzform, die sogenannten *ciciu* (Puppen).

Essen und Trinken
Il Forno a Legna
di Bruno Baudino
Piazza Garibaldi 8
12012 Boves (CN)
So nachmittags und Mo sowie im Juni geschl.
Man kann in dieser Bäckerei über 100 Brotsorten – wie Brote mit Traubensaft – wählen.
Osteria della Chiocciola
Via Fossano 1
12100 Cuneo
Tel. 01 42/6 62 77
So und 2 Wochen im Aug. geschl.
2. Kategorie (Æ, DC, EC, Visa)
Im Erdgeschoß gibt es eine Bar und eine Weinhandlung; im ersten Stock befindet sich das Restaurant, in das wir immer zurückkehren werden (Risotto mit Kürbisblüten und Safran).

Allgemeine Information
Auskunft:
APT delle Valli di Cuneo
Corso Nizza 17
12100 Cuneo
Tel. 01 71/6 66 15

Limone Piemonte   B5
Der Wintersportort liegt rund 1000 m hoch und bietet Pisten für alle Schwierigkeitsgrade. Es ist der »südlichste« der piemontesischen Skiorte. Durch den Straßen- und Bahntunnel unter dem Colle di Tenda (1908 m) ist Limone mit Frankreich verbun-

den, die Riviera ist nur ca. 60 km über eine kurvenreiche Strecke entfernt.

Auskunft
IAT
Piazza Municipio
12015 Limone Piemonte (CN)
Tel. 0171/92101
Fax 927064

B5 Mondovì

Die Stadt (22000 Einwohner), die ursprünglich im Mittelalter als Schutz vor Asti errichtet worden war, erwies sich für die späteren Herren, die Savoyer, als strategische Festung. Zu dem Ortsteil Piazza (Kathedrale S. Donato, Neubau im 18. Jh., malerische Piazza Maggiore, von der Spitze des Felsplateaus herrlicher Blick) entstand weiter unten am Ellero-Fluß der Ortsteil Breo. Ober- und Unterstadt sind heute mit einer Zahnradbahn verbunden.

Im Borgo Santa Croce lohnt die freskengeschmückte gotische Kapelle S. Magno (Passionszyklus der Werkstatt von G. Jaquerio um 1460). Etwas südlich von Mondovì erreicht man Vicoforte, einen kleinen Kurort, der aber vor allem durch die Wallfahrtskirche Regina Montis Regalis berühmt geworden ist.

Sehenswertes
Santuario di Vicoforte
12080 Vicoforte (CN)
Mo–Sa 10–12, 14.30-17.30,
So 14.30--6 Uhr
Einer der größten Kuppelbauten Europas mit 6000 m² Wölbungsfläche. Die Savoyer ließen den Bau als Symbol ihrer Herrschaft zwischen 1596 und 1733 errichten.

Auskunft
APT del Monregalese
Cso. Statuto 39
12084 Mondovì-Besio (CN)
Tel. 0174/40389
Fax 481266

Rocchetta Tanaro D4

In das Dorf im Hinterland von Asti kommt man eigentlich nur des Essens und Trinkens wegen: um beim Bäcker Mario Fongo (Via Nicola Sardi 58) Grissini oder zarte Croûtons (*lingue di suocera*) zu kaufen. Oder auch jene *mostarda di vino* (Mostsirup mit Nüssen und Gewürzen), die wundervoll zu Frischkäse paßt und meist nicht einmal in den Gourmetläden Mailands oder Turins zu finden ist. Vor allem aber, um bei den Bolognas einzukehren, die nebenan auf ihrem Weingut sogar aus einer Massentraube wie Barbera ein edles Getränk keltern können.

Essen und Trinken
Ristorante I Bologna
Via Sardi 4
14030 Rocchetta Tanaro (AT)
Tel. 0141/644600
Di geschl.
2. Kategorie
Drinnen wie draußen läßt man sich bei typischer Landküche (Gnocchi mit Bratwurstragù oder Minestrone) verwöhnen.

Handel und Wandel auf dem Obstmarkt unter den Arkaden von Saluzzo

Die Weine kommen aus der eigenen Kellerei und der Umgebung.

B4 **Saluzzo**
Saluzzo (17 000 Einwohner) war im Spätmittelalter Hauptstadt einer eigenen Markgrafenschaft und fiel erst 1601 endgültig in die Hände der Savoyer. Weil die aber an der Stadt weder ein strategisches noch repräsentatives Interesse hatten, blieb der Kern der mittelalterlichen Residenz am östlichen Hang des Monviso-Massivs weitgehend erhalten. Sehenswert ist die gesamte Anlage der Oberstadt, besonders der Aufstieg zur Burg (die heute als Gefängnis dient) mit der Kirche S. Giovanni (ab 1281 erbaut, mehrfach verändert) und der Torre del Comune (Stadtturm um 1462). In der Unterstadt lohnt die Kathedrale (die jüngste der großen spätgotischen Kirchen des Piemonts, zwischen 1491–1501 erbaut) einen Besuch. Südlich von Saluzzo stößt man in Manta auf die berühmte Festung. Nordwestlich von Saluzzo liegt etwa 9 km außerhalb von Revello Richtung Po die großartige Zisterzienserabtei Staffarda.

Sehenswertes
Abbazia di Staffarda
12030 Staffarda (CN)
April–Sept. tgl. außer Mo 9–12.30 14–18 Uhr, Okt. bis März tgl. außer Mo 9–12.30, 14–17 Uhr
Eintritt 6000 Lit.
Eines der wichtigsten Baudenkmäler des Piemont (weil in vielen

Lago di Garda – klimatische Insel der Voralpen In Italien gibt es kein Binnengewässer, das es mit den rund 370 km² des Gardasees aufnehmen kann. Und es gibt wohl auch keinen See, der so gegensätzlich scheint. Im Norden, wo die Berge heranrücken, wirkt er wie ein Fjord, und steile Winde machen diesen Teil zu einem Surfer- und Seglerparadies. Im Süden fließt er breit und bedächtig wie ein Meer. Geschützt durch den Monte Baldo bildet der Gardasee eine klimatische Insel in den Voralpen, ein Stück Süditalien nahe der deutschen Sprachgrenze. Kein Wunder, daß vor allem Deutsche diesen Lacus Banacus (der lateinische Name verweist auf die sagenhafte Stadt Benacum) mit seinem kristallblauen Wasser für sich entdeckt haben. Dann gibt es Tage, an denen sich 1,5 Mio. Touristen in dem für rund 90 000 Menschen erdachten Straßennetz um den See herum im wahrsten Sinne des Wortes verfangen, nämlich im Stau. Seine mächtige Tiefe von durchschnittlich 300 m macht den Gardasee trotzdem zu einer Art Naturwunder: Er ist der einzige der oberitalienischen Seen, der heute noch als Trinkwasserreservoir dienen kann. Dies auch Dank einer Kläranlage bei Peschiera – daß diese allerdings ihre giftigen Substanzen in den Mincio leitet, steht auf einem anderen Blatt. 51,6 km lang ist der See, an der schmalsten Stelle 2,4 km und an der weitesten 17,5 km breit. Das mediterrane Klima hat seit Jahrtausen-

Teilen vollständig erhalten oder restauriert) – an der Grenze zwischen Romanik und Gotik (um 1300 vollendet, mehrfach umgebaut, im Barock erhöht).

Casa Cavassa und Museo Civico
Via S. Giovanni 5
12037 Saluzzo (CN)
April bis Okt. tgl. außer Mo und Di 9–12.30, 15–18.30 Uhr, Nov. bis März tgl. außer Mo und Di 9–12.30, 14 bis 17.30 Uhr, im Jan. geschl.
Eintritt 6000 Lit.
Die Casa Cavassa ist ein spätgotischer Palast, der in der Renaissance umgebaut wurde. Er ist der einzige seiner Art im Piemont, der der Öffentlichkeit zugänglich ist (mit schönem Museum von Kunstgegenständen und Gemälden des 15. und 16. Jh.).

Castello della Manta
Via al Castello
12030 Manta (CN)
Tel. 0175/87822
März bis Sept. tgl. außer Mo 10–13, 14.00–18 Uhr, Okt. bis Jan. tgl. außer Mo 10–12, 14–17 Uhr, Febr. geschl., Gruppen und Führungen nach Voranmeldung
Eintritt 5000 Lit.
Die Festung stammt aus dem 14. Jh. und wurde im 15. Jh. für Valerano di Saluzzo »schloßartig« ausgebaut. Im Inneren ein imponierender Festsaal mit ei-

Orte in der Umgebung von Asti
Brescia und der Gardasee

den Menschen angezogen, wie Reste von Pfahlbauten und römischen Villen belegen. Jedoch wurden die einzelnen Orte früher nur mit Schiffen erreicht; der Straßenbau (rund 144 km) mit der westlichen Gardesana (zwischen Salò und Riva) und der östlichen Gardesana (zwischen Peschiera und Riva) ist fast ausschließlich ein Werk des 20. Jh. Das östliche Ufer zwischen Peschiera und Malcesine gehört zur Region Veneto (Provinz Verona), das südliche Ufer zwischen Sirmione und Limone wird von der Region Lombardei (Provinz Brescia) verwaltet wie der nördliche Teil von der Region Trentino-Südtirol (Provinz Trient). Die Venezianer, die einstmals den gesamten Lago di Garda und seine Ufer politisch kontrollierten, nannten die Gegend »magnifico patria« – herrliche Heimat. Es besteht Linienverkehr (Motorschiffe und Tragflügelboote) zwischen allen größeren Orten am See von Mitte März bis Ende Oktober. In den anderen Monaten bleibt nur die Fähre (mit Autotransport) zwischen Moderno (BR) und Torri del Benaco (VR) in Betrieb. Zwischen Ende März und Ende September werden von Desenzano und Peschiera auch Kreuzfahrten veranstaltet. Die Preise für diese Ausflüge schwanken zwischen 22 000 und 25 000 Lit. Die Autofähre kostet einschließlich Fahrer für PKW bis 3,5 m Länge 9400, bis 4,5 m Länge 12 300, über 4,5 m Länge 15 000 Lit. (Fahrrad 6500, Motorrad 7100 Lit.)

nem bedeutenden Freskenzyklus der höfischen Gotik, vermutlich von Giacomo Jaquerio gemalt (Szenen aus dem Epos des »Chevalier Errant«). Südlich vom Castello liegt die mit spätgotischen Fresken geschmückte Pfarrkirche. Der Komplex wurde 1984 vom FAI erworben, restauriert und der Öffentlichkeit zugänglich gemacht.

Essen und Trinken
Ristorante L'Ostü dij Baloss
Via Gualtieri 38
12037 Saluzzo (CN)
Tel. 0175/24 86 18
So und Mo mittags sowie
10 Tage im Aug. geschl.
2. Kategorie (DC, EC, Visa)

Ein rustikales Ristorante; man sollte hier unbedingt die Gnocchi al Castelmagno probieren.

Allgemeine Informationen
Auskunft:
APT del Saluzzese
Via Griselda 6
12037 Saluzzo (CN)
Tel. 0175/4 67 10, Fax 4 67 18

Brescia und der Gardasee G2/G3

Mit über 200 000 Einwohnern ist Brescia die zweitgrößte Stadt der Lombardei. Viele machen um sie einen Bogen, weil sie sich von der häßlichen Peripherie abschrecken lassen. Wer hinter dem Industriegürtel mehr vermutet, wird belohnt: Er entdeckt eine sympathische, lebhafte Stadt am Übergang von den Alpen zur Po-Ebene, die viel zu zeigen hat. An den Füßen des Cidneo-Hügels liegen Ausgrabungsstätten des antiken Brixia: die Reste des römische Forums und die des Kapitolstempels gehören zu den großartigsten antiken Zeugnissen Norditaliens. Wer Augen hat, kommt aus dem Staunen nicht mehr heraus: Da gibt es außerdem beeindruckende Kirchen der Romanik (wie die Rotonda), das mittelalterliche Zentrum der freien Stadt (die 1176 in der lombardischen Liga Friedrich Barbarossa besiegte) und die verspielte Anlage der Piazza della Loggia. Sie verweist auf die venezianische Herrschaft, unter die sich Brescia 1426 freiwillig stellte, bis Napoleon die Republik Venedig 1797 auslöschte.

Dem Korsen folgten die Habsburger, die dann 1859 vom jungen Italien abgelöst wurden, nachdem in der Ebene vor Brescia bei Solferino eine der blutigsten Schlachten des 19. Jh. geschlagen wurde. Neben Waffen (die berühmte Beretta-Pistole wird hier produziert) und Schlachten denkt man bei Brescia aber auch an seine herrliche Umgebung.

Hotels

Die Stadt bemüht sich, mehr zu sein als ein Ziel für Tagesausflügler vom Gardasee, doch in der Hotelstruktur bleibt sie vor allem auf Geschäftsreisende ausgerichtet.

Igea
Vle. Stazione 15
Tel. 4 42 21, Fax 4 42 24
85 Zimmer
2. Kategorie (Æ, EC, Visa)
In Bahnhofsnähe gelegen, die meisten Zimmer sind behindertengerecht ausgestattet. Tierfreundlich.

Master
Via L. Apollonio 72
Tel. 39 90 37, Fax 3 70 13 31
2. Kategorie (Æ, DC, EC, Visa)
Ein elegantes Haus wenige Minuten vom Zentrum entfernt. Helle Zimmer, tierfreundlich.

Sehenswertes

Broletto
Piazza Paolo VI
Das mittelalterliche Rathaus bildete zusammen mit den beiden Domen das politisch-religiöse Zentrum der freien Kommune Brescia. Das Broletto wurde 1187–1230 errichtet und in Teilen später verändert. An seiner rechten Seite steht die Torre del Popolo, der sogenannte Volks-Turm aus dem 12. Jh.; innen befindet sich ein Arkadenhof.

Castello
Via del Castello
Ursprünglicher Siedlungsplatz auf dem Hügel Cidneo. Seit römischer Zeit gibt es Befestigungen, die zuletzt im 16. Jh. unter venezianischer Herrschaft erneuert wurden. Innerhalb des Kastells liegt das Museo del Ri-

Monumentales Brescia: die romanische Rotonda (vorn), dahinter der Duomo Nuovo und der Torre del Popolo

sorgimento. Der gesamte Komplex ist in eine Parkanlage – mit kleinem Zoo – einbezogen, schöner Blick über die Stadt.

Duomo Nuovo
Piazza Paolo VI
Brescia zeichnete sich seit dem 7. Jh. durch zwei nebeneinanderliegende Bischofskirchen aus. Die »Sommerkathedrale« S. Pietro de Dom (erweitert im 11. Jh.) mußte Anfang des 17. Jh. einem Neubau weichen: dem Duomo Nuovo, 1604 begonnen aber erst 1821 mit der Kuppel von Luigi Canola fertiggestellt. Im nüchtern klassisch gehaltenen Inneren findet man Reste der Ausstattung aus dem Vorgängerbau, zum Beispiel das »Opfer Isaaks« von Moretto (erster Altar rechts) und die durch Romanino bemalten Orgelflügel (im linken Schiff).

Duomo Vecchio (Rotonda) M
Pza. Paolo VI
von April–Sept. tgl. 9–12, 15–19 Uhr, Di geschl.
Dort, wo die Römer vermutlich eine Thermenanlage unterhielten, bauten die Langobarden im 6./7. Jh. zwei Bischofskirchen: eine Sommer- und eine Winterkathedrale. Die Winterkathedrale S. Maria Maggiore wurde

Der gute Tip M:
Duomo Vecchio (Rotonda)
Aus der Antike »herausgewachsen«: die romanische Kathedrale nach dem Vorbild der Jerusalemer Grabeskirche.

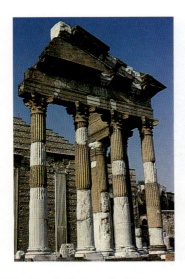

Antikes Brescia: Reste des Kapitoltempels am Fuß des Stadthügels Cidneo

um das Jahr 1146 durch einen Rundbau ersetzt, der zu den großartigsten Zeugnissen romanischer Architektur in der Lombardei zählt. Dabei wurden ältere Bauteile (Hallenkrypta und Fußbodenmosaike) mit einbezogen. Ganz romanisch ist auch die Rotonda nicht geblieben. Der Hauptchor wuchs Ende des 15. Jh. gleichsam aus dem Mittelalter heraus und verband spätgotische Gewölbeformen mit dem Raumgefühl der Renaissance. Der Eingang, ein frühbarockes Portal, wurde dann in einen Turm geschlagen, der wiederum 1708 einstürzte. Im Inneren beeindruckt die majestätische Ausstrahlung des strengen Rundbaus, für den vermutlich die Grabeskirche in Jerusalem als Vorbild gedient hatte. In den Querarmen, die in der Renaissance entstanden sind, stoßen wir auf zwei wichtige lokale Maler, denen man in Brescia auf Schritt und Tritt begegnen kann: Romanino (1484/87–1562) und Moretto (1498–1554).

Kapitol (Tempio Capitolino)
Via dei Musei 57/A
Tgl. Mai–Sept. 10–12.30, 15–18 Uhr, Okt.–April 9–12.30, 15–17 Uhr, So, Mo geschl.
Eintritt 5000 Lit.

Dies ist die größte Anlage eines antiken römischen Tempels in Norditalien. Vom Hang des Cidneo zog sich das Forum bis an die Straße, die von Mailand nach Aquileia führte (heute Via dei Musei) und den Decumanus Maximus (west-östliche Hauptstraße) im römischen Brixia bildete. Unter Vespasian errichtete man einen Jupiter, Juno und Minerva geweihten Tempel (73 n. Chr.). Von diesem Kapitol (mit Resten eines Vorgängerbaus aus republikanischer Zeit) sind noch Teile der Frontsäulen und des Giebels erhalten. In den ursprünglichen Heiligtümern, den Cellae, kann man heute Teile des römischen Museums (s. u.) besichtigen, dessen moderne Bauten hinter dem Kapitol liegen. Daneben sind Reste des römischen Theaters sichtbar. Zugang zur Anlage zusammen mit der Besichtigung des Museums.

S. Afra
Via Crispi

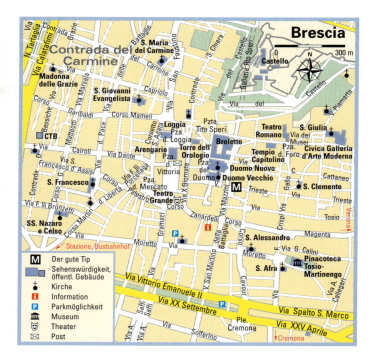

Die Kirche wurde seit 1580 errichtet und mehrfach umgebaut (zuletzt nach Zerstörungen ab 1944). Im Inneren befinden sich bemerkenswerte Gemälde, u.a. Tintorettos »Verklärung auf dem Tabor«. Nebenan ein doppelgeschossiger Kreuzgang.

S. Francesco
Via S. Francesco d'Assisi

Eindrucksvolle Franziskanerkirche aus dem 13. Jh., die später mehrfach umgebaut wurde. Schöne Innenausstattung mit Werken u.a. von Gerolamo Romanino (»Madonna mit Heiligen« um 1510) auf dem Hochaltar und Moretto (»Hl. Margarete«) erster Altar rechts. Vom rechten Seitenschiff hat man Zugang zu einem prächtigen Kreuzgang im romanisch-gotischem Übergangsstil.

SS. Nazaro e Celso
Corso Matteotti

Z.Zt. ist die Kirche leider nur nach Voranmeldung bei der Chiesa Maria dei Miracoli, Corso Martiri della Libertà (nach Sig. Bonino Federici fragen oder Tel. 3 77 26 82) zu besichtigen. Sehenswert ist besonders das berühmte dreiteilige Tafelbild des jungen Tizian auf dem

Hochaltar (»Auferstehung und Verkündigung«) von 1522, das starken Einfluß auf die Malerei in Brescia (Romanino, Moretto) nahm, wie an der »Marienkrönung« Morettos (1534) in der vierten Nordkapelle zu sehen ist.

Museen und Galerien

Die städtischen Museen kosten je 5000 Lit Eintritt (Sammelkarte ohne zeitliche Begrenzung 20000 Lit.) und haben folgende Öffnungszeiten: Juni–Sept tgl. 10–12.30, 15–18 (Sa, So bis 19) Uhr, Mo geschl.; Okt.–Mai tgl. 9–12.30, 15–17 (Sa, So bis 18) Uhr, Mo geschl. Außer den unten genannten können mit der Sammelkarte auch das Einigungsmuseum (Museo Civico del Risorgimente) am Castello, das Waffenmuseum (Museo Civico delle Arme Antiche) im Mastio Visconteo und das Kloster S. Salvatore/S. Giulia in der Via Paimarta 4 besichtigt werden.
Museo Civico Età Romana
Via Musei 57 a
Das Antikenmuseum auf dem Kapitolsgelände (s.o.) zeigt Statuen, Bronzearbeiten, Keramik, Amphoren und Münzen aus der Römerzeit. Darunter die berühmte Bronzestatue der geflügelten Siegesgöttin (»Vittoria alata«) aus dem 1. Jh. n. Chr.
Pinacoteca Tosio-Martinengo
Via Martinengo da Barco 1
Die Pinacoteca ist eine der wichtigsten Bildersammlungen der Lombardei und grundlegend für die Renaissancemalerei – mit Werken aus dem 15./16. Jh. von Vincenzo Foppa, Gian Girolamo Savoldo, Moretto, Romanino und anderen. Außerdem Arbeiten von u.a. Raffael, Andrea Solario und Palma il Giovane.

Essen und Trinken

Zwischen Bergen, Seen und einer Ebene gelegen, an Venetien und die kulinarische Provinz Mantua angrenzend, findet man in Brescia und Umgebung einen Querschnitt durch die norditalienische Küche: Wildfleisch und Spieße, Seefische und Aal, Pilze und Polenta, aber ebenso Ravioli, Olivenöl vom Gardasee – und einen wundervollen Hartkäse: den Bagòss aus Bagolino.
Bunny Bar
Viale Venezia 38
Hier gibt es das beste Eis der Stadt – unbedingt probieren!
Trattoria La Bettola del Pincio
Vicolo Sant'Urbano 4
Tel. 442 91
Mi, Do mittags und Jan. geschl.
2. Kategorie (Æ, EC, Visa)
Man kann im Freien am Castello sitzen und die Tagliatelle della Nonna (mit Speck) probieren; Weine gibt es aus dem Franciacorta.
Trattoria Mezzeria
Via Trieste 66
Tel. 403 06
So geschl.
2./3. Kategorie (Æ, EC, Visa)
Einfache, aber aromareiche Küche (Pasta fagioli, gebackenes Huhn oder Zicklein); außerdem zentral gelegen!

Die Cafés auf der Piazza Vittoria sind immer für ein kleines Päuschen gut

Einkaufen

Antiquariate und Kunstgalerien findet man vor allem in der Via Garibaldi und der Via S. Chiara. Ein Floh- und Antiquitätenmarkt wird jeden zweiten Dienstag im Monat (außer im August) auf der Piazza Vittoria veranstaltet. Trödler gibt es in der Via S. Faustino, der Via del Carmine und im Corso Mameli. Auf der Piazza del Mercato und auf der Piazza delle Erbe ist täglich außer Sonntag Markttag. Elegante Läden wie Kaufhäuser laden im zentralen Corso Zanardelli zum Einkaufsbummel.

Blumen
Officina Botanica
Piazza Mercato 30/a
Hier gibt es Vasen, Bücher, Drucke.

Wein
Enoteca Al Carato
Via Solferino 23/b
Mo geschl.
Hier gibt es Weine aus dem Franciacorta und ganz Italien.

Am Abend

Seitdem Cesare Lievi, »der Zauberer vom Gardasee«, das Stadttheater CTB (Centro Teatrale Bresciano) aufgebaut hat, ist Brescia zu einer Wallfahrtsstätte für Bühnenfreunde geworden. Im Teatro Grande, das einen prächtigen Rokokosaal mit fünf Rängen besitzt, finden auch oft Konzerte statt. Über Musik und

Konzertveranstaltungen informiert die APT (→ Allgemeine Informationen, Auskunft) bzw. der Ricordimediastore.
CTB
Contrada da Bassiche 3
Tel. 3 77 11 11
(Spielzeit Dez.–Mai im Teatro S. Chiara und Teatro Grande).
Jacky'O
Vicolo Sant'Urbano 6
Tel. 3 75 40 20
Live-Musik (traditioneller Jazz, aber auch Folk), an manchen Abenden literarisches Kabarett.
Ricordimediastore
Cso. Zanardelli 3
Di–Sa 9.30–19.30, So–Mo 15 bis 19.30
Karten für Musikveranstaltungen; außerdem CD's und MC's.

Kinder

Vom Zentrum aus ist der Hügel des Castello mit seinen Grünflächen und einem kleinen Zoo am schnellsten zu erreichen. Die Brescianer zieht es mit ihren Kindern zum Giardino di Spalto S. Marco im Osten der Stadt unterhalb des Ple. Arnaldo.
Museo Civico Storia Naturale
Via Ozanam 4
Mo, Mi, Fr 9–12
Eintritt frei
Interessantes Naturkundemuseum mit Führungen für Kinder.

Allgemeine Informationen

Auskunft
APT Brescia
Cso. Zanardelli 34/c
Tel. 0 30/4 34 18, Fax 29 32 84
Mo–Fr 9–12.30, 15–18,
Sa 9–12.30, So geschl.
Auch Infos über den Gardasee, Iseosee und andere Ziele der Provinz Brescia.

Bahn
Stazione FS
Vle. Stazione
Auskunft 3 79 61

Busse
Innerhalb der Stadt und zu den Vororten zirkulieren tagsüber regelmäßig Linienbusse. Vom Bahnhof bringt die Linie C die Besucher ins Zentrum. Die Fahrkarte (gültig 75 Min.). kostet 1500 Lit. und kann an vielen Kiosken, manchen Tabacchi und einigen Automaten gelöst werden – bitte bei Fahrtantritt im Bus entwerten. Wer häufiger fährt, kauft sich ein *carnet* (Block mit zehn Fahrten) zu 12 500 Lit. Neben dem Bahnhof fahren von der Autostazione Busse zu allen Orten der Provinz Brescia und zu anderen Zielen Norditaliens ab. Richtung Gardasee z.B. die Linie Brescia-Verona mit Halt in Desenzano, Sirmione und Peschiera (Fahrkarten direkt an der Autostazione).

Medizinische Hilfe
Man wende sich an den ambulanten Dienst (*pronto soccorso*) des städtischen Krankenhauses:
Ospedale Civile
Pronto Soccorso
Ple. Spedali Civili 1
Tel. 3 99 55 45

Brescia und der Gardasee
Orte in der Umgebung

Apotheken findet man überall im Zentrum, zum Beispiel:
Farmacia Schiavo
Via Trieste 11/Ecke Piazzetta Vescovado

Polizei
Questura
Via Botticelli 2
Tel. 3 74 41
Vigili Urbani
Tel. 2 98 31

Post
Posta e Telecomunicazioni (P. T.)
Pza. della Vittoria 1

Taxi
Taxistände am Bahnhof sowie im Zentrum u. a. an der Pza. della Vittoria.
Taxiruf
Tel. 3 51 11

Veranstaltungen
Mille Miglia (in den ersten beiden Wochen im Mai) Autorennen Brescia-Rom-Brescia mit Oldie-Modellen.

Orte in der Umgebung

Boario und die Valcamonica
Nördlich vom Iseo-See steigt das Camonicatal längs des Oglio-Flusses bis hinter das Adamello-Massiv an, wo der Passo di Tonale (1883 m) den Übergang zum Trentino und der Val di Sole bildet. Bekannte Ferienziele sind Ponte di Legno und Edolo (von hier Übergang in die Valtellina). Aber auch viele Nebentäler bieten im Sommer wie im Winter ideale Bedingungen für Wanderer, Kletterer oder Skiläufer. Besonders Interessantes findet man sicher in Boario mit seinen Thermen (bedeutend u. a. für Leberkuren) und in Capo di Ponte. In der Umgebung von Capo di Ponte liegen zwei wunderschöne romanische Kirchen, S. Siro (Schlüssel beim Pfarrer von Cemmo) und S. Salvatore (Schlüssel im Nebenhaus). Vor allem aber erstreckt sich hier das Gebiet der Felsgraffiti.

Sehenswertes
Parco Nazionale delle Incisioni Rupestri
25044 Capo di Ponte (BS)
Tgl. 9 Uhr bis Sonnenuntergang, Mo geschl.
Eintritt 8000 Lit.
Über 200 000 Felszeichnungen sind in der Valcamonica gefunden worden, die vom 8. Jt. v. Chr. bis in die Zeit der römischen Eroberungen (16 v. Chr.) reichen. Im Nationalpark – zum Beispiel am Felsen von Naquane mit 876 Figuren aus der späten Bronze- und der Eisenzeit – sind sie besonders gut zu studieren.

Allgemeine Informationen
Auskunft:
Ufficio Informazioni
Piazza Einaudi 2
25047 Darfo Boario Terme (BS)
Tel. 03 64/53 16 09
Fax 53 22 80
Ufficio Informazioni
Corso Milano 41
25056 Ponte di Legno (BS)
Tel. 03 64/9 11 22, Fax 9 19 49

> **Der gute Tip M:**
> **Castiglione delle Stiviere**
> Folgt man den Spuren des Gonzagageschlechtes, erfährt man, wie das internationale Rote Kreuz gegründet wurde.

H3 Castiglione delle Stiviere M

Das heimelige Zentrum von Castiglione (10000 Einwohner) macht den Eindruck, als hätte irgendwann irgendwer etwas Größeres mit dem Ort vorgehabt. In der Tat: Der Hauptort des oberen Mantovano beherbergte mehrere Jahrhunderte einen Zweig der Gonzaga-Familie, eben die »Gonzaga da Castiglione«. So wurde die Basilica San Luigi ab 1608 im Auftrage von Francesco Gonzaga zu Ehren des heiliggesprochenen Bruders errichtet. Der wichtigste Palast ist natürlich der Palazzo Gonzaga aus dem 17. Jh. – heute tagt hier der Gemeinderat. Die Kirche des Kapuzinerklosters wurde ebenfalls im Auftrag eines Gonzaga errichtet und auf der zentralen Piazza Dallò erhebt sich in der Mitte des »siebenseitigen Brunnens« die Jungfrau Domenica Calubi, die Francesco Gonzaga gleichsam als barockes Reinheitsgebot für die Seelenordnung seiner Untertanen aufstellen ließ. Dann aber hatten die Leute von Castiglione den Zauber satt und jagten die Gonzaga 1690 aus ihrer Stadt. Damit verschwand Castiglione im Schatten der Geschichte, um später noch einmal kurz wiederaufzutauchen. Am 24. Juni 1859 wurde bei dem nahen Solferino die blutigste Schlacht der italienischen Einheitsbewegung zwischen Franzosen und Piemontesen einerseits und Österreichern und Ungarn andererseits geschlagen. Die Verletzten wurden in die umliegenden Dörfer gebracht, auch nach Castiglione, wo am 25. Juni die Frauen des Ortes rund 400 Soldaten im Dom ohne Ansicht der Nationalität behandelten und pflegten. Es soll dieser Anblick gewesen sein, der den jungen Genfer Philantropen Henri Dunant, der damals im Palazzo Bondoni einquartiert war, die Eingebung zur Gründung des Roten Kreuzes schenkte. 1863 kam es dann in Genf zum ersten Kongreß der segensreichen Organisation.

Hotel
Hotel La Grotta
Via dei Mandorli 22
46043 Castiglione Delle Stiviere (MN)
Tel. 0376/632530, Fax 639295
27 Zimmer
2. Kategorie
Anspruchsloses, aber gemütliches Haus im Zentrum; eigener Parkplatz.

Museum
Museo Internazionale della Croce Rossa
Via Garibaldi 50
46043 Castiglione Delle Stiviere (MN)
April–Sept. tgl. 9–12, 15–19 Uhr, Mo geschl., Okt.–März

Orte in der Umgebung von Brescia und dem Gardasee

Der Gardasee wartet auf die Sommergäste – Morgenstimmung am Bootshafen von Gargano

tgl. 9–12, 14–17.30 Uhr, Mo geschl.
Eintritt: Spende
Objekte und Dokumente aus der Zeit der Gründung des Roten Kreuzes.

Essen und Trinken
Ristorante Tomasi
Via Solferino 77
Tel. 0376/632968
Mo und im Aug. geschl.
2. Kategorie (Æ, EC, Visa)
In dem Restaurant findet man Plätze im kühlen Garten oder vor dem warmen Kamin.

Allgemeine Informationen
Auskunft:
Pro Loco
Via C. Battisti 4
46043 Castiglione Delle Stiviere (MN)
Tel. 0376/636095

Gardone Riviera und der obere Gardasee H2

Die kurze, autofreie Uferpromenade gehört zu den mondänsten Metern des Gardasees. Hier in Gardone (3000 Einwohnern) siedelten sich die Reichen und Berühmten an. Das »Grand Hotel Gardone Riviera« wurde vor über 100 Jahren von einem Deutschen gegründet, der die Zeichen des Tourismus früh erkannt hatte. Im älteren oberen Teil des Ortes (Pfarrkirche San Nicola mit Blick über den See) überwiegen die privaten Villenanlagen.

Nördlich von Gardone folgt Toscolano Maderno mit einer der wichtigsten romanischen Kir-

77

Bizarre Anlage – Eingang zum Vittoriale, der Villa des verschrobenen Dichters Gabriele D'Annunzio in Gardone

chen am See, S. Andrea. Von der Wallfahrtskirche Madonna di Caino hat man einen wunderschönen Blick über den See. In Maderno legt auch die Autofähre Richtung Ostufer (Torri del Benaco) ab.

Etwa 8 km seeaufwärts folgt Gargnano (hier kann man auch zum Idro-See abzweigen). Gargnano ist das typische Beispiel eines alten Luftkurortes, der außerhalb der Hochsaison noch sehr viel eigenen Charme aufbringt. Prächtige Villen mit wunderschönen Gärten (in einer wohnte Mussolini, bevor er 1945 versuchte in die Schweiz zu flüchten) säumen den Weg, der weiter nach Norden führt.

Hotels
Grand Hotel Fasano
Cso. Zanardelli 160
25083 Gardone Riviera (BS)
Tel. 0365/290220
Fax 290221
87 Zimmer
Nov.–März geschl.
Luxuskategorie (Æ, DC, EC, Visa)
Das ehemalige Jagdschloß der österreichischen Kaiserfamilie in wunderschönem, bis ins Detail gepflegtem Ambiente. Die Zimmer sind zum Träumen!
Locanda agli Angeli
Pza. Garibaldi 2
25083 Gardone Riviera (BS)
Tel. 0365/20832
Fax 20832
11 Zimmer
Jan. und Feb. geschl
3. Kategorie (Æ, EC, Visa)
Sehr hübsch im alten Ortskern

Gardone Sopra gelegen; ruhige Zimmer. Das Frühstück gibt es bei schönem Wetter auf der Terrasse.

Sehenswertes
Giardino Botanico Hruska
Via Roma
25083 Gardone Riviera (BS)
März bis Okt. tgl 9.30–18 Uhr
Eintritt 7000 Lit.

Den botanischen Garten schuf sich der Arzt Dr. Artur Hruska im Jahr 1910. So entstand dieses Raritätenkabinett, das Alpenwie Tropenflora in einem einzigen Garten vereint (beim Gärtner kann man Setzlinge kaufen).

S. Andrea
25088 Toscolano Maderno (BS)

Die um 1130 gegründete Basilika (spätgotischer Glockenturm) zeigt sich mit der luftig wirkenden, mehrfarbigen Marmorfassade von ihrer schönsten Seite. Und weist den Weg in eine lange Geschichte: vorher stand hier ein langobardisches Gotteshaus, das wiederum in den Trümmern eines römischen Tempels errichtet worden war. In den Seitenmauern sind jeweils Teile des Vorgängerbaus mit einbezogen – inmitten des Touristenrummels spürt man den Atem der Geschichte.

Vittoriale degli Italiani mit Museo Dannunziano Ⓜ
Via Vittoriale
25083 Gardone Riviera (BS)
fraz. Gardone di Sopra
Park April–Sept. tgl. 8.30 bis 20 Uhr, Okt.–März tgl. 9 bis 12.30, 14–18 Uhr. Führung durch die Villa tgl. 10–13.30, 14.30–18 Uhr; Mo geschl.
Eintritt Park 8000 Lit., Park und Villa 16000 Lit

Plunder, nichts als Plunder. Hölzerne Heilige, Gipsabdrücke, Flaschen und Flakons, Majolika und Granatäpfel. Bücher, Bleiglas und schwere Vorhänge. Ein Antiquitätenlager? Ein Flohmarkt des Größenwahns? Gabriele d'Annunzio (1863–1938) hat sich oberhalb von Gardone

> Der gute Tip Ⓜ:
> **Vittoriale degli Italiani**
> Die bizarre Anlage mit Park, Mausoleum und Wohnhaus des verschrobenen Dichters Gabriele D'Annunzio (1863 bis 1938), der sich für den Größten seiner Zeit hielt.

am Gardasee diese Villa nebst Park geschaffen. Der italienische Dichter, literarisch ein Jünger des europäischen Dekadentismus, ein Epigone von Wilde und Huysmans, Zola und Mallarmé, hielt sich für den Größten. Ob in der Dichtung, der Liebe oder im Krieg – den er romantisch verklärte. Er schrieb über 70 – heute zurecht vergessene – Theaterstücke, stilisierte für die Faschisten den antiken Gruß des ausgestreckten Arms (den Hitler später übernahm) und betätigte sich als Freischärler in Dalmatien. Seine Abenteuer am Rande des ersten Weltkriegs hat d'Annunzio im Park des Vittoriale (»Siegesdenkmal«) dokumentiert: das Vorschiff eines Kreuzers, den er kommandierte, ein Flugzeug, das er flog, ein Schnellboot, das er steuerte. Ein Theater gehört zu seinem Park, ein Mausoleum gar, in dem er selbst begraben wurde: von Kokain zerfressen, kurz vor dem Ausbruch des zweiten Weltkriegs, starb er – als seine Ideale die Welt in ein Inferno verwandelten.

Einkaufen
Coop. Agr. Possidienti Oliveti
Via Campaldo 10
25010 Limone del Garda (BS)
Mo geschl.
Delikates Olivenöl extra vergine der seltenen Sorte Gargnà direkt vom Produzenten.

Allgemeine Informationen
Auskunft:
Ufficio Informazioni
25083 Gardone Riviera (BS)
Corso Repubblica 27
Tel. 0365/20347
Fax 20347
Ufficio Informazioni
Via Comboni 15
25010 Limone sul Garda (BS)
Tel. 0365/954070
Fax 954 68 89

G2 **Lago d'Iseo**
Der Iseo-See (Oberfläche 62 km^2, Länge 25 km, größte Breite 4,7 km) wird vom Oglio-Fluß gespeist und füllt den südlichen Teil des Camonica-Tals aus. Im See liegt der grüne Hügel Monte Isola, mit 415 m Höhe die größte Seeinsel Italiens. Hier kann man wunderschöne Spaziergänge machen. Zufahrten zum Monte Isola mit der Fähre von Sulzano oder Sale Marasino am Brescianer Ufer wie auch von Tavernola am Bergamasker Ufer. In Pisogne werfe man einen Blick in das Kirchlein S. Maria della Neve, das Romanino 1533/34 innen mit Fresken kraftvoll ausgemalt hat (im Volksmund »Sixtinische Kapelle der Armen« genannt). In Sarnico, wo der Oglio in die Ebene austritt, findet sich die Bootswerft von Carlo Riva, der vor allem in den fünfziger und sechziger Jahren seine hölzernen Luxusboote zum Symbol für die (Neu-)Reichen aller Länder kreiert hatte. Südlich vom See erstreckt sich das Weinbaugebiet des Franciacorta (eleganter Sekt, spritzige Weißweine). Einige der Winzer bieten auch Übernachtungsmöglichkeiten an und zeigen Gästen gerne ihr Weingut – zum Beispiel in Capriolo die Familie Ricci Curbastro.

Essen und Trinken
L'Albereta Gualtiero Marchesi
Via Vittorio Emanuele 11
25030 Erbusco (BS)
Tel. 030/7760562
So abends, Mo und im Jan. geschl.
Luxuskategorie (Æ, DC, EC, Visa)
Gualtiero Marchesi zählt zu den vier besten Köchen Italiens; der Rest heißt: genießen!
Emma Ricci Curbastro
Villa Evelina
Via Adro 37
25031 Capriolo (BS)

Orte in der Umgebung von Brescia und dem Gardasee

Der Lago d'Iseo bietet sich nicht nur zum Baden an: Auch die Wettangler kommen auf ihre Kosten

Tel. 030/736094
Fax 760558
Edle Sekte und im Barrique ausgebaute Rotweine warten auf den Besucher.
Ristorante Il Volto
Via Mirolte 33
25049 Iseo (BS)
Tel. 030/981462
Mi und Do Mittag geschl.
2. Kategorie
Ein Spitzenrestaurant mit unglaublich gutem Verhältnis von Preis und Leistung. Der Koch Vittorio Fusari bietet täglich wechselnde Menüs an.

Allgemeine Informationen
Auskunft:
Ufficio Informazioni
Lungolago Marconi 2
25049 Iseo (BS)
Tel. 030/980209
Fax 981361

Mantua H3
Man sollte auf keinen Fall versäumen, der mittelalterlichen Rivalin von Verona einen Besuch an den vom Mincio gespeisten Seen abzustatten. In der Renaissance überflügelte diese unter der Herrschaft der Gonzaga alle Nachbarorte (auch Brescia). Die Gonzaga machten aus Mantua (heute 60000 Einwohner) einen der prunkvollsten Hofsitze Europas. Hier arbeiteten die besten Künstler ihrer Zeit: Andrea Mantegna malte im herzoglichen Palast, Leon Battista Alberti entwarf die Kirchen S. Andrea (in der ersten Kapelle links das Grab Mantegnas) und S. Sebastiano. Im 16. Jh. leitete Giulio Romano die städte-

Bezaubernd: die Altstadt von Mantua mit der Kirche S. Andrea

bauliche Erneuerung und entwarf selber den jüngst großartig restaurierten Palazzo del Tè. Bibbiena projektierte später das bezaubernde Teatro Scientifico Accademico. Im 18. Jh. fiel Mantua an Österreich und wurde dann in das Festungsviereck mit Verona, Peschiera und Legnago integriert. 1810 wurde der Südtiroler Freiheitskämpfer Andreas Hofer auf Befehl Napoleons in Mantua erschossen.

Der gute Tip 🅜:
Palazzo Ducale
Die größte Schloßanlage Italiens mit über 500 Räumen und dem Freskenzimmer von Mantegna.

Hotel
Bianchi Stazione
Pza. Don Leoni 24
Tel. 0376/326465
Fax 321504
51 Zimmer
2. Kategorie (Æ, DC)
Das Hotel befindet sich in einem ehemaligen Kloster in Bahnhofsnähe; es ist gemütlich eingerichtet.

Sehenswertes
Palazzo Ducale 🅜
Piazza Sordello
Führungen tgl. 9–13, Di–Sa auch 14.30–17 (Nov.–März 14.30–16) Uhr
Eintritt 12 000 Lit.
Man muß diese riesige Palastanlage Mantuas einmal umlaufen haben, um ihre Ausmaße zu begreifen. Acht Baukörper mit drei Gärten und neun Innenhöfen

Orte in der Umgebung von Brescia und dem Gardasee

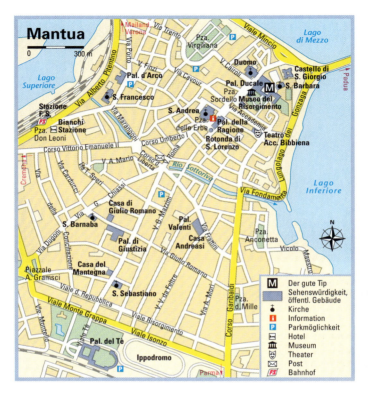

gruppieren sich auf einer Grundfläche von 34 000 m² zu einem Labyrinth aus Gängen, Türmen, Apartments, Stallungen etc. Der Komplex erstreckt sich zwischen der zentralen Piazza Sordello und dem Lago Inferiore. Mittelpunkt ist die Kirche S. Barbara.

Die Markgrafen Gonzaga begannen im 14. Jh., eine bestehende Palastanlage nach ihren Zwecken umzugestalten. Fast jede Generation dieser erfolgreichen Herrscherfamilie fügte dann etwas hinzu oder baute etwas um. Am See entstand das Castello S. Giorgio zunächst als Schutzburg zur Kontrolle der Zufahrtsstraßen. In der zweiten Hälfte des 15. Jh. ließ Ludovoco II. Gonzaga das Kastell zu einem Wohnschloß umwandeln. Im sogenannten Hochzeitszimmer (*camera degli sposi*) beauftragte er im Jahre 1464 den bedeutendsten Maler der Zeit, Andrea Mantegna, einen Raum zu schaffen, der wie ein Pavillon in offener Landschaft wirkt.

Den Aufstand der Titanen zeigt das manieristische Wandgemälde im Palazzo del Tè von Mantua

Palazzo del Tè
Viale Tè
Tgl. 9–18 Uhr, Mo. geschl.
Eintritt 12000 Lit
Großartiger Sommersitz der Gonzaga-Familie von Giulio Romano in den Jahren von 1522 bis 1535 im Stil der Hochrenaissance mit manieristischen Formen. Prachtvolle Innenausstattung und sehenswerte Fresken.
Teatro Accademico Bibbiena
Via Accademia 47
Di, Mi, Fr–So 9–12, 15–18,
Do 9–12 Uhr, Mo geschl.
Eintritt 2000 Lit.
Ein Kleinod der Theaterbaukunst in spätbarocken Formen! Das Teatro wurde 1796 von Antonio Bibbiena erbaut.

Essen und Trinken
Trattoria l'Ochina Bianca
Via Finzi 2
Tel. 32 37 00
Mo, Di mittags und Ende Juni/Anfang Juli geschl.
2./3. Kategorie (DC, EC, Visa)
Traditionelle und zugleich phantasievolle Küche; sehr gutes Preis-Leistungs-Verhältnis.

Allgemeine Informationen
Auskunft:
APT
Piazza Mantegna 6
46100 Mantova
Tel. 0376/35 06 81
Fax 36 32 92

Sabbioneta Ⓜ︎   H4
Der Weg durch das schmale Tor von Sabbioneta führt geradewegs in die Spätrenaissance. An wenigen Orten in Italien kann

Orte in der Umgebung von Brescia und dem Gardasee

Im Teatro Olimpico von Sabbioneta zeigt sich die Renaissance wie ein Bühnenbild

man so intensiv den Geist jener Zeit spüren. Grund dafür war ein Spleen von Fürst Vespasiano Gonzaga (1532–91) aus einer Nebenlinie des in Mantua regierenden Adelsgeschlechtes (→ Castiglione Delle Stiviere). Vespasiano machte in Konkurrenz zu seinen Vettern das Dorf Sabbioneta zu einer Residenzstadt nach den Idealvorstellungen der Renaissance innerhalb einer sechseckigen Festungsanlage. In kürzester Frist ließ der Fürst die Miniaturstadt mit Platz, Kirche, Herzogspalast, Theater, Palazzi und Lusthaus planen und bauen. Für eine Besichtigung der Innenräume wende man sich an Pro Loco, das regelmäßig Führungen organisiert. Besonders sehenswert sind Lustpalast (Palazzo Giardino) mit der Kunstgalerie (Galleria degli Antichi) und das kleine Hoftheater (Teatro Olimpico) nach dem Vorbild Palladios in Vicenza.

Allgemeine Informationen
Auskunft:
Pro Loco
Via Gonzaga 31
46018 Sabbioneta (MN)
Tel. 0375/52039
April–Sept. tgl. 9–12, 14.30 bis 18 (So auch bis 19) Uhr,

> Der gute Tip M:
> **Sabbioneta**
> Wie aus einem Bauerngut eine Idealstadt der Renaissance wurde, kann man vor den Toren Mantuas erleben.

Was heute Besuchern offensteht, war einst Trutzburg für Herrscherfamilien – die Scaliger-Festung von Sirmione

Okt.–März tgl. 9–12, 14.30 bis 17 Uhr, Mo geschl. Eintritt und Führung 10000 Lit.

H3 Sirmione und der südliche Gardasee

Wie eine Perlenschnur reihen sich die historisch wichtigsten und heute noch bedeutendsten Orte des Gardasees an seinem südwestlichen Ufer auf. Wunderschön liegt Sirmione (5000 Einwohner) auf einer schmalen, 4 km langen Halbinsel wie eine schwimmende Stadt im Gardasee. Die Römer hatten hier schon Thermenanlagen gebaut, und noch heute kann man hier verschiedene Kuren – wie beispielsweise Schlammkuren – buchen. Catull, dessen sogenannte Grotten an der Spitze der Halbinsel liegen, hat den Ort besungen. Er war jedoch viel zu arm, um sich eine solche Villenanlage zu leisten, die nach ihm benannt wurde.

Egal: Hier genießt man auf jeden Fall die schönste Aussicht des Gardasees. Im Ort steht die von Wasser umgebene Skaliger-Festung, die die Veronesische Herrschaftsfamilie Della Scala im 13. Jh. zum Schutz ihres Landbesitzes errichten ließ. Sehenswerte Kirchen sind außerdem: S. Maria Maggiore (15. Jh.) und S. Pietro in Mavino (Fresken aus dem 13.–16. Jh.).

Das lebhafte Desenzano del Garda (20000 Einwohner) ist das Handelszentrum des südlichen Gardasees und Ausgangspunkt der Schiffahrtslinien.

Orte in der Umgebung von Brescia und dem Gardasee

Verspielte Mosaiken aus der Antike in der Villa Romana von Desenzano

Auch trifft man hier wieder auf römische Spuren (Ruinen einer Villa aus dem 4. Jh mit mehrfarbigen Fußbodenmosaiken). Der Dom beherbergt in der Sakramentskapelle ein »Abendmahl« von Gian Battista Tiepolo (1760). Bei Lonato, ganz in der Nähe liegt die Parkanlage »La Quiete« mit Spiel- und Freizeiteinrichtungen.

Wunderschön zunächst am See entlang führt die Straße nach Salò (11 000 Einwohner), dem politischen Zentrum des Sees schon unter Venedig, das von hier die »magnifica patria« (»herrliche Heimat«) des Gardasees kontrollierte. Ein Erdbeben zerstörte Salò Anfang des Jahrhunderts schwer, und durch den Wiederaufbau entstanden die breite Uferpromenade und die harmonische Anlage, die diesen Ort heute prägen.

Im Zweiten Weltkrieg schrieb der Name der Stadt noch einmal Geschichte: Nach der Besetzung Italiens und der Befreiung Mussolinis durch die Deutschen schuf der Faschistenführer die Repubblica Sociale di Salò und zog mit seinen Ministerien an den Gardasee.

Sehenswertes
Antiquarium della Villa Romana
Via Scavi Romani
25015 Desenzano del Garda (BS)
Tgl. 9–19.30, So 9–18 Uhr,
Mo geschl.
Eintritt 4000 Lit.
Ruinen einer römischen Villa aus dem 4. Jh. mit z. T. herrlichen Bodenmosaiken.

Grotte di Catullo
Antiquarium Zona Archeologica
Piazzale Orti Manara
25019 Sirmione (BS)
Tgl. 9–17 Uhr (April–Juni und im Sept. bis 18.45 Uhr)
Eintritt 8000 Lit.
Ausgrabungen einer römischen Villa aus der frühen Kaiserzeit; wundervolle Aussicht!

Allgemeine Informationen
Auskunft
Ufficio Informazioni
Piazza Matteotti 27
25015 Desenzano (BS)
Tel. 030/9141510
Fax 9144209

Salò mit seinen herrlichen Promenaden ist seit der venezianischen Herrschaft Hauptort des Gardasees

Ufficio Informazioni
Lungolago Zanardelli 39
25087 Salò
Tel. 0365/21423
Ufficio Informazioni
Viale Marconi 2
25019 Sirmione
Tel. 030/916114
Fax 916222

E2 Como

Mit der Nordlinie der Eisenbahn (Ferrovie Nord) kommt man am schönsten in Como an – direkt am See. Vor dem kleinen Bahnhof gibt es einen Fahrradverleih, so kann man sich gleich auf Erkundungsfahrt begeben. Das schachbrettartige Straßenmuster im historischen Zentrum der heutigen Stadt (87 000 Einwohner) verweist deutlich auf die Anlage des römischen Castrum Novum Comum (49 v. Chr.). Söhne von Comum sind die beiden berühmten römischen Intellektuellen aus der Familie der Plinier – der Dichter und Historiker Plinius der Ältere kam dann 79 n. Chr. beim Vulkanausbruch in Pompeji ums Leben. Im Mittelalter versuchte sich Como durch Anlehnung an die deutschen Kaiser unabhängig von Mailand zu halten, dem es sich erst im 14. Jh. unterordnen mußte. Die romanischen Kirchen S. Abbondio und S. Fedele sowie der Dom S. Maria Maggiore sind sichtbare Beispiele dieser Zeit.
Die Geschäfte an der zum See geöffneten (und manchmal über-

Orte in der Umgebung von Brescia und dem Gardasee
Como

Erfrischend offen liegt die Piazza Cavour zwischen der Altstadt von Como und dem See

spülten) Piazza Cavour sowie längs des zentralen Straßenzugs Via Plinio und Via Vittorio Emanuele II zeugen vom traditionellen Reichtum Comos, der besonders durch die Seidenproduktion (heute nur noch Seidenverarbeitung) bestimmt ist. Auch die Moderne hat ihren Reiz: Die rationalistische Architektur Italiens der dreißiger Jahre (Arbeiten von Giuseppe Terragni u. a.), die in Como einen Mittelpunkt hatte, wird gerade wiederentdeckt. Ein Spaziergang am Seeufer gehört natürlich zu jedem Besuch dazu. Am Westufer zum Beispiel bietet es sich an, zum Park der klassizistischen Villa Olmo zu flanieren. (Die Villa selbst, ein Tagungs- und Veranstaltungsort der Gemeinde, ist nicht zu besichtigen.) Am Ostufer erreicht man die Seilbahnstation, die nach Brunate 716 m hoch hinaufführt – die Aussicht lohnt.

Hotels

Das lebhafte Tourismuszentrum besitzt innerhalb der Stadt alle Hotelkategorien. Ruhiger aber übernachtet man etwas außerhalb von Como, z. B. in Cernobbio, das bequem mit dem Stadtbus zu erreichen ist.
Centrale
Via Regina 39
22012 Cernobbio
Tel. 031/51 14 11, Fax 34 19 00
20 Zimmer
Zum Jahreswechsel geschl.
2. Kategorie (Æ, DC, EC, Visa)

Unterwegs im Piemont, in Ligurien und in der Lombardei

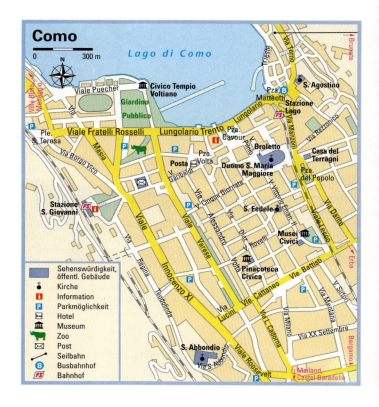

Von außen eher unscheinbar, besitzt das gemütliche Haus einen schönen Garten zum Ausruhen – und einen großen Weinkeller.

Posta
Via Garibaldi 2
22100 Como
Tel. 031/266012, Fax 266398
19 Zimmer
2./3. Kategorie (Æ, DC, EC, Visa)

Einfaches aber ordentliches Haus in Domnähe; tierfreundlich.

Sehenswertes

Broletto
Pza. del Duomo

Das ehemalige Rathaus wurde zusammen mit der Torre del Comune (Stadtturm) ab 1215 im romanisch-gotischen Übergangsstil errichtet. Die Fassade ist mit schwarzweißem Marmor repräsentativ geschmückt. Im Erdgeschoß liegt eine Arkadenhalle. Der Ratssaal im ersten Stock ist nicht zu besichtigen.

Casa del Terragni
Pza. del Popolo

Die frühere Casa del Fascio, 1932–36 von Giuseppe Terragni gebaut, gilt als Musterbeispiel der rationalistischen Architektur, die an die Bauhaustradition anknüpft. Arbeiten Terragnis findet man auch am See mit dem Gefallenendenkmal (Via Puecher), dem Apartmenthaus Giuliani-Frigerio (Vle. Fratelli Rosselli 24) oder dem Wohnhaus Novocomum (Vle. Sinigaglia 2–6).

Dom S. Maria Maggiore
Via Plinio/Pza. Duomo

Die lange Baugeschichte des Doms zeigt sich deutlich in den verschiedenen stilistischen Elementen: Die Fassade verweist mit ihren Spitzbogen noch auf die Spätgotik (der Dom wurde 1336 begonnen), die Apsis gilt als Meisterwerk der Renaissance und die Kuppel (1744 von Juvarra aufgesetzt) ist ein herrliches Beispiel für die Harmonie des Spätbarock. Neben dem Hauptportal stehen die Statuen der beiden Plinius. Im Inneren findet man prachtvolle Wandteppiche aus dem 16. Jh. sowie Gemälde von Gaudenzio Ferrari (um 1500) und Bernardo Luini (1492).

S. Abbondio
Via Regina/Ecke Via S. Abbondio

Diese Kirche aus dem 11. Jh. gehört zusammen mit S. Ambrogio in Mailand und S. Michele in Pavia zu den stilbildenden Sakralbauten der lombardischen Romanik, die nach den Italienzügen Heinrich IV. wiederum Einfluß auf nordische Kirchenbauten (Kaiserdom in Speyer etwa) genommen hat. Im Inneren fünf Schiffe mit äußerst hohen Pfeilern und Freskenschmuck aus dem 14. Jh.

S. Fedele
Piazza S. Fedele

Ursprünglich als erste Kathedrale Comos im Frühchristentum begründet, wurde S. Fedele im 12. Jh. neu errichtet – in der merkwürdigen Kombination der Basilikaform mit einer Dreipaßapsis (Fachleute sehen hier eine Verwandtschaft mit der Kölner Kirche St. Maria im Kapitol) und einer umlaufenden Empore.

Museen und Galerien

Civico Tempio Voltiano
Viale Marconi
Tgl. 10–12, 15–18 Uhr, Mo geschl.
Eintritt 4000 Lit

Museum über den berühmten Sohn der Stadt Alessandro Volta (1745–1827), den Erfinder der Batterie. Nach ihm wird die elektrische Spannung Volt genannt.

Museo Didattico della Seta
Via Valleggio
Di–Fr 9–12, 15–18 Uhr, Sa nach Voranmeldung, So, Mo geschl.
Eintritt 15 000 Lit.

Neu eingerichtetes Museum über die Verarbeitung von Seide, die bis heute den Reichtum Comos ausmacht.

Lago di Como Wenn die Rede auf den Comer See kommt, werden häufig Superlative gebraucht. Der Lario, wie er auch nach seinem antiken Namen Lacus Larius genannt wird, breitet sich majestätisch in einem voralpinen Becken in der nördlichen Lombardei aus und gilt als eine der größten Schönheiten Italiens. Der Lago di Como bietet vor allem im westlichen Mittelteil zwischen Menaggio und Argegno Ufer, die mit ihrem üppigen Pflanzenwuchs exotisch anmuten. Hier findet man prächtige Villen mit herrlichen Parkanlagen. Weiter nördlich drängen sich dann die Zweitausender so dicht an den See, daß man sich im Hochgebirge fühlt. Auch das Klima ist hier rauher. In seiner Mitte, wo er sich nach Süden in zwei Arme aufteilt, so daß die Form eines auf den Kopf gestellten Ypsilons entsteht, schiebt sich das Vorgebirge mit Bellagio heran. Bellagio wird in den Reiseführern immer als »Perle des Lario« beschrieben – es ist es (wenn auch die Fassung im Laufe der Jahrhunderte immer teuerer geworden ist). Die Faustregel gilt immer noch: Wenn man nur ein paar Stunden Zeit für den See hat, auf nach Bellagio! Mit 146 km^2 Fläche ist der Comer der

Pinacoteca Civica
Palazzo Volpi
Via Diaz 4
Di–Sa 9.30–12.30, 14–17 Uhr,
So 10–13 Uhr, Mo geschl.
Eintritt 4000 Lit.
Neben einer Statuensammlung aus karolingischer Zeit werden Fresken und Bilder lokaler Meister ab dem 14. Jh. gezeigt.
Im Obergeschoß eine interessante Abteilung moderner Comasker Maler (Aldo Galli u. a.).

Essen und Trinken

Cafés
Bar delle Terme
Lungolago Trieste 14
Di geschl.
Wunderschöne Bar des Hotels Terminus, direkt am See gelegen (mittags und abends auch Restaurant, 2. Kategorie).

Gelateria Aida
Pza. S. Fedele 34
Mo geschl.
Köstliche süditalienische Eisspezialitäten; auch Backwaren!
Pasticceria Belli
Via Vittorio Emanuele 7
Mo geschl.
Erste Zuckerbäckerei der Stadt – mit Café.

Restaurants
Il Gatto Nero
loc. Rovenna
22012 Cernobbio
Via Monte Sacro 63
Tel. 031/51 20 42
Mo und Di mittags geschl.
2. Kategorie (Æ, DC, EC, Visa)
Auf den Hügeln oberhalb Cernobbios (Busverbindung) gelegen, mit wundervollem Blick auf den See; gute Küche, die auch noch erschwinglich ist.

Como

drittgrößte der oberitalienischen Seen. Er ist 50 km lang und durch seine 410 m der tiefste See Italiens. An den Spitzen der südlichen Ausläufer liegen die Städte Como und Lecco. Gespeist wird der Lago di Como durch den Adda-Fluß, der durch die Valtellina (Provinz Sondrio) kommend den See bei Colico erreicht und bei Lecco wieder verläßt. Durch die Valtellina kommt man über Bormio und das Stilfser Joch nach Südtirol, nördlich des Comer Sees erreicht man über Chiavenna und den Splügenpaß die Schweiz, im Süden sind Mailand und die Po-Ebene nicht weit. Man spürt es vor allem sonntags, wenn rund um den See alle Großstädter der Lombardei die Natur suchen – und im Stau stecken bleiben. Besser man fährt auf den Schiffen, die alle wichtigen Orte miteinander verbinden – und zwischen Cadenabbia, Bellagio und Varenna auch Autos transportieren. So kostet zum Beispiel eine Tageskarte auf der Strecke Como–Menaggio 22 000 Lit. Von Como aus organisiert die Navigazione Laghi auch Nachtkreuzfahrten (21–1.30 Uhr, 25 000 Lit., fakultatives Abendessen 30 000 Lit.).

Il Solito Posto
Via T. Lamberetenghi 9
Tel. 031/27 13 52
Mo, im Aug. und im Dez. geschl.
2. Kategorie (Æ, DC, EC, Visa)
Vielseitige Küche, üppige Salate, wundervolles Tiramisù – im Zentrum gelegen.

Sant'Anna
Via Turati 3
Tel. 031/50 52 66
Fr und Sa mittags sowie im Aug. geschl.
1. Kategorie (Æ, DC, EC, Visa)
Traditionsreiches Haus mit traditionsreicher Küche (Fische aus dem See); wohl das beste Haus der Stadt, große Weinkarte.

Einkaufen

Jeden ersten Samstag im Monat findet ein Floh- und Antiquitätenmarkt auf der Pza. S. Fedele statt. Zwischen Pza. Cavour und Via Vittorio Emanuele ist eine Flaniermeile für den Schaufensterbummel entstanden.

Elegance Pelletteria
Via Luini 11
Mo vormittags geschl.
Lederwaren, Taschen, Gürtel etc. aus Handwerkerproduktion.

Mantero
Via Alessandro Volta 68
Mo–Fr 9.30–12.30, 14.30 bis 18 Uhr
Seidenwaren aller Art zu günstigen Preisen.

Allgemeine Informationen

Auskunft
APT
22100 Como
Piazza Cavour 17
Tel. 031/3 30 01 11
Fax 26 11 52

Ufficio Informazioni
Stazione F. S.
Ple. S. Gottardo
Tel. 031/26 72 14
Navigazione Lago di Como
Via Cernobbio 18
Tel. 031/5 79 211

Bahnhöfe
Stazione S. Giovanni F. S.
Ple. S. Gottardo
Tel. 031/26 14 94
Fernzüge Richtung Schweiz/ Deutschland und Mailand/Italien.
Stazione F. N.
Largo Leopardi
Tel. 30 42 00
Kopfbahnhof am See der Nordbahn (Vorortszüge Richtung Mailand).

Busse
Am schnellsten geht es eigentlich zu Fuß. Dennoch: Vom Bahnhof F. S. ins Zentrum und an den See führen die Linien 4 bzw. 7. Nach Cernobbio nimmt man die Linie 6. Eine Fahrkarte kostet 1500 Lit; ermäßigte Sammel- oder Touristenkarten gibt es nicht. Die Busse in die Region (u. a. nach Bergamo) und zu anderen Zielen des Sees fahren von der Stazione Autovie ab.
Stazione Autovie
Pza. Matteotti
Tel. 30 47 44

Der gute Tip 🅼:
Bellagio
In herrlicher Lage lädt Bellagio betuchte wie unbetuchte Gäste zum Flanieren.

Medizinische Versorgung
Ospedale S. Anna
Pronto Soccorso
Via Napoleona 60
Tel. 58 51 11

Polizei
Questura
Viale Roosevelt 7
Tel 31 71
Vigili Urbani
Tel. 26 55 55

Post
Posta Centrale
Via Gallio

Taxi
Taxistände u. a. an der Pza. Perretta (hinter der Pza. Cavour) und am Bahnhof Ple. S. Gottardo.
Ruftaxi
Tel. 57 57 00

Veranstaltungen
Juni: Palio del Baradello (Große Kirmes mit Pferderennen im Castello Baradello).
Sept.: Corteo Storico del Barbarossa (Umzug in historischen Kostümen) aus dem Mittelalter von der Ple. Montesanto aus.

Orte in der Umgebung

Bellagio 🅼
Der Ort an der lichtdurchfluteten Stelle, wo die beiden südlichen Arme des Comer Sees zusammentreffen, wurde von den Römern deshalb »Bilacus« genannt. Plinus d. J. ließ sich hier eine Villa bauen, Vergil besang seine

Como
Orte in der Umgebung

Schönheit. Seitdem sind die Großen und Kleinen dieser Welt hier pünktlich in Jubel ausgebrochen. Nur Cosima Liszt, Tochter von Franz Liszt und spätere Frau Wagner, begann mit einem Schrei – sie wurde hier am 25. Dezember 1837 geboren.

Nobelhotels laden die Gäste. Man spaziert am See entlang, genießt immer wieder die herrliche Lage, wirft einen verstohlenen Blick in die Boutiquen und ruht sich in den großartigen Parkanlagen der Villa Serbelloni (die Villa mit ihrer langen Geschichte von der Antike über die Langobarden bis in den Klassizismus ist heute Sitz der Rockefeller-Stiftung) und Villa Melzi aus. Die Villa Melzi des Mailänders Francesco Melzi d'Eril, eines Günstlings von Napoleon, entstand um 1808. Melzis Intimfeind, Graf Sommariva, war das Anlaß genug, die Villa Carlotta auf dem gegenüberliegenden Ufer (→ Menaggio) in noch größerem Stil umzubauen. Im Ortskern von Bellagio steht die Kirche S. Giacomo (um 1150 entstanden, barockisiert und Anfang dieses Jahrhunderts im Originalzustand restauriert). Das Vorgebirge und die Valassina zwischen Bellagio und Erba laden zu Wanderungen und Spaziergängen ein.

Hotels
Grand Hotel Villa Serbelloni
Via Roma 1
22021 Bellagio
Tel. 031/950216, Fax 951529
86 Zimmer
Nov.–März geschl.
Luxuskategorie (Æ, DC, EC, Visa)
Fast an der Spitze der Halbinsel gelegen, bietet dieses traditionsreiche Haus allen Komfort (Schwimmbad und Tennisplätze eingeschlossen). Alle Zimmer sind behindertengerecht.
Hotel Il Perlo Panorama
Via Valassina 180
22021 Bellagio
Tel. 031/950229, Fax 951556
13 Zimmer
Nov.–März geschl.
2./3. Kategorie (EC, Visa)
Ein einfaches, aber dennoch angenehmes kleines Hotel, tierfreundlich.

Essen und Trinken
Ristorante Mella
Via Jacopo Rezia 1
loc. San Giovanni
22021 Bellagio
Tel. 031/950205
Di und in den Wintermonaten geschl.
2./3. Kategorie (EC, Visa)
Herrliche Sicht auf den See (man sitzt auch draußen) aus dem die Fische (u.a. in Form von Paté) direkt auf den Tisch kommen...

Allgemeine Informationen
Auskunft:
APT
22021 Bellagio (CO)
Piazza della Chiesa 14
Tel. 031/950204, Fax 261152

Cantù E2
Zwei Kilometer außerhalb der lebhaften Kleinstadt Cantù

Unterwegs im Piemont, in Ligurien und in der Lombardei

Verträumt zeigt sich der Comer See in seinen Villenanlagen wie hier im Garten der Villa Melzi

(36 000 Einwohner), die durch ihre Möbelproduktion bekannt geworden ist, liegt in einem Pinienwald der Weiler Galliano mit der frühromanischen Kirchenanlage S. Vincenzo.

Sehenswertes

Der gute Tip M:
S. Vincenzo
Eine frühromanische Kirchenanlage, die durch ihre Einfachheit tief beeindruckt.

S. Vincenzo M
loc. Galliano
22063 Cantù (CO)
Tgl. 9–12, 14–18 Uhr
(wenn geschl., Schlüssel beim Pförtner in der Via S. Vincenzo holen)

Die Kirche S. Vincenzo, die zum ersten Mal im 5. Jh. bezeugt wird, war in der Romanik Vorbild einer ganzen Reihe von damals entstehenden neuen Pfarrkirchen. Die dreischiffige Basilika muß wohl ganz und gar im 11. Jh. ausgemalt worden sein; davon sind noch Reste erhalten. In der Apsis ist ein übergroßer Christus zwischen den Erzengeln Michael und Gabriel zu erkennen, am Lesepult die Evangelisten und ihre Symbole, und in den Hochschiffwänden gibt es verschiedene Themenzyklen zu Samson und der Legende des Heiligen Christophorus sowie zur Heiligen Margarete. Zur Kirche gehört auch die frühromanische Taufkapelle (um 1007) in der traditionellen Grundriß-

Ein Herz für Radler zeigt die Madonna del Ghisallo in ihrer Wallfahrtskirche bei Bellagio

form eines Vierpasses. S. Vincenzo verlor bereits Ende des Mittelalters an Bedeutung, im 16. Jh. verlegte man dann den dazugehörigen Konvent und die Pfarrei nach Cantù.
Unter Napoleon wurde die Kirche aufgelassen und später zum Teil als Bauernhof genutzt. Dabei riß man das linke Seitenschiff einfach ab. Geblieben ist ein Bauwerk, das vor allem wegen seiner Einfachheit tief beeindruckt.

Einkaufen
Mobili Cantù
Pza. Garibaldi 9
22063 Cantù (CO)
Mo–Sa 9–12.30, 14.30 bis 19 Uhr, So 10–12.30, 14.30 bis 18 Uhr
Rund 40 Möbelwerkstätten haben sich hier zu einer Verkaufsschau zusammengeschlossen (viele Designermöbel zu erschwinglichen Preisen).

Castiglione Olona E2
Der Kardinal und päpstliche Legat Branda Castiglione (gest. 1443) sorgte dafür, daß sein sonst unbedeutender Geburtsort zu einer ländlichen Residenzstadt im Stil der toskanischen Frührenaissance durch Künstler wie Masolino da Panicale umgestaltet wurde. Trotz Zerstörungen durch die Sforza sind noch Paläste wie die Casa Castiglione oder Kirchen wie die Chiesa di Villa oder die Kollegiatskirche (Collegiata) S. Maria mit Apsisfresken von Masolino erhalten.

Im Baptisterium (auf den Fundamenten eines Burgturmes errichtet) ist der Freskenzyklus von Masolino zur Legende von Johannes dem Täufer (1435 vollendet) zu sehen. In den Straßen des Ortes findet an jedem ersten Sonntag im Monat die »Fiera del Cardinale« (ein vielbesuchter Floh- und Antiquitätenmarkt) statt – man sollte sich genügend Zeit zum Stöbern mitbringen.

Allgemeine Informationen
Auskunft
Ufficio Cultura e Turismo
c/o Municipio
21043 Castiglione Olona (VA)
Tel. 0331/824801

E1 **Gravedona**
Das Städtchen (3000 Einwohner), am Westufer des Comer Sees, geht auf eine vorrömische Siedlung zurück. Zwischen Mailand und Como umkämpft, hat sich Gravedona lange Zeit eine relative Unabhängigkeit erhalten. Unter der spanischen Herrschaft war es Hauptort der drei Sprengel (*tre pievi*) Dongo, Gravedona und Sorico. Das ist im herrschaftlichen Renaissancebau des Palazzo Gallio am Seeufer abzulesen, der 1586 nach Plänen von Pellegrino Tibaldi für den Lehnsherrn Kardinal Tolomeo Gallio errichtet wurde. Von den Kirchen S. Vincenzo (romanischer Ursprung, barockisiert) und S. Maria delle Grazie (ab 1467) ist S. Maria del Tiglio der Hauptanziehungspunkt des Ortes.

Sehenswertes
S. Maria del Tiglio
22015 Gravedona (CO)
Die Kirche entstand als Nachfolgebau einer frühchristlichen Gründung um 1200. Lombardische Stilformen mischen sich mit burgundischen (axialer Fassadenturm).
Im Inneren kann man u.a. noch die Umrisse des frühchristlichen Taufbeckens (zum Untertauchen) sehen, im Chor befindet sich ein großes romanisches Holzkruzifix.

Museum
Museo della Barca Lariana
Via Statale 139
loc. Calozzo
22010 Pianello del Lario (CO)
April–Okt. tgl. 14–18, So auch 10–12, Do geschl.
Eintritt 5000 Lit.
Über 150 verschiedene Bootsarten die in der Geschichte des Comer Sees eine Rolle gespielt haben.
Das Museum, das in einer ehemaligen Spinnerei untergebracht ist, liegt südlich von Gravedona kurz hinter Dongo.

Allgemeine Informationen
Auskunft
Pro Loco
Via Sabbati
22015 Cravedona (CO)
Tel. 0344/85291
Juni–Sept. geöffnet

Lago di Lugano E
Nordöstlich der Ausläufer des Campo dei Fiori und, von den

Lecco   F2

Die sympathische Stadt an der Spitze des Ostarmes des Sees (50 000 Einwohner) hat lange genug im Schatten des größeren Como gestanden. Seit wenigen Jahren ist Lecco endlich auch Hauptort einer eigenen Provinz, die das östliche Ufer des Comer Sees und kleine Teile des angrenzenden Landkreises von Bergamo umfaßt. Lecco ist Schauplatz eines der berühmtesten Romane Italiens: »Die Verlobten« (*I promessi sposi*) von Alessandro Manzoni. Die unglücklichglückliche Geschichte von Renze, seiner Lucia und dem Priester Don Abbondio schlägt sich in Gasthaus-, Hotel-, Geschäfts- und Straßennamen nieder. Nordöstlich erhebt sich das Ski- und Wandergebiet der Ressogne auf 1875 m. Noch beeindruckender wirkt das Grigne-Massiv längs des Sees (2409 m). Von Lecco ist es auch nicht weit (33 km), nach Bergamo (→ Orte in der Umgebung von Mailand, Bergamo).

Hoch geehrt: Alessandro Manzoni, der Vater der italienischen Literatursprache, in seiner Heimatstadt Lecco

Voralpen eingeklemmt, sucht sich der Lago di Lugano seine merkwürdig verzweigte Form. Er ist mit knapp 50 km^2 Oberfläche sogar kleiner als der Iseo-See (60 km^2), hat aber durch seine vielen Arme eine Gesamtlänge von 93 km.

Davon stehen rund 34 km unter italienischer Verwaltung, der größte Teil liegt im Schweizer Kanton Tessin.

Zu Italien (Provinz Varese) gehören der südliche Teil zwischen Porto Ceresio und Ponte Tresa, die Enklave Campione d'Italia (Provinz Como) und der östliche Arm nach Porlezza (Provinz Como).

Museum
Museo Civico di Villa Manzoni
Via Don Guanella
22053 Lecco
Tgl. 9.30–14 Uhr, Mo geschl.
Eintritt 5000 Lit.

Im Geburtshaus von Alessandro Manzoni (1785–1873) befindet sich heute ein kleines Museum über den Schriftsteller und seinen Roman *I promessi sposi*; außerdem: städtische Gemäldesammlung.

Essen und Trinken
Antica Osteria Casa di Lucia 🅼
Via Lucia 27
loc. Acquate
22053 Lecco
Tel. 03 41/49 45 94
Sa, So nur abends, zwei Wochen im Aug. geschl.
2./3. Kategorie

Der gute Tip 🅼:
Antica Osteria Casa di Lucia
Weinlokal, Weinhandlung und Landgasthof in einem – ein Platz, wo man sich stärken und wohlfühlen kann.

Das ist eines jener Lokale, das man überall finden möchte: einfach, aber dennoch anspruchsvoll, wenn es um die Qualität der Speisen geht. Man sitzt im Winter vor dem nie verlöschenden Kamin und im Sommer draußen an den Steintischen unter der Pergola im Schatten. Man sollte sich vom Patron Carlo Piras in den Weinkeller bringen und zu einem erlesenen Tropfen verführen lassen. In der Küche steht derweil Antonella und kocht: Tagliatelle mit Forellensauce oder eine einfache Bohnensuppe, Polenta mit Steinpilzen, Kaninchen auf Kräutern, ein strammes Gulasch oder einen delikaten Süßwasserfisch wie Lavarelli (Felchen). Wer ein ganzes Menü (und etwas Besonderes) haben möchte, sollte vorbestellen. Wer unangemeldet kommt, muß mit dem vorliebnehmen, was da ist. Kleine Gerichte sind sowieso meist vorhanden – wie milder Ziegenkäse oder luftgetrockneter Brisaola aus der Valchiavenna.
Man findet die gemütliche Osteria im Ortsteil Acquate, ein paar Ecken vom Stadtzentrum (2 km) Richtung Malnago (Ressogne-Massiv) entfernt.

Allgemeine Informationen
Auskunft:
APT
Via Nazario Sauro 6
22053 Lecco (CO)
Tel. 03 41/36 23 60
Fax 28 62 31

Menaggio und das Westufer des Comer Sees   E1
In der Mitte, am Westufer, gegenüber von Bellagio und Varenna, liegt Menaggio (3500 Einwohner) mit seiner schönen Uferpromenade und einem kleinen Stadtzentrum in verkehrsgünstiger Position. Der Straße Richtung Porlezza folgend, erreicht man den Luganer See mit Valsolda (die ausgemalte Wallfahrtskirche Nostra Signora della Caravina aus dem 17. Jh. liegt im Ortsteil Cressogno) und dem Intelvi-Tal.
Südlich von Menaggio kommt man nach Cadenabbia, wo die Fähren (mit Autotransport) nach Bellagio bzw. nach Varenna (Ostufer) ablegen. An der Straße nach Tremezzo liegt der Eingang zur Villa Carlotta. Hinter Tremezzo stößt man Richtung Lenno auf die Villa »La Quiete« (ebenfalls gepflegter italienischer Park).

Die andere, die herbe Seite des Comer Sees: Varenna ist mit seinem Fährhafen Ausgangspunkt für viele Touren

Sehenswertes
Villa Balbaniello
Lungolago
22016 Lenno
April–Okt. Di, Do, Sa, So
10–12.30, 15.30–18.30 Uhr
Eintritt 5000 Lit.

Herrliche Parkanlage der Villa des Kardinals Durini aus dem 18. Jh., von dem FAI wieder der Öffentlichkeit zugänglich gemacht.
Die Villa kann man nur nach Voranmeldung (Tel.02/4815556) besichtigen.

Villa Carlotta
Via Regina 2
22019 Tremezzo (CO)
April–Sept. tgl. 9–18 Uhr,
Okt.–März tgl. 9–11.30,
14–16 Uhr
Eintritt 9000 Lit.

Die Villa Carlotta wurde im Jahr 1747 errichtet (Umbauten Anfang des 19. Jh.). Auftraggeber war der Graf Sommariva, der seinen Rivalen Melzi d'Eril in Bellagio ausstechen wollte. 1856 wurde die Villa vom preußischen Staat für Prinzessin Marianne von Preußen erworben, die sie ihrer Tochter Charlotte (daher der Name) zur Hochzeit mit Prinz Georg von Sachsen-Meiningen schenkte.
Der prächtige Park (Azaleen- und Rhododendronblüte im April/Mai) und die beeindruckende Kunstsammlung im Inneren (u.a. Skulpturen von Thorvaldsen, Kopien von Canova, Gemälde von Hayez) sind einer der Hauptanziehungspunkte am Comer See.

Essen und Trinken
Trattoria Santo Stefano
Pza. XI Febbraio 3
22016 Lenno (CO)
Tel. 0344/5 54 34
Mo und im Okt./Nov. geschl.
2./3. Kategorie (Æ, EC)
Eine einfache Trattoria mit erstaunlich guter Qualität.

Einkaufen
Oleficio Vanini
Via Pellico 10
22016 Lenno (CO)
Olio Extra Vergine vom Comer See.

Allgemeine Information
Auskunft
APT
Pza. Garibaldi 8
22017 Menaggio (CO)
Tel. 0344/3 29 24, Fax 26 11 52

E1 Ostufer des Comer Sees
Das Ostufer kann es nicht mit der Exotik der anderen Seite aufnehmen. Dennoch überrascht gerade dieser Teil des Comer Sees und seine Seitentäler, wie die Valsassina hinter den Grigne, mit herber Schönheit. Varenna, am Ausgang der Valsassina gelegen und Fährhafen für den Autotransport nach Cadenabbia und Bellagio, wartet immerhin mit zwei Villen auf: Villa Venini mit einem Vogelmuseum und Villa Monastero, das auf ein Kloster aus dem 13. Jh. zurückgeht (nur von außen zu besichtigen). Nördlich von Varenna stößt man unterhalb des Monte Legnone (2600 m) kurz vor dem Valtellina-Tal und dem Ort Colico auf den kleinen Piona-See, der durch eine Landzunge von Lario getrennt ist. Am Ende der Landzunge liegt die großartige Abtei Piona aus dem 11. Jh.

Sehenswertes
Abbazia di Piona
Via S. Maria di Piona 1
22050 Abbazia di Piona (LC)
Tgl. 8.30–12, und 13.30 bis 17 (im Sommer auch bis 18 Uhr)
Die frühchristliche Gründung wurde im 11. Jh. von Cluniazensern übernommen. Der restaurierte Komplex (Klosterkirche S. Nicolo, im Chor romanische Ausmalung, Klausurgebäude, Kreuzgang sowie Totenkapelle) wird heute von Zisterziensern bewirtschaftet. Man hat einen herrlichen Blick auf Gravedona und das Westufer. Die Abtei ist aber auch direkt mit dem Schiff von Como aus zu erreichen.

Museen
Museo Ornitologico
Via Venni 6
22050 Varenna (LC)
Juni–Sept. Di, Do, Sa 15.30 bis 18.30, So 10–12 Uhr, Okt. bis Mai nur So 10–12 Uhr
Eintritt 2000 Lit.
In diesem Museum kann man über 600 Vogelarten aus aller Welt besichtigen.

Allgemeine Informationen
Auskunft:
Pro Varenna
Via Venini 6
22050 Varenna (LC)
Tel. 0341/83 03 67

Orte in der Umgebung von Como

F1/ **Sondrio und die Valtellina**
G1 Der Hauptort der gleichnamigen Provinz zeigt sich meistens von seiner geschäftigen Seite (23 000 Einwohner). Um die Piazza Campello liegen neben dem Palazzo Pretorio (16. Jh., heute Rathaus) und seinem Arkadenhof die wichtigsten Gebäude der Stadt. Aber wichtiger als Kirchen und Paläste ist hier die Natur. Nach dem schrecklichen Erdrutsch von 1987 haben die Menschen hier eine großartige Aufbauarbeit geleistet. Die von der Adda durchflossene Valtellina zwischen Bernina-Massiv und den Orobischen Alpen mit ihren Nebentälern sind wieder zu einem der wichtigen Hochgebirgsziele Italiens geworden. Überall sind auch in der Val Codera, Val Masino, Val Malenco Wandermöglichkeiten ausgebaut worden. Der WWF gibt über Flora, Fauna und Exkursionen Auskunft. In Chiuro bietet die Weinkellerei Nino Negri Besichtigungen ihres Betriebes im Castello di Quadrio an. Das zollfreie Gebiet (mit entsprechenden Angeboten von Zigaretten bis Fotoapparaten) von Livigno (2000 m) ist über die SS 301 zu erreichen.

Sehenswertes
Casa Vinicola Nino Negri
Via Ghibellini 1
23030 Chiuro (SO)
Tel. 0342/48 22 25
Mo–Fr 9–12.30, 14–18 Uhr
Besichtigung der Kelleranlagen der Winzerei Negri, die zu den besten der Valtellina gehört. Es ist ratsam, sich vorher anzumelden.

Allgemeine Informationen
Auskunft:
APT Valtellina
Via C. Battisti 12
23100 Sondrio
Tel. 0342/51 25 00
Fax 21 25 90
WWF
Via Longoni 31
23100 Sondrio
Tel. 0342/21 00 42
Tgl. 9–12, 14.30–19.30 Uhr,
Sa, So geschl.
Ufficio Informazioni
Via allo Stelvio 10
23032 Bormio (SO)
Tel. 0342/90 33 00

Varese D2/E2
Von allen Provinzhauptorten im oberitalienischen Seengebiet zeigt sich Varese (90 000 Einwohner) am kühlsten. Gewiß kann man in den Altstadtgassen um den Corso Matteotti flanieren (und die Süßspeisen und Kekse probieren), doch fehlt es an den ganz großen Anziehungspunkten. Die Anlage des Sacro Monte am Campo dei Fiori reiht sich dagegen gleichwertig in die bedeutenden Heiligen Berge Oberitaliens ein (→Orta). Der Anstieg beginnt in S. Ambrogio Olona und führt über 14 Kapellen mit Fresken und Statuengruppen zum Rosenkranzmysterium (17. Jh.) und zur Wallfahrtskirche S. Maria del Monte. Der Campo dei Fiori ist mit 1226 m die höchste Erhebung

des Varesotto. Der Gletschersee unterhalb hat nie die Bedeutung seiner Nachbarn erreichen können. Das liegt daran, daß der 8,5 km lange Lago di Varese bei einer Breite von 4,5 km nur eine höchste Tiefe von 26 m hat und an seinen Ufern größtenteils versumpft ist. Er wird von Einfamilienhäusern und landwirtschaftlich genutzten Terassen umgeben.

Sehenswertes
Villa Della Porta Bozzolo
Vle. Bozzolo
21030 Casalzuigno (VA)
Febr.–Sept. tgl. 10–13, 14 bis 18 Uhr (Garten 10–18 Uhr), Okt.–15. Dez. tgl. 10–13 und 14–17 Uhr (Garten 10 bis 17 Uhr), Mo geschl.
Eintritt 5000 Lit.
Die Villa aus dem 17. Jh. besitzt eine malerische Gartenanlage mit Treppen, Brunnen und Wasserspielen. Im Inneren der Villa Fresken. Seit 1989 im Besitz des FAI.

Allgemeine Informationen
Auskunft:
IAT Varese
Viale Ippodromo 9
21100 Varese
Tel. 0332/283604

D5 Genua und die Riviera

Die Landeshauptstadt Liguriens, in der knapp die Hälfte der Einwohner der Region leben (700000 von 1,6 Mio), ist zugleich Italiens fünftgrößte Stadt. Wie so viele andere ligurische Orte auch, liegt sie eingeklemmt auf einem schmalen Küstenstreifen zwischen Meer und Apennin – die Vororte haben die ersten Hügel längst überwachsen. Und die Häuser recken sich wie Pflanzen empor, die den Weg zur Sonne suchen. Nach der Weltausstellung zum Kolumbusjahr 1992/93 hat der Tourismus, vor allem wegen des großen Aquariums, einen Aufschwung erlebt. Und doch nutzen immer noch viele Fremde die Stadt nur als Fährhafen oder zum Umsteigen. Gibt es in Genua nichts zu sehen? Immerhin breitet sich hier das größte historische Zentrum Italiens aus, laden eine ganze Reihe von Museen und Kirchen die Kunstfreunde zur Besichtigung, bieten Restaurants, Cafés, Musikkneipen und ein typisches Hafenviertel vielerlei Abwechslung. Genuas gewichtige Rolle in der Geschichte, als es die Seeherrschaft auf dem Mittelmeer Venedig streitig machen konnte, drückt sich in den prächtigen Patrizierpalästen aus, die in der Via Garibaldi wie in einem Freiluftmuseum Mauer an Mauer stehen. Die Heimatstadt von Christoph Kolumbus konnte mit sich zufrieden sein und wurde auch so genannt: *la superba* – die Stolze. Schließlich finanzierten ihre Bankier die europäischen Fürstenhäuser (das britische Georgswappen hat seinen Ursprung in dem der ersten Genueser Kaufmannsgilde S. Giorgio). Genua ist mit seiner terrassenförmi-

Orte in der Umgebung von Como
Genua und die Riviera

Täglich stechen vom Hafen Genua die Fähren nach Korsika, Sardinien oder Nordafrika in See

gen Anlage viel zu schön, als daß man es sich leisten könnte, einen Bogen darum zu machen. Ausgehend von der Stadt drängeln sich die Orte auf dem schmalen Platz zwischen ligurischem Apennin und Wasser – wie zwei lange, das Meer umgreifenwollende Arme, der eine nach Westen (Riviera di Ponente), der andere nach Osten (Riviera di Levante) gestreckt. Natürlich war es der britische Tourismus, der im 19. Jh. die ligurische Riviera entdeckte.

Hotels

Ligurien hat die größte Hoteldichte Italiens: 20 Betten auf 1 qkm. Von den insgesamt rund 100 000 Betten entfallen 6100 auf die Stadt Genua, ohne Außenbezirke. Etwas über 2,6 Mio. Besucher zieht es Jahr für Jahr nach Ligurien, davon kommt etwa 1 Mio. aus dem Ausland.

Cairoli
Via Cairoli 14
16124 Genova
Tel. 010/246 14 54
Fax 246 75 12
14 Zimmer
2./3. Kategorie (Æ, DC, EC, Visa)
Bus 32, 34, 41
Zentralgelegene Hotelpension im dritten Stock eines alten Palazzo; hier ist man preiswert und gut untergebracht.

La Capannina
Via Tito Speri 7
16146 Genova
Tel. 010/31 71 31
Fax 37 62 26 92

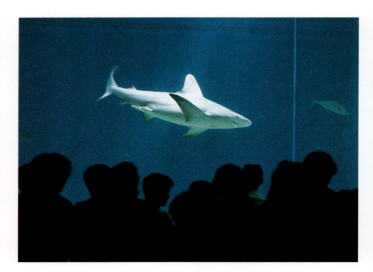

Im neuen Aquarium von Genua kann man den hungrigen Haifischen ins Auge sehen

31 Zimmer
2. Kategorie (Æ, DC, EC, Visa)
Bus 12
Etwas außerhalb von Genua, sehr schön in der Nähe vom kleinen Hafen Boccadasse gelegen; familiäre Atmosphäre.
Metropoli
Pza. delle Fontane Marose
16123 Genova
Tel. 0 10/28 41 41, Fax 28 18 16
45 Zimmer

Der gute Tip 🅼:
Acquario di Genova
In Europas größtem Aquarium kommen alle – vom Wissenschaftler bis zu den Kindern – auf ihre Kosten.

2. Kategorie (Æ, DC, EC, Visa)
Bus 32, 36, 41
Elegantes Haus an einem schönen Platz im Zentrum gelegen, die Hotelleitung ist tierfreundlich.

Sehenswertes

Viele Sehenswürdigkeiten sind mit dem Art-Bus (→ Allgemeine Informationen) zu erreichen. Der Hinweis »Altstadt« statt der Angabe von Buslinien besagt, daß die Adresse innerhalb des Fußgängerbezirks im historischen Zentrum zwischen Pza. Caricamento (Bus 3, 8, 38, 15) und Pza. De Ferrari (Bus 32, 33, 41) liegt.
Acquario di Genova 🅼
Area Porto Vecchio/Pza. Caricamento
Tel. 0 10/2 46 55 35

Fax 2 46 54 22 (für Voranmeldung)
April–Sept. tgl. 9.30–18.30 Uhr (Sa, So bis 20 Uhr), Mo geschl.
Eintritt 14 000 Lit.
Bus 3, 8, 38, 15

In Form eines riesigen, 250 m langen Schiffes ist das Aquarium im alten Hafen anläßlich der Weltausstellung 1993 gebaut worden, so als wollte es gleich in See stechen. In 48 Becken (einige davon unter freiem Himmel) sind zu besichtigen: Tintenfische wie Haie, Pinguine wie Delphine, Robben wie Riesenschildkröten. 4,5 Mio l Wasser bilden den Lebensraum für über 500 verschiedene Meerestierarten (insgesamt rund 5000 Exemplare). Hier wird der wissenschaftlich orientierte Besucher ebenso angesprochen wie der einfach Neugierige. Am meisten jedoch amüsieren sich Kinder, die hier spielend lernen. Mal schaut man von oben in die Becken hinein, mal geht man an enormen Glasscheiben entlang gleichsam auf dem Meeresgrund. Dazu gibt es Sonderausstellungen, Filmvorführungen – und viele, viele Andenken. Der Erfolg gibt den Organisatoren recht: Mit über 1,6 Mio. Besuchern jährlich ist das Aquarium in Genua nach den vatikanischen Museen und den Ausgrabungen von Pompeji die drittgrößte Attraktion Italiens.

Casa di Cristoforo Colombo
Pza. Dante
Bus 32, 33, 41
Nach dem großen Sohn der Stadt

Wo gehts hier nach Indien? Nachbau der Columbus-Galeere im alten Hafen von Genua

heißen hier Straßen und Plätze, Tunnel und Treppen, es gibt mehrere Denkmäler – aber wo er genau geboren ist, weiß niemand zu sagen. Das efeuumrankte Haus aus dem 18. Jh. an der Pza. Dante, außerhalb der Porta Soprana, soll auf dem Grundstück liegen, auf dem das Vaterhaus des guten Christoph einst gestanden haben könnte. Dahinter liegt ein zierlicher Kreuzgang (S. Andrea), Treffpunkt – nicht nur für die Jugendlichen aus dem Viertel.

Castelletto und Circonvallazione a Monte
Von der Terrasse des Castelletto hat man einen herrlichen Blick über Stadt und Meer. Sie erreicht

man über die Circonvallazione a Monte, die Panoramastraße auf den Hügeln (Corso Ugo Bassi, Corso Firenze, Corso Paganini). Die Buslinien 30 bzw. 33 fahren große Teile der Strecke ab.

Cimitero di Staglieno
Via Bobbio
Tgl. 8–17 Uhr
Bus 12

Terrassenförmig am Hang des Bisagno-Tals liegt der Friedhof von Staglieno, der zwischen 1844 und 1851 angelegt wurde, mit seinen zum Teil bizarren Grabmälern. Hier finden sich Gräber berühmter Genuesen (wie das Grab Giuseppe Mazzinis) oder auch unbekannterer Einwohner (wie die Statue der Brezelverkäuferin).

Der gute Tip M:
Duomo S. Lorenzo
Verschiedene Zeiten und Stile verbinden sich zu einem Gesamtkunstwerk rund um das (angebliche) Grab von Johannes dem Täufer.

Doria-Häuser (Casa dei Doria)
Pza. S. Matteo
Bus: Altstadt

Zwischen dem 12. und 16. Jh. waren die Doria die führende Familie Genuas. Auf diesem Platz haben sie – mit der Kirche S. Matteo als Symbol – so etwas wie ein Familienviertel geschaffen. Die meisten Häuser (Nr. 15, 16 und 17) stammen aus dem 13.–15. Jh. Das Haus Nr. 17 gilt als das Haus von Andrea Doria, der sich 1528 als Admiral von Frankreich lossagte, auf die Seite Karls V. und der Spanier stellte und damit die Unabhängigkeit Genuas sicherte.

Duomo S. Lorenzo M
Pza. San Lorenzo
Bus: Altstadt

Den Besucher, der aus dem Gewimmel der Gassen am Hafen kommt, beeindruckt die quergestreifte Fassade von San Lorenzo. Das nahe Frankreich zeigt sich stilbildend in der gotischen Portalzone und in den beiden asymmetrischen Türmen, so als handele es sich um ein Stück aus Amiens. Ob der Dom Genuas wirklich Ende des 4. Jh. zur Ehren des Hl. Laurentius gegründet wurde, steht im Buch der Legende. Zum ersten Mal wird er im 9. Jh. erwähnt und erst im 15. und 16. Jh. fertig gebaut. Der Gotik der unteren Fassade setzte Galeazzo Alessi 1557 eine Renaissancekuppel auf. Doch lassen sich umgekehrt gerade im Langhaus auch Spuren aus der Romanik finden: Kirchen wie S. Lorenzo, die uns zunächst wie der »tote« Bau einer vergangenen Zeit gegenübertreten, erweisen sich bald als »lebendiger« Körper verschiedenster Zeiten, voller unregelmäßiger Schichten und Ablagerungen. Dazu gehört auch die Reliquie von Johannes dem Täufer, die 1098 von den Genuesen aus dem Heiligen Land nach San Lorenzo gebracht wurde. Johannes ist im Inneren die wichtigste Kapelle geweiht – sie wurde in ihrer jetzigen Form ab 1451 unter dem Eindruck der

Säulen der Kunst: Der restaurierte Dogenpalast Genuas wird für große Ausstellungen genutzt

florentinischen Frührenaissance von Baumeistern aus der Tessiner Gagni-Familie gestaltet. Objekte zum Johannes-Kult zeigt das sehenswerte Museum des Domschatzes (Zugang rechts neben der Kapelle, Eintritt 8000 Lit.).

La Lanterna
Tel. 0 10/2 46 53 46
Ple. S. Benigno
Besichtigung nach Voranmeldung möglich (Sprachunkundigen hilft die APT), Abfahrt von der Mole im Porto Vecchio neben dem Aquarium Bootsfahrt 10000 Lit., Eintritt: Spende
Der Leuchtturm am Hafen ist das Wahrzeichen der Stadt auf dem Molo Nuovo. Diese Torre della Lanterna wurde 1318 von der Guelfenpartei als Wehrturm ausgebaut und 1554 als Leuchtturm auf 85 m erhöht.

Palazzo Ducale
Pza. Matteotti/Pza. De Ferrari
Bus 32, 33, 41
Ehemaliger Dogenpalast und Regierungssitz Genuas, der es allerdings nicht mit seinem venezianischen Pendant aufnehmen kann. Der Bau aus dem Mittelalter und der Renaissance war z. T. im 17. Jh. schwer zerstört und erst ab 1778 in klassizistischem Stil wieder rekonstruiert worden. Nach langen Restaurierungsarbeiten wird er jetzt für kulturelle Veranstaltungen genutzt.

Palazzo San Giorgio
Via Frate Oliviero/Pza. Caricamento

109

Bus 3, 8, 15, 38
Tgl. 10–18 Uhr, So geschl.
Der Palast, ursprünglich direkt am Hafenkai gelegen, wurde zunächst um 1260 als Rathaus gebaut, später als Zollhaus genutzt, und 1451 der Staatsbank S. Giorgio übergeben. Heute ist er Sitz der Hafenverwaltung. Der gotische Teil (zur Altstadt) wird von einem Teil aus der Spätrenaissance (ab 1571) umklammert, freskierte Fassade, Uhrtürmchen aus dem Rokoko. Im Inneren ist im ersten Stock der Saal des Capitano del Popolo zugänglich, der Rats- und Versammlungssaal des mittelalterlichen Rathauses.

Palazzi an der Via Garibaldi
Bus 32, 33, 41
Als es den Adligen im Kern der Stadt zu eng und zu unsicher wurde, zogen sie aus. Mit der Strada Nuova (heute Via Garibaldi) schufen sie sich ein Viertel, wo sie unter sich blieben. In kürzester Zeit wurde ab 1550 die Strada Nuova bebaut (wenn sich auch einzelne Palazzi im Laufe der Zeit veränderten). Die Leitung des Projekts hatten Giovanni Battista Castello aus Bergamo und Galeazzo Alessi aus Urbino – eine städtebauliche Leistung, die in Europa ohne Beispiel ist. Die wichtigsten Bauwerke sind Palazzo Cambiaso (Nr. 1, heute Banco di Napoli) nach einem Entwurf von Alessi; der Palazzo Carrega-Cataldi (Nr. 4, heute Handelskammer) von Castello; der Palazzo Doria (Nr. 6, heute Sitz des Unternehmerverbandes) mit manieristischer Ausmalung im Inneren; der Palazzo Tursi (Nr. 9, heute Rathaus), ein schloßartiger Palast, der 1575 für N. Grimaldi, den Privatbankier Philipps II. von Spanien errichtet wurde. Im Palazzo Bianco (Nr. 11), der barock erneuert wurde, sowie im Palazzo Rosso (Nr. 18), der erst seit 1671 errichtet wurde, sind heute Gemäldegalerien (→ Museen und Galerien) untergebracht.

S. Giovanni di Pré
Pza. della Commenda
Bus 7, 32, 41
Romanische Hospitalskirche, im 12. Jh. noch außerhalb der Stadt gelegen. Die Kirche wurde doppelgeschossig an den Hang gebaut – für Pilger, die ins Heilige Land fahren wollten. Dabei ist die Unterkirche ähnlich einer Krypta als dreischiffige Halle gestaltet. In der Oberkirche befinden sich Gemälde aus dem 17. und 18. Jh.

S. Maria di Castello
Salita S. Maria di Castello 15
Tgl. 9–12, 15.30–18 Uhr
(Klostermuseum Eintritt frei)
Bus 4, 12, 32
Vielleicht die älteste Kirchengründung Genuas aus dem Frühchristentum. Sie wurde im 12. Jh. neu erbaut und an einem Hang errichtet. Seit 1442 wurde sie um ein Dominikanerkloster erweitert. Auf mehreren Ebenen (Klostermuseum) kann man z. T. freskierte Räume und mehrere Kreuzgänge besichtigen. In der Cappella der Ragusei mittelalterliche Tafelbilder.

Museen und Galerien

Es können nur die wichtigsten Museen erwähnt werden, die APT (→ Allgemeine Informationen) hält eine vollständige Liste mit den jeweils aktuellen Öffnungszeiten bereit.

Civico Museo d'Arte Contemporanea di Villa Croce
Villa Croce
Via Jacopo Ruffini 3
16128 Genova
Eintritt frei (außer bei Sonderausstellungen)
Bus 4, 12, 15

1985 entstand der Kern eines künftigen »großen« Museums für zeitgenössische Kunst rund um die Sammlung Cernuschi-Ghiringhelli (abstrakte italienische Malerei zwischen 1930 und 1980).

Civico Museo Navale di Villa Doria
Pza. C. Bonavino
16155 Genova-Pegli
Di–Do 9–13, Fr–So 9–19 Uhr, Mo geschl.
Eintritt 6000 Lit.
Bus 3

Großes Schiffahrtsmuseum im Doria-Palast mit einer Abteilung zur Geschichte des Hafens von Genua (auch Gemälde, z. B. die »Ansicht Genuas 1481« von C. Grasso).

Galleria di Palazzo Bianco
Via Garibaldi 11
16124 Genova
Di, Do, Fr 9–13 Uhr, Mi und Sa 9–19, So 10–18 Uhr, Mo geschl.
Eintritt 6000 Lit.
Bus 32, 33, 41

Aus der Privatsammlung der Familie Brignole-Sale entstand die Gemäldegalerie mit Werken aus dem 13.–18. Jh. Unter anderen Filippino Lippi (»Sebastians-Martyrium« 1503), Paolo Veronese (»Kreuzigung« 1508) sowie Genueser Maler wie Gregorio De Ferrari, Domenico Piola und Giovanni B. Castiglione, genannt Grechetto.

Galleria di Palazzo Rosso
Via Garibaldi 18
Bus 32, 33, 41
16124 Genova
Di, Do, Fr 9–13, Mi, Sa 9–19, So 10–18 Uhr, Mo geschl.
Eintritt 6000 Lit.

Städtische Bildersammlung mit interessanten Stücken von Pisanello (»Porträt eines Unbekannten« 1435), venezianischen Malern (Veronese, Paris Bordone), Caravaggio (»Ecce homo« 1606), Dürer, Rubens etc. Barokker Freskenschmuck.

Galleria Nazionale di Palazzo Spinola
Pza. Pellicceria 1
Mo 9–13, Di–Sa 9–19, So 14–19 Uhr
Eintritt 8000 Lit.
Bus: Alstadt

Patrizier-Wohnhaus (erbaut 1580) mit Kunstsammlung (Bilder u. a. von Antonello da Messina und Guido Reni), Skulpturen, Fresken (Piano Nobile von Lazzaro Taverone in spätmanieristischen Formen um 1620 ausgemalt) und Möbeln.

Museo Civico di Archeologia Ligure
Villa Pallavicini

Via I. Pallavicini 11
16167 Genova-Pegli
Di–Do 9–19, Fr, Sa 9–13 Uhr,
2. und 4. So im Monat 9–13 Uhr
Eintritt 6000 Lit.
Bus 3
Archäologisches Museum zur Vor- und Frühgeschichte und zur Antike in Ligurien. Vor der Villa eine sehenswerte Terrassenanlage mit Wasserspielen und Grotten, die allein das Eintrittsgeld wert wäre, sowie ein botanischer Garten.

Museo Civico di Storia Naturale Giacomo Doria
Via Brigata Liguria 9
Di, Do, Fr, Sa, So 9–13 Uhr,
Mo und Mi geschl.
Eintritt 6000 Lit.
Bus 48, 49
Naturkundemuseum, wegen der didaktischen Darbietung in der Zoologie und Paläontologie besonders bei Jugendlichen beliebt.

Museo d'Architettura e Scultura Ligure di Sant'Agostino
Pza. Sarzano 35
Di–Sa 9–19, So 9–12.30 Uhr.
Mo geschl.
Eintritt 6000 Lit.
Bus 4, 12, 32

Der gute Tip 🅼:
Antica Pasticceria Klainguti
Die Zuckerbäckerei und das Café hatte bereits Verdi zu Jubelstürmen hingerissen.

Das Architektur- und Skulpturmuseum Liguriens mit Objekten aus dem 11. bis zum 17. Jh. (u. a. das Grabmal für Margherita di Brabante von Giovanni Pisano 1311). Das Museum ist im ehemaligen Augustinerkloster untergebracht (13. Jh., im Krieg zerstört, teilweise rekonstruiert).

Museo del Risorgimento
Casa Mazzini
Via Lomellina 11
16124 Genova
Di–Sa sowie 1. und 3. So im Monat 9–13 Uhr, Mo sowie 2. und 4. So im Monat geschl.
Eintritt 6000 Lit.
Bus: Altstadt
Geburtshaus des großen Vordenkers der italienischen Einheitsbewegung: Giuseppe Mazzini (1805–1872).

Essen und Trinken

Pesto alla Genovese (Ölmarinade aus Pinienkernen und Basilikum) für die Pasta ist weltberühmt, man ißt sie hier vor allem mit *trenette* (Spaghetti mit ovalem Körper). Fisch in vielen Formen als Salat (Cappon Magro), als Suppe (Buiabessa) oder auch einfach gegrillt oder gebacken in einer der vielen Fischbratküchen ist eine typische Köstlichkeit. Süßspeisen: *pandolce* (Früchtebrot), *gobelletti* (mit Marmelade gefüllte Röllchen).

Cafés und Bistros
Antica Pasticceria Klainguti 🅼
Piazza Soziglia 98r
16123 Genova
Tgl. 6.30–20 Uhr, Mi nachmittags geschl.
Bus: Altstadt
Warum die Schweizer Familie Kleingut im fernen Jahr 1828

Genua und die Riviera

Auf einer kleinen Piazza in der Altstadt nahe des Hafens liegt die traditionsreiche Zuckerbäckerei Klainguti

nach Genua zog und da im Herzen der Altstadt ein Café eröffnete, weiß keiner so genau. Mit den Jahren veränderte sich nicht nur das Café, sondern auch der Name, der sich der italienischen Lautschrift anpaßte (ei zu ai) und mit einer weichen Endung versehen wurde: Klainguti hießen sie nun und blieben bis 1965. Dann packten sie ihre Sachen und zogen in die Schweiz zurück. Inzwischen führt Giacomo Senarego dieses historische Lokal mit seinen herrlichen Zuckerbäckereien, die sogar Giuseppe Verdi einst zu Jubelstürmen hingerissen hatten. »Viel besser als mein Falstaff«, steht auf einer Visitenkarte des Komponisten aus dem Jahr 1883 zu lesen, die an der Wand gerahmt ausgestellt ist – denn Verdis »Falstaff« war gerade im nahen Teatro Carlo Felice durchgefallen. Heute sitzt man nicht nur im salonartigen Inneren, sondern auch schön auf der Piazza, mittags gibt es auch Snacks und kleine Speisen. Und im Viertel nahe dem alten Hafen wird das Eis von Klainguti gerühmt.

Capitano Baliano
Pza. Matteotti 11r
16123 Genova
Tgl. 7–22/23 Uhr
Bus: 14, 17, 46

In dieser Bar bekommt man zum Aperitif auch einen Snack; man kann eine Kleinigkeit essen; außerdem: große Weinauswahl! Die Bar liegt sehr hübsch schräg gegenüber vom Palazzo Ducale.

113

Enoteca Sola – Cucina & Vino
Via Barabino 120
16129 Genova
So und im Aug. geschl.
Bus 20, 48
Bistro mit Genueser Küche und Weinverkauf außer Haus am Rande des Zentrums nahe Cso. Torino.

Friggitoria Carega
Via Sottoripa 113 r
12124 Genova
Tgl. 8–21 Uhr, So geschl.
Bus: Altstadt
Traditionelle Bratküche (auch Pizza) unweit des Palazzo S. Giorgio; man ißt im Stehen.

Restaurants

Antica Osteria del Bai
Via Quarto 12
16148 Genova-Quarto
Tel. 010/387478
Mo, im Jan. und im Aug. geschl.
Luxuskategorie (Æ, DC, EC, Visa)
Bus: 15
Elegantes Restaurant am Meer gelegen, eine der ersten Adressen Genuas! Das Steinbutt-Filet ist – unter vielem anderen – ein Genuß.

Nabil
Vico Falamonica 21r
16123 Genova
Tel. 010/200696
Mo und Ende Aug./Anfang Sept. geschl.
3. Kategorie
Bus: Altstadt
Etwas Ausgefallenes, denn hier gibt es hervorragende arabische Küche.

Osteria dell'Acquasanta
Via dell'Acquasanta
16158 Genova-Voltri
Tel. 010/638035
Mo, im Jan. und mittags geschl.
2. Kategorie (EC, Visa)
Bus: 1
Gelungene Mischung aus ligurischer und kreativer Küche: z. B. Tortellini mit Spargel.

Einkaufen

Die Haupteinkaufsstraßen sind die Via XX Settembre, Via Roma und Via XXV Aprile. Im historischen Zentrum zwischen Pza. Caricamento und Pza. De Ferrari findet man trotz der »Aufwertung« des Viertels – und der damit gestiegenen Mieten und Grundstückspreise – noch viele kleine Handwerkerläden. Auf der Piazzetta Lavagna wird zum Beispiel ein sehenswerter Flohmarkt abgehalten. Auf der Piazzetta Sant'Elena (Via Gramsci) stehen immer einige Kleiderstände. Für Frühaufsteher ist der Fischmarkt auf der Pza. Cavour ein Erlebnis (Verkauf für Nichthändler von 8.30 bis 9.30 Uhr). In vielen Stadtvierteln gibt es feste Märkte wie der Markt in Cornigliano (Pza. Monteverdi).

Armanino
Via Sottoripa 105r
Bus: Altstadt
Hier gibt es Trockenfrüchte, seit dem Mittelalter eine Spezialität der Stadt.

Erboristeria Svizzera
Via Casaregis 38a
Bus 41, 85

Im Kräuterparadies Liguriens ein fast »nordisch« anmutender Bio-Laden (auch Lebensmittel).
Libreria Internazionale Di Stefano
Pza. delle Fontane Marose
Bus 32, 36, 41
In dieser Buchhandlung findet man neben einer Unmenge an Büchern auch Führer und Karten.
Lucarda G & C
Via Sottoripa 61r
Bus: Altstadt
Bootsbekleidung und Schiffsausrüstung.

Theater / Am Abend

Die große Hafenstadt kennt viele Amüsements, die APT informiert über laufende Programme von Oper, Theater (Teatro Stabile), Kabarett und Konzert. Man lasse sich den Monatsführer »Agenda di Genova« geben. Wobei das altehrwürdige Teatro Carlo Felice, im Oktober 1991 postmodern von Aldo Rossi (Innenraum) renoviert, im Mittelpunkt steht.
M & M
Pza. delle Fontane Marose
Tel. 010/586787
So geschl.
Bus 32, 36, 41
Live-Musik aller Stilrichtungen in diesem zentral gelegenen Nachtlokal.
Schooner
Via Sala 22
16167 Genova-Nervi
Tel. 010/41459
So geschl.
Bus: 15
Bar und Treffpunkt im Nervi-Viertel; manchmal auch Live-Musik.
Shaker-Club
Via Cesarea 45
Tel. 010/5705784
So geschl.
Bus: 33, 36, 44
Traditionelle Jazzkneipe Genuas mit den besten Bands Europas.
Teatro Carlo Felice
Pza. De Ferrari
Tel. 010/5381226 (Kartenvorverkauf: 589329, Info Führungen: 5381304)
Bus 33, 36, 41
Besichtigungen mit Führung sind nach Voranmeldung möglich, Eintritt 5000 Lit.
Der Theaterbesuch lohnt allein wegen des postmodernen Innenraums.
Teatro della Tosse
Pza. Negri 4
Tel. 010/2487011
Bus: Altstadt
Gute Adresse für eigenwillige Theateraufführungen.

Allgemeine Informationen

Auskunft
APT
Via Roma 11
16121 Genova
Tel. 010/576791, Fax 581408
Mo–Fr 8–14, Sa 8–13 Uhr
Ufficio Informazioni (IAT)
Porto Antico
Palazzina S. Maria
Tel. 010/24871
Tgl. 9–18.30 Uhr, So geschl.
Stazione FS Porta Principe
Tel. 010/262633
Tgl. So 8 20 Uhr, So geschl.

Aeroporto Cristoforo Colombo
Tel. 010/601527

Busse und Verkehrsverbindungen
Eine Metro-Linie ist geplant; bisher gibt es aber nur ein kurzes Teilstück, der Ausbau wird wohl erst im nächsten Jahrtausend Wirklichkeit werden. Doch auch mit Bussen lassen sich alle wichtigen Ziele der Stadt erreichen. Zum Beispiel die Linie 3 zur Pza. Caricamento (von Pza. Principe), 41 zur Pza. De Ferrari (von Pta. Principe), 12 zum Friedhof Staglieno (von Pza. Caricamento), 15 nach Quinto, Nervi (von Pza. Caricamento, De Ferrari) und 33 von Principe durch die Oberstadt (herrliche Sicht) nach Pza. De Ferrari. Zahnradbahnen bringen vom Largo Zecca nach S. Simone (Righi) oder von Pta. Principe nach Granarolo. Zwischen 9 und 19.50 Uhr zirkuliert täglich ein »Art-Bus« der einige touristische Punkte der Stadt miteinander verbindet: Stazione Pta. Principe, Pza. Caricamento, Stazione Brignole, Pza. De Ferrari und zurück nach Principe FS. Weitere Informationen geben die APT und die Informationsbüros sowie die Gesellschaft der öffentlichen Verkehrsbetriebe AMT. Eine einfache Fahrt kostet 1500 Lit. (Karte bei vielen Kiosken und einigen Tabacchi, bitte im Bus bei Fahrtantritt entwerten), eine Tageskarte (biglietto giornaliero turistico) 5000 Lit. Innerhalb der Stadt sorgen öffentliche Fahrstühle dafür, daß man schnell Höhenunterschiede überwinden kann (600 Lit., Verkaufsstellen bzw. Automaten jeweils an den Fahrstühlen, die Tageskarte schließt die Fahrstühle mit ein).
In die Umgebung von Genua fahren Busse von der Autostazione an der Pza. Vittoria. Züge von und nach Genua halten an den beiden Bahnhöfen Pta. Principe (Richtung Ponente, Mailand, Turin) und Brignole (Richtung Levante, Rom, Mailand, Turin).

Azienda Municipalizzata Trasporti (AMT)
Ufficio Informazioni (IAT)
Via Montaldo 2
Tel. 010/5997414

Autostazione
Pza. Vittorio 32

Stazione FS Porta Principe
Pza. Acquaverde
Tel. 010/284081

Stazione FS Brignole
Pza. Verdi
Tel. 010/586350

Flughafen
Aeroporto Internazionale C. Colombo
Genova-Sestri
Tel. 010/26901
7 km vom Stadtzentrum entfernt. Der Flughafen ist mit dem sogenannten Volabus (VB) zu erreichen (hin und zurück von Stazione Brignole, Pza. De Ferrari, Stazione Principe).

Fundbüro
Ufficio Oggetti Rinvenuti
Via Garibaldi 9
Tel. 010/20981

Genua und die Riviera
Orte in der Umgebung

Hafenrundfahrt
Alimar
Porto Vecchio/Pza. Caricamento
Tel. 010/256775
Bus: 1, 8, 33
Tgl. 9.45–17.45 Uhr (Dauer Ca. 45 Min.)
Preis 10000 Lit.
Abfahrt der Boote im Alten Hafen (Porto Vecchio) neben dem Aquarium (Gruppen möglichst vorbuchen).

Medizinische Hilfe
Man wende sich an den ambulanten Dienst (*pronto soccorso*) des städtischen Krankenhauses
Ospedale S. Martino
Vle. Benedetto XV
Tel. 010/5551
Bus 18, 518
Apotheken:
Überall im Zentrum, zum Beispiel:
Farmacia Pescetto
Via Balbi 185r
(mit Nachtservice)
Bus 18, 34, 35

Polizei
Via Diaz
Tel. 010/53661
Bus 4, 31, 48
Vigili Urbani
Via Pammatone 7
Tel. 010/53631
Bus 36, 41, 42
(wenn das Auto abgeschleppt worden ist: Tel. 414368)

Post
Posta Centrale P.T.
Via Boccardo 2
Mo–Fr 8–19.30, Sa 8–13 Uhr
Bus 18, 36, 41

Taxi
Überall im Zentrum (z.B. Pza. De Ferrari, Pza. Caricamento, Pza. Verdi)
Radio Taxi
Tel. 5966

Veranstaltungen:
Feb.: Sagra della Mimosa (Umzug mit Blumenwagen)
Juli: Ballettage; Genova Jazz (Jazzfestival)
Sept.: Premio Paganini (Violinenwettbewerb)
Okt.: Salone Nautico (Internationale Bootsmesse)
Dez.: Mercato del Doge (Antiquitätenmesse)

Orte in der Umgebung

Westlich von Genua (Riviera di Ponente)

Alassio C6
Der Badeort Alassio hat rund 12000 Einwohner, doch während der Saison tummeln sich hier an einem Wochenende auch schon mal 100000 Menschen. Man kommt zum Baden und Bräunen, Bummeln und Genießen. Größte Sehenswürdigkeit ist »Il Muretto« – eine Mauer mit Keramikplatten, in die Autogramme von Schlager- und Filmstars eingebrannt sind.
Allgemeine Informationen
Auskunft:
APT
Viale Gipp 26

17021 Alassio (SV)
Tel. 0282/640346
Fax 641566

C6 Albenga
Ganz anders als Alassio wirkt das benachbarte Städtchen Albenga (22000 Einwohner). Aus einer mehrtausendjährigen Geschichte sind neben Zeugen der spätrömischen Befestigung und Ruinen der römischen Stadt (am Centa-Fluß) Bauwerke aus dem Mittelalter erhalten, als Albenga einen der wichtigsten Häfen Liguriens bildete. Die selbständige Stadt, die am ersten Kreuzzug 1098 mit eigener Flotte teilnahm, mußte sich dann im 13. Jh. Genua unterwerfen. Am Anfang der Via Enrico d'Aste öffnet sich ein wunderschöner Blick über die Türme von Albenga und die Kathedrale S. Michele. Dieser romanische Bau ersetzte ab 1100 eine frühchristliche Kirche (Albenga war bereits im 4. oder 5. Jh. Bistumssitz), der Glockenturm stammt von 1390.

Hotel
Hotel La Gallinata
Via Piave 66
loc. Vadino
17031 Albenga (SV)
Tel. 0182/53086
Fax 541280
25 Zimmer
Nov. geschl.
2./3. Kategorie (EC, Visa)
Auf der gegenüberliegenden Seite des Flusses Centa gelegen; das Haus hat u. a. eine schöne, große Dachterrasse.

Museum
Museo Navale Romano
Pza. S. Michele 12
17031 Albenga (SV)
Tgl. 9–12 (im Winterhalbjahr 10–12) und 15–18 Uhr, Mo geschl.
Eintritt 3000 Lit.
Im Palazzo Peloso Cepolla sind die Reste der Ladung eines gesunkenen römischen Schiffes (u. a. 1000 Weinamphoren) ausgestellt.

Allgemeine Informationen
Auskunft:
APT
Via Ricci
17031 Albenga (SV)
Tel. 0182/554752, Fax 51325

C6 Finale Ligure
Äußerst lebhafter Badeort (15000 Einwohner) mit einer pittoresken, palmenbestandenen Strandpromenade und – was in Ligurien nicht immer selbstverständlich ist – einem Sandstrand. Im Ortsteil Finale Pia findet man die Kirche S. Maria und das dazugehörende Benediktinerkloster. Im Kreuzgang des ehemaligen Klosters S. Caterina (Ortsteil Borgo) ist das Stadtmuseum untergebracht. In der Umgebung von Finale sind eine Reihe von Höhlen gefunden worden, die während der Steinzeit besiedelt waren (Auskunft über Besichtigungen erteilt die APT). Ausflüge: In die Berge zum Colle di Melogno (1028 m, phantastische Aussicht) und weiter nach Calizzano. Von hier kann man zurück Richtung Meer die schmale

Straße Richtung Loano über Strada und Toirano nehmen. In Toirano stößt man auf Tropfsteinhöhlen, die frühgeschichtliche Spuren aufweisen.

Hotel
Hotel Holiday
loc. Varigotti
Via Ulivi 45 b
17024 Finale Ligure (SV)
Tel. 019/69 81 24
12 Zimmer
Okt.–März geschl.
3. Kategorie
Nicht weit vom Lungomare entfernt, einfach aber freundlich eingerichtet.

Sehenswertes
Grotte di Toirano
17020 Toirano (SV)
Tgl. 9–12 und 14–17 Uhr
Eintritt frei,
Führungen 8000 Lit.
Eine Folge von Tropfsteinhöhlen mit frühgeschichtlichen Spuren. Sie dienten sowohl Menschen wie Tieren (Höhlenbär) als Behausung. Rundgang 1,5 km.

Allgemeine Informationen
APT
Via S. Pietro 14
17024 Finale Ligure (SV)
Tel. 019/69 25 81, Fax 68 00 52
APT
Cso. Europa 19
17025 Lonao (SV)
Tel. 019/67 54 96, Fax 66 99 18
APT
Cso. Italia 8
17026 Noli (SV)
Tel. 019/74 89 31

Imperia C6
Die Provinzhauptstadt (42 000 Einwohner) entstand 1923 durch die Verbindung der beiden Orte Porto Maurizio und Oneglia westlich und östlich der Mündung des Flusses Impero. Der malerische Porto Maurizio wird von der neoklassizistischen Kathedrale S. Maurizio beherrscht. Von der Loggia des Klarissenklosters S. Chiara hat man einen weiten Blick aufs Meer. Oneglia ist weitaus betriebsamer. Unter den Arkaden am Hafen liegt die Enoteca Pane e Vino, die kleine Speisen mit großen Weinen serviert (55 Käse- und 620 Weinsorten!). In Borgomaro finden wir das Zentrum der ligurischen Olivenölgewinnung. Richtung Norden folgt zunächst Diano Marina, ein hübscher Badeort mit römischer Vergangenheit. Der Castello oder Diano Arentino) geht zurück auf Diana, die römische Göttin der Jagd, der in der Antike die umliegenden Wälder geweiht waren. Diano Marina ist wegen seines flachen und langsam abfallenden Sandstrandes bei Familien mit Kindern beliebt.

Hotels
Corallo
Cso. Garibaldi 29
loc. Porto Maurizio
18100 Imperia
Tel. 01 83/66 62 65
Fax 66 62 64
42 Zimmer
2. Kategorie (Æ, DC, EC, Visa)
Das Hotel liegt sehr hübsch in ei-

nem Garten; Meerblick; tierfreundlich.

Museen
Frantoio Borgomaro
(Laura Marvaldi)
Pza. della Chiesa 1
18021 Borgomaro (IM)
Tel. 9183/5 40 31
Ölmühle in den Bergen oberhalb von Imperia, Besichtigung nach Voranmeldung möglich, Direktverkauf hochwertiger Sorten, die ihren Preis haben.
Museo dell'Olio
Via Garessio 11/13
18100 Imperia
Mi–Mo 9–12, 15–18.30,
Di geschl.
Eintritt frei
Dokumentation der Olivenölherstellung und Verwendung der Öle; historische Geräte ab dem 19. Jh.

Essen und Trinken
Antica Trattoria La Baita
Via Lucifredi
loc. Gazzo 18
18020 Borghetto d'Arroscia (IM)
Tel. 0183/3 10 83
Mo, Di, Mi geschl., Aug. und Sept. nur Mi geöffnet
2./3. Kategorie (Visa)
650 m über dem Meeresspiegel gelegen, Spezialität: Pilze (aber auch andere Köstlichkeiten wie gebackenes Kaninchen); Öl aus eigener Produktion.
Enoteca Pane e Vino
Via Des Geneys 52
18100 Imperia
Tel. 0183/29 00 44
Mi und So mittags sowie drei Wochen im Juli/Aug. geschl.
2./3. Kategorie (Visa)
Am Hafen von Oneglia gelegen, verbindet das Restaurant vorbildlich lokale und kreative Küche.

Allgemeine Informationen
Auskunft:
APT
Viale Matteotti 54 b
18100 Imperia
Tel. 0183/29 49 47
Fax 29 49 50

San Remo
Dies ist vielleicht der berühmteste Ferienort Liguriens. Elegante Palazzi, luxuriöse Hotels, die längste Palmenpromenade der Riviera (Corso Imperatrice bis Corso Trento e Trieste) und jenes Spielcasino, das schon manchen um Verstand und Besitz gebracht hat. Gekrönte Häupter pflegten hier ihre Sommerfrische zu verbringen, das milde Winterklima hat inzwischen vor allem begüterte Rentner dazu gebracht, in San Remo Winterquartier zu nehmen. Auch das hat Tradition: Bereits 1875 ließ sich der Wissenschaftler und Erfinder Alfred Nobel hier nieder. Der Architekt Filippo Grossi baute ihm am Corso Felice Cavallotti eine Villa im Stil der venezianischen Renaissance. Sehenswert sind u. a. die Wallfahrtskirche Madonna della Costa (17. Jh.) und der Dom San Siro (Ende des 13. Jh., mehrfach verändert, Turm 1753). Die Stadt mit rund 63 000 Einwohnern ist zugleich Zen-

Orte in der Umgebung westlich von Genua

Sonne, Sand und Meer – Badevergnügen bei San Remo in einem Strandbad mit Ristorante

trum der Riviera dei Fiori, der Blumenriviera mit ihren Nelken, Rosen und Chrysanthemen, die in Treibhäusern oder einfach unter Plastikplanen östlich und westlich von San Remo fast industriell angebaut werden. Ausflüge. Die im Mittelalter befestigte Burgstadt Taggia sowie Triora in der Valle Argentina sollte man nicht versäumen.

Hotel
Hotel Paradiso
Via Roccasterone 12
18038 San Remo (IM)
Tel. 0184/57 12 11
Fax 57 81 76
41 Zimmer
Im Winter teilweise geschl.
2. Kategorie (Æ, DC, EC, Visa)
Ruhig gelegen; das Meer ist bequem vom Hotel aus zu erreichen (eigene Hotelkabinen).

Sehenswertes
Triora M
Der uralte Hauptort der Valle Argentina liegt rund 770 m hoch im Hinterland von San Remo. Bereits in vorgeschichtlicher Zeit besiedelt, erlebte Triora seinen Höhepunkt als Grenzfestung der Republik Genua gegen die savoyischen Herzöge im 17. Jh. Obgleich teilweise im letzten Weltkrieg zerstört, bewahrt der

---

Der gute Tip M:
Triora
In der alten Festungsstadt Triora begibt man sich auf die Spuren der Vergangenheit: eine spannende Zeitreise!

Ort mit seinen Mauern, Toren und Brunnenanlagen viel von seinem historischen Charakter. In einem Völkerkunde- und Hexenmuseum kommt man u. a. einem Hexenprozeß von 1587 auf die Spur, der wieder einmal beweist, daß nicht das Mittelalter, sondern die Neuzeit die dunkelsten Seiten europäischer Geschichte schrieb. Auf den Hexenprozeß weisen neben einer modernen Bronzestatue auch Puppen in den Geschäften hin. Sehenswert ist neben der Pfarrkirche Collegiata dell'Assunta (barocker Umbau einer römischen Gründung, im Inneren ein mittelalterliches Tafelbild der Taufe Christi von Taddeo di Bartolo) die Besichtigung der Wallfahrtskirche Nostra Signora della Montà im Vorort Molini di Triora.

Hier (wenn geschlossen, Schlüssel beim Pfarrer nebenan) findet man Fresken von Antonio Monregalese, mit dem um das Jahr 1435 eine regionale Malrichtung in den Seealpen begann, die sich an der christlichen Tradition der Heiligengeschichten der »Legenda aurea« orientierte und die mit fast surrealen Mitteln eine magisch-religiöse Welt beschwören.

Das gilt besonders für die Arbeiten von Pietro Guidi da Ranzo in der Kirche Madonna di Rezzo östlich von Triora bei Pieve di Teco, mit denen um das Jahr 1515 diese Malbewegung ihren Höhe- und Endpunkt erreicht hatte.

Museen
Museo Etnografico e della Stregoneria
Via Roma 9
18010 Triora (IM)
Tel. 0184/94049.
April–Sept. tgl. 15–19 Uhr,
So auch 10–12.30 Uhr, Okt. bis März nur So 10–12.30, 14.30 bis 18 Uhr
Eintritt 2000 Lit.
Historische Kleidung und Spielwaren, außerdem landeskundliche Exponate und schöne gotische Holzstatuen.

Essen und Trinken
Enoteca Bacchus
Via Roma 65
18038 San Remo (IM)
Tel. 0184/5300990
So und drei Wochen zwischen Juli/Aug. geschl.
3. Kategorie (Æ, DC, EC, Visa)
Hier gibt es sehr viele Weinsorten (auch im Direktverkauf) und viele kleine Speisen.

Allgemeine Informationen
Auskunft:
APT
Largo Nuvoloni 1
18038 San Remo (IM)
Tel. 0184/571571
Fax 507649

Savona
Nach Genua und La Spezia ist Savona (75000 Einwohner) die drittgrößte Stadt Liguriens mit einem florierenden Industriehafen. In »geraden« Jahren findet eine eindrucksvolle Karfreitagsprozession statt (die nächsten

1998 und 2000). Montags wird auf der Pza. del Popolo ein großer Wochenmarkt abgehalten. Neben dem frühbarocken Dom (Renaissanceausstattung im Inneren) steht die Cappella Sistina. Aus Savona und Umgebung stammte die Familie Della Rovere, die mit Sixtus IV. und Julius II. zwei bedeutende Renaissancepäpste gestellt hat. Sixtus stiftete diese Kapelle für seine Eltern, sie wurde im Rokoko verändert. Wichtigstes Bauwerk Savonas ist die Festung Priamar (Name entstanden aus *pietra sul mare,* d. h. »Fels im Meer«), die ab 1542 errichtet wurde. Genua besiegte damals die Rivalin Savona und zerstörte die Oberstadt mit den Stadtmauern. Um sowohl Savona zu kontrollieren als auch die Küste zu schützen entstand damals die Festung Priamar. Heute wird Priamar für Museumszwecke und für Ausstellungen genutzt. Auf dem Weg von Savona nach Genua sollte man unbedingt in Albisola Marina haltmachen, wo viele Betriebe die traditionsreichen Keramikprodukte anbieten.

Hotel
Hotel Garden
Via Faraggiana 6
17012 Albisola Marina (SV)
Tel. 019/48 52 53, Fax 48 52 55
34 Zimmer
2. Kategorie (Æ, DC, EC, Visa)
Das Meer liegt dem Hotel gegenüber, besitzt ein Schwimmbad im Garten, hat schöne helle Räume, tierfreundlich.

Museen
Casa Museo G. Mazzotti
Via Salomini 117–119
17012 Albisola Marina (SV)
April–Sept. tgl. 15–18.30 Uhr, Di geschl.
Eintritt 3500 Lit.
Villa aus dem 18. Jh. mit Inneneinrichtungen der Zeit, herrlichem Keramikboden sowie Keramikausstellung.
Museo Manlio Trucco
Villa Trucco
Cso. Ferrari 191
17011 Albisola Superiore (SV)
Mo–Sa 10–12 Uhr, So geschl.
Eintritt frei
Keramikarbeiten zwischen dem 18. und dem 20. Jh., außerdem Raum für Wechselausstellungen.
Pinacoteca Civica
Via Quarda Superiore 7
78100 Savona
Mo–Sa 9–12.30, So geschl.
Eintritt frei
Städtische Pinakothek mit Gemälden u. a. von Taddeo di Bartolo, Vincenzo Foppa (»Madonna mit Kind« 1489) und ligurischen Malern, dazu eine Keramikabteilung.

Essen und Trinken
Osteria Da Oreste
Via Gallico 5r
17100 Savona
Tel. 019/82 11 66
So, eine Woche im Aug. und Weihnachten geschl.
2./3. Kategorie (Æ, DC, EC, Visa)
Traditionelle Osteria (man kann auch draußen essen); es gibt als Spezialität verschiedene Arten von gebackenem Fisch.

Vielfältige Motive zum Schauen oder Fotografieren bietet der einmalige botanische Garten des Barons Hanbury

Einkaufen
Ceramiche San Giorgio
Via Matteotti 5
17012 Albisola Marina (SV)
Werkstatt seit 1700; hier kann man Gegenstände in den typischen blauen Tönen des Stils »Antica Savona« kaufen.

Allgemeine Informationen
Auskunft:
APT
Pza. Sisto IV.
17011 Albisola Marina (SV)
Tel. 019/481648, Fax 481648
APT
Pza. del Popolo
17100 Savona
Tel. 019/820522
Fax 827805

Ventimiglia
Auch Ventimiglia hatte im Anschluß an die Antike und die Völkerwanderung das Streben nach Unabhängigkeit mit der Feindschaft Genuas bezahlen müssen. Zeugnis ist u. a. die stolze romanische Kathedrale S. Maria Assunta aus dem 11. Jh., die von Genua teilweise zerstört und dann ab 1251 spätromanisch wieder aufgebaut wurde. Wenn man der Staatsstraße 1 (Aurelia) rund 6 km Richtung Mortola Inferiore folgt, kommt man zu einem der schönsten botanischen Gärten Italiens (zusammen mit der Villa Taranto am Lago Maggiore →Novara und der Lago Maggiore, Orte in der Umgebung: Laveno und das südliche Ufer des Lago Maggiore): Il Giardino Hanbury. Ausflüge ins idyllische

Hinterland lohnen, etwa ins Weinbaugebiet um Dolceacqua, wo der Rossese, der beste ligurische Rotwein, angebaut wird. In Ventimiglia beginnt der Höhenweg der ligurischen Berge, der 440 km lang bis nach Ceparana bei La Spezia führt (→ Routen und Touren, Wandern in den Cinque Terre).

Sehenswertes
Giardino Botanico Hanbury
Cso. Montecarlo 43
loc. La Mortola
18030 Latte (IM)
Juni–Sept. tgl. 9–19 Uhr, Okt. bis Mai tgl. 10–17 Uhr, Mi geschl.
Eintritt 8500 Lit.
Der englische Baron Thomas Hanbury ließ diesen Park 1867 anlegen, um so viele Pflanzen aus aller Welt wie möglich in einem Garten zu vereinen. Heute ist dieser 18 000 m² groß. Eine Besichtigung der Terrassenanlage dauert mehrere Stunden, und am Ende des Gartens, direkt am Meer, entschädigten ein traumhafter Blick auf die Riviera – und ein kleines Café – für die Mühe.

Essen und Trinken
Ristorante Balzi Rossi
Via Balzi Rossi 2
loc. Valico di S. Ludovico
18039 Ventimiglia (IM)
Tel. 01 84/3 81 32
Mo und Di mittags, Juli–Aug. tgl. mittags geschl.
Luxuskategorie (Æ, DC, EC, Visa)
Eines der besten Restaurants von Ligurien vor der französischen Grenze, das dem ehemaligen Konkurrenten Baia Beniamin längst den Rang abgelaufen hat.

Allgemeine Informationen
Auskunft:
Ufficio Informazioni (IAT)
Via Cavour 51
18039 Ventimiglia (IM)
Tel. 01 84/35 11 83, Fax 35 11 83

Orte in der Umgebung

Östlich von Genua (Riviera di Levante

Camogli E5
Die kleine Hafenstadt unterhalb der bewaldeten Bergküste hat durch ihre malerische Lage seit jeher Besucher angezogen. Charakteristische ockerfarbene oder rotbraune Häuser bilden die verwinkelte Altstadt. Zum Schutz der Stadt wurde im 16. Jh. das Castello Dragone aus einer früheren Burg (13. Jh.) zur Festung ausgebaut, die man heute nach mehreren Zerstörungen zum Teil rekonstruiert hat. Im vergangenen Jh. beherbergte Camogli zeitweilig die größte Werft Italiens, als hier nach Zerstörung der ligurischen Handelsflotte (die Napoleon in der Schlacht von Abukir 1798 gegen England eingesetzt hatte) fast 3000 neue Segelschiffe auf Reede gelegt wurden. Von Camogli sind Bootstouren möglich nach Rapallo und Sestri Levante. Zu Fuß erreicht man nach nicht ganz leichter Wanderung über das

Vorgebirge von Portofino die Klosterstadt S. Fruttuoso.

Hotel
Hotel La Camogliese
Via Garibaldi 55
16032 Camogli (GE)
Tel. 0185/771402, Fax 774024
16 Zimmer
3. Kategorie (Æ, EC)
Ein kleines Hotel, die Bäder etwas eng; trotzdem ist es hier sehr angenehm zu wohnen. Das Hotel liegt am Anfang der Uferpromenade.

Sehenswertes
Abbazia di S. Fruttuoso
loc. S. Fruttuoso
16030 Camogli (GE)
Tel. 0185/772703
Dez.–Febr. nur Sa und So 10–16 Uhr, März, April und Okt. tgl. 10–16 Uhr, Mo geschl. Mai–Sept. tgl. 10 bis 18 Uhr, Mo geschl.; Nov. geschl.
Eintritt 5000 Lit.
Durch den FAI restaurierte Klosteranlage aus der Spätromanik mit den Doria-Gräbern. Bademöglichkeit. Mit Booten zu erreichen Camogli, Rapallo, S. Margherita und Portofino (Fahrt ca. 90 Min). Wenn Führungen erwünscht sind, bitte anmelden.

Museum
Acquario Tirrenico
Castello Dragone
Via Isola
16032 Camogli (GE)
Tgl. 10–11.45, 15–19.45 (im Winter bis 18.45) Uhr
Eintritt 4000 Lit.

In der Tradition der Schiffszimmerer arbeiten viele Holzkünstler in Camogli

Durch das große Aquarium in Genua etwas in den Schatten geratenes Meeresmuseum mit Schwerpunkt ligurische Küste.

Allgemeine Informationen
Auskunft:
Ufficio Informazioni (IAT)
Via XX Settembre 33
16032 Camogli (GE)
Tel. 0185/771066
Fax 771066

Cinque Terre
An der Steilküste zwischen den Landspitzen von Mesco und Montenero liegen fünf Fischer- und Weindörfer, abgeschnitten von den großen Verkehrsströmen (aber gut mit der Eisenbahn

Orte in der Umgebung östlich von Genua

Wie malt man die malerischen Cinque Terre? Ein Kunstkurs am Hafen von Vernazza

zu erreichen): der Hauptort Monterosso (2000 Einwohner) sowie Vernazza, Corniglia, Manarola und Riomaggiore. Als Ausflugsgebiet berühmt, können sich die Cinque Terre kaum des Ansturms der Touristen erwehren. Autofahrer müssen außerhalb der Ortschaften parken. Über Wanderwege durch die Weinberge informiert Pro Loco in Monterosso (→ Routen und Touren, Wandern in den Cinque Terre).

Hotel
Hotel La Colonnina
Via Zuecca 6
19016 Monterosso al Mare (SP)
Tel. 0187/817788
Fax 2081 7439
20 Zimmer
Dez.–Jan. geschl.
3. Kategorie

Ein ruhig gelegenes Hotel, das von einem großen Garten umgeben ist; die Bäder sind recht einfach.

Einkaufen:
Cooperativa Agricola delle Cinque Terre
loc. Gruppo di Riomaggiore
19010 Manarola (SP)
Hier Wein der Cinque Terre kaufen, direkt bei der Winzergenossenschaft.

Allgemeine Informationen
Auskunft:
Pro Loco
Via del Molo
19016 Monterosso al Mare (SP)
Tel. 0187/817204

F6 La Spezia

In der Antike gab es hier nicht mehr als ein Fischerdorf, in der Gegenwart spielt La Spezia eine wichtigere Rolle: Der Hafen der zweitgrößten Stadt Liguriens (113000 Einwohner) ist der Hauptstützpunkt der italienischen Marine.

Die Provinzhauptstadt unterscheidet sich nicht nur wegen der nahen Grenze zur Toskana von Genua. La Spezia ist mit seinem regelmäßigen Straßenmuster, dem Arsenal und Schiffahrtsmuseum (Museo Navale) ein kleiner Kosmos für sich, der Sympathie aus allen Poren versprüht. Von der geschäftigen Stadt erreicht man touristische Zentren wie Lerici bis Montemarcello am östlichen Ufer des Golfes von La Spezia. Dies ist vor allem eine Gegend, die wegen ihres einfachen, aber qualitativ hochwertigen Essens bekannt ist und zu Schlemmertouren einlädt. Am westlichen Ufer des Golfes lockt dann Portovenere (→ Portovenere).

Hotel

Hotel Firenze e Continentale
Via Paleocapa 7
19122 La Spezia
Tel. 0187/713210
Fax 714930
66 Zimmer
ganzjährig außer 23.–27. Dez.
2. Kategorie (Æ, DC, Visa)
Das gemütliche Hotel befindet sich in der Nähe des Bahnhofes, einige Zimmer sind behindertengerecht.

Museen

Museo Civico d'Arte Antica, Medioevale e Moderna
Via Prione 234
19121 La Spezia
Tgl. 10–18[11830]
Eintritt 12000 Lit.
Stadtmuseum im ehemaligen Franziskanerkloster, interessante Gemäldesammlung (Pontormo, Tizian, S. Del Piombo u.a.).

Museo Tecnico Navale
Viale Amendola 1
19122 La Spezia
Mo, Fr 14–18, Di–Do, Sa 9 bis 12, 14–18, So 8.30–13.15 Uhr
Eintritt 2000 Lit.
Schiffsmodelle vieler Jh., Erinnerungsstücke und Gegenstände der christlichen Seefahrt.

Essen und Trinken

Da Armanda Trattoria
Pza. Garibaldi 6
19030 Castelnuovo Magra (SP)
Tel. 0187/674410
Mi und 2 Wochen im Juni geschl.
2. Kategorie (EC)
Kleines, familiäres Ambiente (nur 30 Plätze), herrliche Antipasti (Kaninchensalat), lokale Küche und eine erstaunliche Weinkarte.

Osteria da Caran
Via Genova 1 (la Foce)
19121 La Spezia
Tel. 0187/703777
Di und im Okt. geschl.
3. Kategorie
In der Osteria da Caran bringt der Wirt noch die typische Suppe *mes-ciüa* (dicke Suppen aus Hülsenfrüchten) auf den Tisch, der

Hauswein ist süffig. Im Sommer sitzt man schön draußen zu Füßen des Hügels Gaggiola.
Ristorante Miranda M
loc. Tellaro
19032 Lerici (SP)
Via Fiascherino 92
Tel. 0187/968130
6 Zimmer, 2 Suiten
Mo geschl.
1. Kategorie, Restaurant
2. Kategorie, Hotel (Æ, DC, EC, Visa)
Patron Angelo Cabani hat in Frankreich gelernt, und man merkt das seinen Fischgerichten auch an. Typisch ligurisch sind die Geschmacksvielfalt und die absolute Frische der Zutaten. Köstlich schmeckten uns die Goldbrasse in Rotwein oder Spinatgnocchi mit Scampi und Tomaten. Die Weinauswahl ist international, das Schwergewicht liegt auf großen weißen Rebsorten. Wer frei nach Gusto und Karte bis zum herrlichen Zabaione-Eis bestellt, wird auch eine höhere Rechnung in Kauf nehmen, doch gibt es ebenfalls preiswertere Menüs (um 60000 Lit.). Am Wochenende und abends sollte man sich einen Tisch reservieren lassen, die 35 Plätze sind sonst schnell vergeben. Wer will, kann hier auch übernachten und am nächsten Morgen mit Blick auf den Golfo dei Poeti das Frühstück genießen.

Allgemeine Informationen
Auskunft:
APT
Viale Mazzini 47
19100 La Spezia (SP)
Tel. 0187/770900, Fax 770908
Ufficio Informazioni (IAT)
Via Gerini 40
19032 Lerici (SP)
Tel. 0187/967346

Der gute Tip M:
Ristorante Miranda
Herrliche Fischgerichte warten auf den Gast, der mit Blick auf den Golfo dei Poeti in der dazugehörigen Locanda auch übernachten kann.

Portovenere F6
Es gibt Orte, die trotz allen Massentourismus auf wunderbare Weise ihre Identität bewahren und voller geschichtlicher Erinnerungen glänzen. Dazu gehört Portovenere (5000 Einwohner), die Perle des Golfes von La Spezia. Die Römer gründeten in dieser exponierten Lage einen Hafen (Veneris Portus nach einem Venus-Tempel genannt), die Genueser nutzten ihn als östlichen Vorposten gegen Pisa. Die Befestigungsanlagen sind zum Teil noch sichtbar. Bemerkenswert ist die in die Bastion eingebaute Kirche S. Pietro, die um 1250 angelegt wurde. kann man sich vom Hafen zur Blauen Grotte bei der Insel Palmaria bringen lassen. Bootsverbindungen bestehen auch von/nach Lerici.

Allgemeine Informationen
Auskunft:
Pro Loco
Pza. Bastreri 1

Das abendliche Rapallo leuchtet hinter dem Kastell am Hafen

19025 Portovenere (SP)
Tel. 01 87/79 06 91
Fax 79 02 15

E5 **Rapallo**
Es gibt wenige Orte, in denen sich neuzeitliche Geschichte und Tourismus begegnen – Rapallo (30 000 Einwohner) gehört dazu. Hier wurde am 16. April 1922 der berühmte deutsch-russische Vertrag geschlossen: im Hotel Imperial Palace des damaligen Vorortes S. Margherita (heute eigene Gemeinde). Rapallo setzt ganz auf den begüterten Fremden – die großen Autos, die sich durch die Gassen quälen, zeigen, daß sich die Mühe gelohnt hat. Man badet direkt vor der Uferpromenade Lungomare Vittorio Veneto (öffentliche und private Strände). Außerhalb der Hauptverkehrszeiten (Staugefahr!) lohnt eine Fahrt am Golf entlang zum traumhaft gelegenen Fischerdorf Portofino. Allerdings wird auch Portofino heute mehr von Boutiquen und Eigentumswohnungen geprägt, als von volkstümlichem Treiben. Mit dem Boot besteht mehrmals am Tag eine Verbindung zwischen Rapallo, S. Margherita, Portofino und dem sehenswerten Klosterort S. Fruttuoso.

Hotels
Fasce
Via L. Bozzo 3
16038 S. Margherita Ligure (GE)
Tel. 01 85/28 64 35
Fax 28 36 80
16 Zimmer
2. Kategorie (Æ, DC, EC, Visa)

Orte in der Umgebung östlich von Genua
Mailand

Wer rechtzeitig vorbucht, wohnt hier sehr angenehm in familiärem Ambiente nahe der Piazza Mazzini. Das Hotel gehört zur Kette der Family Hotels.
Imperial Palace
Via Pagana 19
16038 S. Margherita Ligure (GE)
Tel. 0185/288991
Fax 284223
101 Zimmer
Nov.–Febr. geschl.
Luxuskategorie (Æ, DC, EC, Visa)
Noblesse oblige: In diesem Hotel wurde der Rapallo-Vertrag unterschrieben: ein elegantes Gebäude aus der Jahrhundertwende – mit schönem Privatstrand.

Allgemeine Informationen
Auskunft:
APT del Tigullio
Via XXV Aprile 2/b
16038 S. Margherita Ligure (GE)
Tel. 0185/287485
Fax 290222
Ufficio Informazioni (IAT)
Via Roma 35
16034 Portofino (GE)
Tel. 0185/296024
Ufficio Informazioni (IAT)
Vle. A. Diaz 9
16035 Rapallo (GE)
Tel. 0185/51282

E3 **Mailand**

Grau scheint die Stadt, modern und geschäftig. In den neunziger Jahren hat Mailand viel von seinem guten Ruf als swingende südeuropäische Metropole verloren, wo Bankwelt, Industriemanagement und Arbeiterbewegung eine fruchtbare Symbiose mit Mode, Design, Bücher- und Musikkultur eingegangen waren. Daß heute die Konsumwelt alles zu beherrschen scheint, hat viel mit der politischen Umbruchstimmung in Italien zu tun, auch mit den Wahlerfolgen der separatistischen Lega Nord, die 1993–97 den Bürgermeister stellte. Und auch damit, daß die Bücherstadt Mailand Hauptstadt von Silvio Berlusconis Medienimperium ist. Doch wer heute die lombardische Metropole besucht, wird bei allen widersprüchlichen Entwicklungen die lebendigste Stadt Italiens vorfinden, in deren modernem Gewebe man immer wieder auf großartige Zeugnisse einer langen Geschichte stößt.

Immerhin regierten von hier aus Kaiser den Westteil des Römischen Weltreichs. Einer von ihnen, Kaiser Konstantin, machte im Jahr 313 durch das Edikt von Mailand das Christentum zur Staatsreligion. In der Antike erhielt die ursprünglich keltische Stadt Mediolanum – das Wort läßt sich mit »Land in der Mitte« übersetzen – ihre Bedeutung durch die Lage im Schnittpunkt wichtiger Handels- und Verkehrswege zwischen Süd und Nord, Ost und West. Über diese Verkehrswege zogen auch Eroberer, die Mailand wiederholt dem Erdboden gleichmachten, etwa die Hunnen (452), die Goten (538), die Langobarden

131

Unterwegs im Piemont, in Ligurien und in der Lombardei

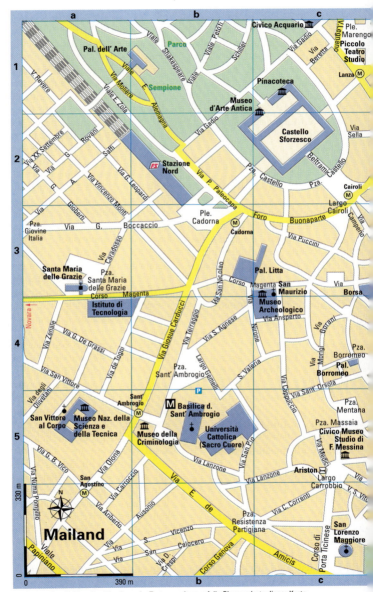

Die Buchstaben-Zahlen-Kombinationen im Text verweisen auf die Planquadrate dieser Karte.

Mailand

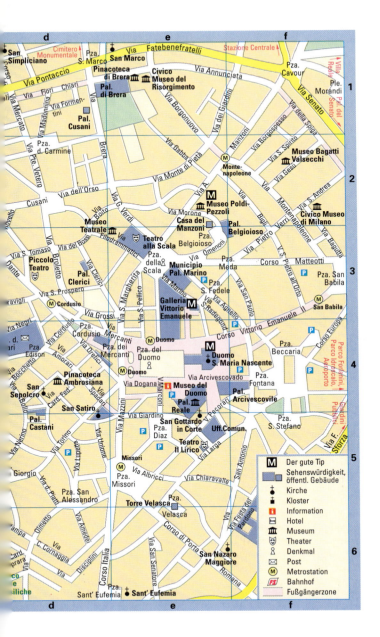

(569), besonders aber Kaiser Friedrich Barbarossa (1162). Daß da kaum noch römische Zeugen im Stadtbild geblieben sind, versteht sich von selbst. Um so bewundernswerter ist die Aufbauleistung nach 1945, durch die viele historische Bauten restauriert wurden. Mit seinen Aperitifs und Süßspeisen, mit seinen Kanälen *(navigli)* und Bocciabahnen, mit seiner Eleganz und Aggressivität, mit seinem Reichtum und seinen Armen aus der Dritten Welt, die daran verzweifelt Teil haben möchten, ist Mailand viel zu spannend, um nur eine Adresse für Geschäftsleute zu sein.

Der gute Tip 🅼:
Antica Locanda Solferino
Ein Haus mit intimer Atmosphäre und einem Hauch von Paris – direkt im Brera-Viertel gelegen.

Hotels

Zwei Millionen Menschen besuchen jedes Jahr Mailand, darunter 700 000 Ausländer (Amerikaner an der Spitze, gefolgt von Deutschen und Franzosen). Viele von ihnen sind Geschäftsreisende und Messebesucher. Eine zentrale Hotelreservation hilft bei der Suche. Bei der APT kann man sich den jährlichen »Annuario degli Alberghi di Milano e Provincia« geben lassen.
Hotel Reservation Milan
Via Palestro 24
Tel. 76 00 79 78, Fax 76 00 36 32

Antica Locanda Solferino 🅼
Via Castelfidardo 2
Tel. 02/6 57 01 29
Fax 6 57 61
11 Zimmer
im Aug. geschl.
2. Kategorie (Æ, EC, Visa)
Metro: Moscova, Bus 61
Das kleine und sympathische Haus liegt mitten in der Stadt. Von hier sind es nur ein paar Schritte zum lebhaften Brera-Viertel, zum Verlagshaus des Corriere della Sera und zur Piazza S. Marco. Und doch hat man im Solferino nie das Gefühl, der Hektik der Metropole ausgeliefert zu sein. Dafür sorgt schon das intime Ambiente der Locanda mit ihrem kleinen Eingang, der steilen Treppe zum ersten Stock, in dem alle elf Zimmer liegen, mit den großen Vorhängen und der Einrichtung aus dem 19. Jahrhundert, die einen Hauch von Paris verbreiten. Alle Zimmer haben ein eigenes Bad oder Dusche, Telefon und Farbfernseher. Das Hotel ist leider längst kein Geheimtip mehr, deshalb sollte man rechtzeitig vorbestellen.

Ariston c5
Largo Carrobbio 2
Tel. 02/72 00 05 56
Fax 72 00 09 14
48 Zimmer
Im Aug. geschl.
1. Kategorie (Æ, DC, EC, Visa)
Tram 8, 15
Erstes Ökohotel von Mailand, aus umweltfreundlichen Materialien erbaut; auf Wunsch gibt es Biofrühstück.

Mailand

Dom mit Metroeingang – Mailand zeigt sich auch in seinem religiösen Zentrum geschäftig

Garden
Via Rutilia 6
Te. 02/55 21 28 38
Fax 57 30 07 68
21 Zimmer
2./3. Kategorie (EC, Visa)
Tram 24
Das Hotel hat einen kleinen Garten; es liegt allerdings am Stadtrand; tierfreundlich.

Sehenswertes

Abbazia di Chiaravalle
Chiaravalle Milanese
Via Arialdo
Tgl. 9–12, 14–17 Uhr
Tram 13/umsteigen Bus 77
Die Abtei, die heute am südlichen Stadtrand liegt, wurde 1135 von Zisterziesern zur Urbarmachung der Niederungen des Lambro-Flusses gegründet. Die frühgotische Abteikirche S. Maria (1220) mit Fresken von Giotto-Schülern und der Kreuzgang sind noch weitgehend unversehrt erhalten.

Abendmahl (Cenacolo Vinciano) a3
Piazza S. Maria delle Grazie
Tgl. 8–13.45 Uhr
Eintritt 12 000 Lit.
Metro: Conciliazione, Tram 24
Das große Wandbild (9,1 m x 4,2 m) im Speisesaal des Dominikanerklosters Santa Maria delle Grazie schuf Leonardo da Vinci in den Jahren 1495–97. Der Maler wählte die Situation wenige Augenblicke nach der Ankündigung Jesu beim letzten Abendmahl mit den Jüngern: »Einer von euch wird mich ver-

raten.« Dramatischer Ausdruck, höchste Individualität der Figuren bei zentralperspektivischer Komposition haben das Wandgemälde schnell berühmt gemacht. Leonardo verwendete jedoch nicht die übliche Freskotechnik, deshalb mußte das »Abendmahl« bereits 20 Jahre nach Fertigstellung zum ersten Mal restauriert werden. Die zeitweilige Nutzung als Pferdestall, Überschwemmungen sowie die fast völlige Zerstörung des Refektoriums im Zweiten Weltkrieg (Schautafeln am Eingang) haben das Bild nachhaltig ruiniert. Die langwierige Restaurierung dauert bis heute an. Zur Besichtigung wird immer nur eine begrenzte Anzahl von Personen für etwa 10 Min. zugelassen (lange Wartezeiten!).

Der gute Tip 🄼:
Dom S. Maria Nascente
Dem zweitgrößten Gotteshaus der Christenheit kann man sogar »aufs Dach steigen«.

c2 **Castello Sforzesco**
Piazza del Castello
Tgl. 7–21 Uhr
Eintritt frei
Metro: Cairoli
Burg der Herrscherfamilien Mailands (zuerst Visconti, dann Sforza), um Schutz vor den eigenen Untertanen zu haben. Ab 1368 an der Stadtmauer errichtet. Unter Lodovico il Moro Ende des 15. Jh. Ausbau mit repräsentativen Räumen, so daß die Anlage Wehranlage und Schloß zugleich war. Das Castello galt als Vorbild für den Bau des Kremls, der ab 1485 in Moskau von italienischen Künstlern errichtet wurde. Eine Restaurierung des 19. Jh. betont vor allem den höfischen Charakter. Der Turm über dem Eingangstor ist eine Nachbildung des 1521 zerstörten Turms des Baumeisters Filarete. Im Inneren großartige Museumsanlagen.

Cimitero Monumentale
Piazza Cimitero Monumentale
April–Sept. tgl. 8.30–17.45 Uhr, Okt.–März tgl. 8.30 bis 16.45 Uhr, Mo geschl.
Metro: Garibaldi, Tram 29, 30
Für das besitzende Bürgertum ab 1866 errichteter Friedhof mit (über)reichen Grabmälern. Durch Werke von u. a. Messiana, Manzù und Pomodoro zugleich eine Art Freilichtmuseum der lombardischen Plastik.

Dom S. Maria Nascente 🄼   e4
Piazza Duomo
Tgl. 7–19 Uhr, Besichtigung der Ausgrabungen tgl. 10–12 und 15–17 Uhr, Mo geschl. Dachbesteigungen tgl. 9–17.30 Uhr, Eintritt für Dachbesteigung: 8000 Lit. (Fahrstuhl)
Metro: Duomo
Gotisches Prunkstück Mailands, an dem viele Jahrhunderte mitgebaut haben. Die Grundsteinlegung erfolgte 1386, aber erst um 1800 war das Innere des Doms vollendet. Unter Napoleon wurde der Bau der Fassade begonnen und 1892 war der Türmchenwald fertiggestellt. Den An-

Mailand

Der Dom ist das gotische Prachtstück der Mailänder Innenstadt – und die zweitgrößte Kirche der Christenheit

stoß zu dem eindrucksvollen Bauwerk hatten Erzbischof Antonio II. und Graf Gian Galeazzo Visconti gegeben, um den Führungsanspruch Mailands in Nordwestitalien augenfällig zu machen, nach dem Vorbild der Kathedralen in Siena und Florenz. Mit einer Außenlänge von 157 m und einer Grundfläche von 11 700 m^2 ist der Dom nach St. Peter in Rom die zweitgrößte Kirche der Christenheit. Der Vierungsturm wird von der Marienfigur »la Madonnina« gekrönt (Gesamthöhe 108,5 m – bis in die 60er Jahre hinein durfte in Mailand nicht höher gebaut werden). Unter dem Dom kann man in einer archäologischen Zone Pflasterreste einer römischen Straße sowie Grundmauern des Vorgängerbaus S. Tecla mit Baptisterium besichtigen (Zugang innen neben dem Hauptportal). Auf den Dom kommt man über eine Treppe oder mit dem Fahrstuhl (Zugang an der Nordseite gegenüber dem Kaufhaus La Rinascente), vom Dach hat man einen lohnenswerten Ausblick auf die Stadt.

Inneres: Die Apsis ist der älteste Teil des Doms, berühmt sind die Fenster (das mittlere gilt mit 22,5 m Höhe und 11 m Breite als größtes gotisches Fenster überhaupt). Mystisches Dämmerlicht herrscht im fünfschiffigen Langhaus mit seinen 52 Bündelpfeilern (mit Heiligenfiguren geschmückt) und im dreischiffigen Querhaus. In der Krypta befin-

Unterwegs im Piemont, in Ligurien und in der Lombardei

In der Galleria Vittorio Emanuele, wo der berühmteste Aperitif Italiens erfunden wurde, heißt es: sehen und gesehen werden

den sich das Grab des Hl. Karl Borromäus und die Schatzkammer.

Der gute Tip M:
Galleria Vittorio Emanuele
Die gute Stube des Mailänder Bürgertums unter einer Kuppel in den Ausmaßen des Petersdomes.

e3 **Galleria Vittorio Emanuele** M
Piazza Duomo/Piazza della Scala
Metro: Duomo
Biffi, Camparino, Borsalino – das sind Namen, die in eine Galerie des guten Geschmacks gehören. Eine? Die Galerie gibt es bereits: in Mailand. Giuseppe Mengoni baute sie zwischen 1865 und 1877 als einen Tempel in Stein, Stahl und Glas für das Mailänder Bürgertum. Die Stadt widmete sie dem Monarchen, der Italien geeinigt hatte: Vittorio Emanuele Secondo. Ein großer König für eine große Galerie – der Hauptarm ist 196 m lang, 14,50 m breit und 32 m hoch. Der höchste Punkt der Kuppel (welche in ihren Maßen die von St. Peter in Rom wiederholt) steht 47 m über dem Boden. Baumeister Mengoni starb allerdings kurz vor der Vollendung seines Werkes nach einem Sturz vom Baugerüst.

In der Galleria, wo sich besonders am Abend ältere Mailänder gern zum Diskutieren treffen, gibt es Geschäfte, Buchhandlungen, Restaurants (auch Fast

Schattenspiele am Naviglio Grande mit seinen Bars, Pizzerien und Restaurants

Food), Bars und Cafés wie Biffi oder Tuca/Camparino (wo der Campari erfunden wurde), Reisebüros, die Telefonstelle der Telecom – und Borsalino, wo Mann den Hut nehmen kann. Ein buntes Ensemble, das bisher nicht in den Kommerzstrudel der umliegenden Straßen geraten ist, weil die Stadtverwaltung als Besitzer und Vermieter darauf achtet, daß hier auch kleinere Läden existieren können.

Navigli
Piazza XXIX Maggio
Tram 29, 30

Von den kleinen Flüssen Seveso, Lambro und Nirone wurde das mittelalterliche Kanalsystem um Mailand, die Navigli, gespeist. Von dem die Stadt umfließenden Kanal gingen kleinere Kanäle ab, die strahlenförmig in die Innenstadt verliefen. Heute sind die inneren Navigli längst zugeschüttet, die letzten in den 20er Jahren. Nur der Naviglio Grande und der Naviglio Pavese fließen noch sichtbar an der Darsena (früherer Hafen zwischen Viale Gorizia und Viale Gabriele D'Annunzio) unweit der Porta Ticinese (Piazza XXIV Maggio) zusammen. An den Straßen längs der Kopfteile der beiden Kanäle haben sich eine ganze Reihe von Restaurants und Bars angesiedelt sowie Antiquitätenläden und Kunsthandwerksgeschäfte (einmal im Monat großer Antiquitätenmarkt).

Palazzo Reale e4
Piazza Duomo 12–14
Metro: Duomo

Während der österreichischen Herrschaft baute Piermarini Ende 18. Jh. den ursprünglichen Herzogspalast der Sforza und Visconti als Sitz des habsburgischen Statthalter weitgehend um. Durch Zerstörungen im letzten Weltkrieg sind die inneren Dekorationen verloren gegangen. Der Palazzo Reale wird heute für Ausstellungen genutzt, im Obergeschoß befindet sich das Civico Museo d'Arte Contemporanea (→ Museen und Galerien).

e4 **Piazza Mercanti**
Metro: Duomo/Cordusio
Das mittelalterliche Zentrum der Stadt, von dem sich einst sechs Tore zu den sechs Stadtvierteln öffneten. In der Mitte steht das ehemalige Rathaus (Palazzo della Ragione, ab 1230 errichtet), das heute für Ausstellungen genutzt wird.

Der gute Tip M:
S. Ambrogio
Es ist nur ein kleiner Schritt von der Gegenwart ins Mittelalter – in dieser vielleicht schönsten Kirche Mailands.

---

b5 **S. Ambrogio** M
Pza. S. Ambrogio
Mo–Sa 8–12, 14–19, So 15 bis 17 Uhr
(Basilikamuseum tgl. 10–12, 15–17 Uhr, Di geschl.
Eintritt 3000 Lit.)
Metro: S. Ambrogio
Bus 50, 54
Dies ist im hektischen Mailand einer der erstaunlichsten Orte. Noch eben hat man an der Kreuzung Via Carducci (Via San Vittore die Metro-Station verlassen, schon tritt man nach 100 m im Atrium von S. Ambrogio in den Vorhof zum Mittelalter ein.
Ambrosius stammte aus Trier (um 340 geboren). Die Mailänder Gemeinde machte ihn – obwohl er nicht einmal getauft war – im Jahr 374 zu ihrem Bischof. Sie erhoffte sich von ihm eine starke Vertretung ihrer Interessen gegenüber den römischen Kaisern.
Ambrosius gelang es mit diplomatischem Geschick, den Einfluß der Christen zu vermehren und ihre Einheit zu stärken. Er reformierte u. a. die Liturgie – der ambrosianische Ritus ist heute noch in Mailand gültig. Nach seinem Tod am 5. April 397 wurde Ambrosius in der von ihm gegründeten und den Heiligen Gervasius und Protasius geweihten Kirche (damals noch außerhalb der Stadt) beigesetzt. In der Märtyrerkapelle S. Vittore in Ciel d'Oro (Zugang rechts vom Altar) kommen wir dieser Zeit ganz nah. Die restaurierte Kapelle stammt aus dem Jahr 470, der Mosaikenschmuck gilt als bedeutendster frühchristlicher Zyklus in Oberitalien, das Abbild des Hl. Ambrosius hat vermutlich Porträtcharakter. Die Mosaiken in der Apsis der Kirche sind in der Frühromanik wohl aus Fragmenten des 8./9. Jh. neu komponiert worden und zeigen Christus und die Heiligen Gervasius, Protasius,

Mailand

Im Vorhof zum Mittelalter: S. Ambrogio, Mailands Bischofskirche mit der goldenen Märtyrerkapelle

Ambrosius sowie die Taufe von Augustinus durch Ambrosius, die der Überlieferung nach in dieser Kirche stattgefunden haben soll.

Zu den weiteren Sehenswürdigkeiten gehören sicherlich die Marmorkanzel, der romanische Altarbaldachin und das kostbare Antependium (Altarvorsatz – ein Meisterwerk karolingischer Goldschmiedekunst). Links vom Altar betritt man einen Seitenhof (von hier Zugang zu dem Museum mit Gemälden und Objekten aus der Geschichte S. Ambrogios und einer historisch-dokumentarischen Abteilung). Das schönste der ganzen Kirche aber ist der arkadengesäumte Vorhof, in dem die Geräusche der Stadt verklingen, während vor den eigenen Augen eine andere Zeit beginnt.

Santa Maria delle Grazie a3
Pza. S. Maria delle Grazie/Cso. Magenta
Metro Conciliazione, Tram 24
Das 1459 als Konkurrenz zu S. Eustorgio gegründete zweite Dominikanerkloster der Stadt wurde in spätgotischen Formen begonnen, bevor man nach Plänen von Bramante ab 1492 die monumentale Vierung mit der Kuppel und dem Chor zu einer der schönsten Renaissanceschöpfungen Mailands ausbaute. Gefördert von der Sforza-Dynastie (Lodovico il Moro wollte Santa Maria zur Grabeskirche seiner Familie machen) wirkten hier einige Jahre die wichtigsten Künst-

ler Italiens (u. a. Leonardo da Vinci, der im Refektorium sein berühmtes Abendmahl an die Wand malte). Bis zum Verbot unter Maria Theresia blieb die Kirche Sitz des Inquisitionsgerichtes, dessen Archive dann vom Volk gestürmt und verbrannt wurden (dabei wurden zwei Kreuzgänge zerstört).

Museen und Galerien

Es mögen über 40 Museen sein, die privat, staatlich oder kirchlich geführt werden. Zuviel selbst für eifrige Museumsbesucher. Wer sich über unsere Auswahl hinaus informieren möchte, wende sich an die APT.

Civica Galleria d'Arte Moderna
Villa Reale
Via Palestro 16
Tgl. 9.30–17.30, Mo geschl.
Eintritt frei
Werke von Neoklassikern wie Canova über Romantiker wie Hayez bis zur frühen Moderne wie Boccioni. Dazu Arbeiten von Morandi, Manzù sowie eine kleine Sammlung französischer Impressionisten (Manet, Gauguin, Cézanne).

c1/ **Civici Musei del Castello**
c2 Castello Sforzesco
Tgl. 9.30–17.30, Mo geschl.
Eintritt frei
Metro: Cairoli
Große Spannweite von der Archäologie bis zum 18. Jh.: Münzen, Objekte, Skulpturen, Bilder, Waffen und Möbel in z. T. freskengeschmückten Räumen der Sforza-Burg. Höhepunkte: Grabmonument für Bernabò Visconti von Bonino da Campione (1363); Sala delle Asse (von Leonardo 1497/98 ausgemalter Saal, der die Illusion einer offenen Eichenlaube wecken soll). Dann Pietà Rondanini und das letzte, unvollendet gebliebene Werk von Michelangelo, an dem der Künstler bis kurz vor seinem Tod 1564 gearbeitet hat. Pinakothek mit Werken u. a. von Mantegna, G. Bellini, Foppa, Correggio.

Civico Museo d'Arte Contem- c4
poranea
Palazzo Reale
Piazza Duomo 12
Tgl. 9.30–17.30 Uhr, Mo geschl.
Eintritt frei
Metro: Duomo
Das Museum ist Vorstufe zu einem Museum der Gegenwartskunst und der Moderne, das sich Mailand schon seit geraumer Zeit wünscht. Monographische Räume für u. a. Boccioni, de Chirico, Carrà, Sironi, Martini, de Pisis.

Museo Didattico per il Riconos- c2
cimento del Falso nell'Antiqua-
riato
Via Sella 4
Di–Fr 13.30–18.30, Sa 9 bis 14 Uhr, So und Mo geschl.
Eintritt 12 000 Lit.
Metro: Cairoli
Ein kleines verschrobenes Museum, wo man lernt, falsche Kunst von echter zu unterscheiden. Es wurde von einem Deutschen gegründet.

Museo della Fondazione Ba- f2
gatti Valsecchi
Via Gesù 5

Mailand

Di–So 13–17 Uhr
Eintritt 10 000 Lit. (mittwochs 3000 Lit.)
Metro: Montenapoleone
Die Wohnanlage einer Sammlerfamilie (ähnlich wie bei dem Museo Poldi Pezzoli) mit herrlich ausgestatteten Räumen. Mailands jüngstes (seit 1996) und eines der schönsten Museen, auch wenn berühmte Einzelstücke nicht auszumachen sind. Gemälde u. a. von G. Bellini und B. Zenale. Im Erdgeschoß Raum für Wechselausstellungen.

a5 **Museo Nazionale della Scienza e della Tecnica**
Via S. Vittore 21
Tgl. 9.30–17 Uhr (Sa und So auch bis 18.30 Uhr), Mo geschl.
Eintritt: 10 000 Lit.
Metro: Ambrogio, Bus 50
Großes Technikmuseum mit einer eindrucksvollen Verkehrsabteilung (Flugzeuge und Eisenbahn), das trotz unzulänglicher didaktischer Führung überzeugt. Durchzogen vom Charme der verstaubten Ausstellungsstücke vermittelt es die Vergänglichkeit der Moderne. Innerhalb einer großen Klosteranlage gelegen.

e2 **Museo Poldi Pezzoli** M
Via Alessandro Manzoni 12
Di–Sa 9.30–12.30, 14.30–18, So 9.30–12.30 Uhr, Mo geschl., zwischen Okt. und März auch So nachmittag geöffnet
Eintritt 10 000 Lit.
Metro: Montenapoleone
Als der Mailänder Sammler Gian Giacomo Poldi Pezzoli 1879 starb, vermachte er der Stadt das wohl schönste Museum der Lombardei. Man geht im Innenhof vorbei an einem barocken Brunnen und steigt die Treppe zum ersten Stock hinauf, als wolle man noch einen Besuch erledigen. Poldi Pezzoli hat den früheren Barockpalast der Grafen Trivulzio ganz nach den Bedürfnissen seiner Sammlung erweitert. Der Besucher erlebt Kunstschätze ersten Ranges im Ambiente einer Patrizierwohnung. Zum Beispiel die Sammlung lombardischer Tafelbilder der Frührenaissance (Bergognone, Vincenzo Foppa, Andrea Solari, Bernardino Luini); im Nebenraum die Sammlung ihrer großen Kollegen aus Mittelitalien und Venedig (Sandro Botticelli, Piero della Francesca, Antonio Pollaiuolo, Giovanni Bellini und Andrea Mantegna). Außerdem gibt es die phantastische Uhrensammlung sowie die Kollektion von Murano-Gläsern neben mittelalterlichen Kreuzen.

> Der gute Tip M:
> **Museo Poldi Pezzoli**
> Große Kunstwerke werden gleichsam in familiärer Atmosphäre präsentiert.

Pinacoteca Ambrosiana d4
Piazza Pio XI 2
Tel. 80 69 21
Metro: Cordusio
Gemälde, Skizzen etc. von Botticelli, Leonardo, Raffael, Caravaggio, Tizian u. a. Das Museum ist z. Zt. geschlossen; mit einer Wiedereröffnung wird Ende 1997/Anfang 1998 gerechnet.

Reis ist nicht gleich Reis Wenn es um Reis geht, ist Italien eine europäische Großmacht. 8000 Reisbauern bepflanzen hier fast zwei Drittel der gesamten Anbaufläche der EU – allein in der Lombardei (Provinzen Mailand und Pavia) soviel wie im ganzen restlichen Europa zusammen (97 000 Hektar). Dazu kommen weite Gebiete im Piemont und kleinere in Venetien und Friaul, insgesamt rund 231 000 Hektar. Im Winter werden die Reisparzellen millimetergenau planiert, damit später das Wasser nicht abfließt, und im Frühjahr fluten die Bauern dann ihre Felder. Nicht, weil der Reis soviel Wasser zum Wachsen benötigt, das Wasser dient als Isolation gegen die Temperaturschwankungen zwischen Tag und Nacht, die sonst die Pflanzungen zerstören würden. Außerdem muß das Unkraut entfernt werden. Nach Jahren der Chemie hat man vielerorts, z. B. in Betrieben der Lomellina südwestlich von Pavia, wieder dem ökologisch verträglichen Anbau den Vorzug gegeben. Neue, sogenannte »intelligente« Herbizide helfen ebenso wie die Rückkehr zur Handjätung auf den Feldern mit edlen Sorten. Mit den Unkrautjä-

e1 **Pinacoteca di Brera**
Via Brera 28
Di–Sa 9.30–17.30, So 9–12.30, Mo geschl.
Eintritt 8000 Lit.
Metro: Lanza, Bus 61
Vertreten sind in der weltberühmten Pinakothek alle wichtigen Maler der italienischen Kunstlandschaft, vor allem die Venezianer und Lombarden. Höhepunkte: »Auffinden der Gebeine des hl. Markus« von Tintoretto um 1562 (Saal IV), »Toter Christus« von Mantegna 1466 – Johannes und Maria wurden später hinzugefügt (Saal VI), »Jesus an der Geißelsäule« von Bramante um 1480 und »Madonna mit Kind, Engeln, Heiligen und Federico da Montefeltro« von Piero della Francesca 1472 (Saal XXVI), »Vermählung Mariens« von Raffael 1504 (Saal XXVI). Außerdem Werke von Bellini, Tizian, Tintoretto, Caravaggio, Greco u. a.

Essen und Trinken

Es muß nicht immer ein Restaurant sein, Mailand bietet historische Cafés wie traditionsreiche Zuckerbäcker *(pasticceria)*, Bars mit einfachen Speisen, Eisdielen oder auch klassische Osterie. Wer Erholung von der italienischen Küche benötigt, begebe sich in das Viertel um die Via Paolo Sarpi mit der größten Dichte von Chinarestaurants (sehr preiswert).

Cafés und Eisbars f2
Cova
Via Montenapoleone 8
Mo geschl.
Metro: Montenapoleone
Elegante und historische Pasticceria mit Café – wurde hier der Panettone erfunden?

Mailand

tern sind auch Frösche und Wildenten, Störche und Wasserschlangen wiedergekommen. Im August läßt man dann das Wasser ab, im September und Oktober wird mit Mähdreschern geerntet. Dann muß der Rohreis trocknen und schließlich in der Reismühle zu weißem Reis verarbeitet werden. Reis ist aber nicht gleich Reis. Es gibt verschiedene Typen und Sorten: Nach italienischem Gesetz werden die einheimischen Reissorten der Länge nach klassifiziert: »comune« oder »originario« (Korn kürzer als 5,2 mm), »semifino« (5,2–6,4 mm), »fino« (länger als 6,4 mm) »superfino« (länger als 6,4 mm sowie von besonderer Qualität). Superfino-Sorten sind zum Beispiel »arborio«, »balbo«, »carnarioli«. Für Risotto sehr geeignet ist auch ein Semifino wie »vialone nano«, der Modereis der neunziger Jahre. Italien exportiert zwar erhebliche Mengen seiner Produktion, doch handelt es sich dabei meist um Rohreis, der dann anderswo weiterverarbeitet wird. Wer also die Qualitätssorten sucht, die ein körniges Risotto garantieren, decke sich am besten auf seiner Italienfahrt damit ein.

Marghera
Via Marghera 33
Mi geschl.
Metro: Wagner
Wundervolles Eis aus Bitterschokolade; der Treffpunkt für Jugendliche.

Pizzerie und Snackbars
Bistro di Gualtiero Marchesi
So, Mo mittags und im Aug. geschl.
3. Kategorie (Æ, CD, EC, Visa)
Luxusbistro im letzten Stockwerk des noblen Kaufhauses Rinascente mit herrlichem Blick auf den Türmchenwald des Doms an der Piazza Duomo (wenn das Kaufhaus geschlossen ist, Zugang per Fahrstuhl von der Via San Raffaele 2).
Pizzeria Birreria Grand Italia
Via Palermo 5
Tel. 87 77 59
So und im Aug. geschl.
3. Kategorie
Metro: Moscova
Volkstümliches Lokal zentral in einer Nebenstraße des Cso. Garibaldi gelegen.
Risotteria
Via Dandolo 2
Tel. 55 18 16 94
So, Sa mittags und im Aug. geschl.
3. Kategorie
Tram 12, Bus 73
Ein sympathisches Lokal, das verschiedene Risotti und viele Salate anbietet.

Restaurants
Aimo e Nadia
Via Montecuccoli 6
Tel. 41 68 86
Sa mittags und So sowie im Aug. geschl.
Luxuskategorie (Æ, DC, EC, Visa)
Metro: Primaticcio

Unterwegs im Piemont, in Ligurien und in der Lombardei

Bereit zur Abendgala erwartet die Mailänder Scala, das berühmte Opernhaus, ihre Gäste

Mailands unumstritten beste Küche – auf toskanischer Basis. Man versuche einmal die Spaghetti mit Kräutersauce – u. a. Das Lokal liegt außerhalb.
Grand Hôtel Pub
Via Ascanio Sforza 75
Tel. 89 51 15 86
Mo und im Aug. geschl.
2. Kategorie (Æ, EC, Visa)
Filobus 90, 91
Tram 15
Wundervolle Küche (ein Geheimtip) zu traumhaften Preisen (wie lange noch?).
Osteria del Treno
Via San Gregorio 46
Tel. 6 70 04 79
Sa und So mittags und im Aug. geschl.

2. Kategorie (Æ, Visa)
Metro: Venezia/Lima
Die Osteria ist beinahe noch eine richtige Weinstube mit vielseitiger Küche, man kann auch draußen sitzen.

Einkaufen

Das Zentrum Mailands mit dem sogenannten Goldenen Dreieck zwischen der Via Manzoni und der Via Montenapoleone ist inzwischen weltberühmt. Aber es gibt auch andere Einkaufsstraßen der Superlative – wie den Corso Buenos Aires, die größte und längste Einkaufsstraße Italiens mit 350 Geschäften in 77 Handelskategorien. Die Via Paolo Sarpi ist als Hauptstraße eines früheren Arbeiterviertels für ihre günstigen Preise bekannt; der Corso di Porta Tici-

Mailand

nese für recht ausgefallene Läden und Second-Hand-Shops. Der bekannteste Wochenmarkt wird längs des Viale Papiniano (Lebensmittel, Bekleidung, auch Restposten von Markenwaren berühmter Designer) regelmäßig Di und Sa abgehalten (Metrostation S. Agostino). Ähnliches gilt für den Freitagsmarkt auf dem Largo Quointo Alpini (Tram 19). Besonderen Charme zeichnet den kleinen Markt längs der Via S. Marco im Brera-Viertel aus (Mo und Do vormittags). Die Fiera di Senigallia, eine Art Floh- und Trödelmarkt ist Sa im alten Hafengebiet der Darsena (Viale D'Annunzio, Tram 29,30). Die große Antiquitätenmesse des »Mercatone dell'Antiquariato sui Navigli« findet am letzten So jeden Monats (außer Juli/Aug.) längs des Naviglio Grande (Metro: Genova) statt. Wer Designer-Leuchten sucht, findet sie am besten am Corso Monforte. Mehrere Buchläden gibt es in der Galleria Vittorio Emanuele (»Rizzoli« hat die größte Auswahl an Reiseliteratur und Karten) sowie Antiquitätengeschäfte im Brera-Viertel. Und dann ist da noch das Nobelkaufhaus Rinascente am Dom...

L'Ancora   b3
Via G. Leopardi 2
Metro: Cadorna
Stock House, Designermodelle von Ferré, Valentino u. a. 30 bis 40 Prozent billiger.

Jeans & Work
Ple. Ferrara 4
Mo geschl.
Metro: Corvetto
Hier gibt es Jeans (u. a. Fehldrucke von »Levis«) – zum halben Preis.

Macri   d5
Via Torino/Ecke Via Santa Maria Valle 2a
Tram 8, 15
Kleidung – nicht nur für kleine, sondern auch für größere Leute (Größen 44–71).

Peck   d4
Via Speronari 3
Metro: Duomo
Hier gibt es alles, was der echte Gourmet begehrt.

Am Abend

Mailand ist berühmt für zwei Bühnen: die Scala und Strehlers Piccolo Teatro. Doch ein Blick in die Tageszeitungen mag Interessierte auch in andere Theater oder ins Kino führen. »Kneipen« sind vor allem im Naviglio- oder im Brera-Viertel angesiedelt, das Jamaica darf in keinem Führer fehlen. Avantgarde und Alternatives findet man im Centro Sociale Leoncavallo. Über Musikprogramme informiert die APT sowie die wöchentlichen Beilagen der Tageszeitungen La Repubblica (Do) und Corriere della Sera (Mi).

Capolinea
Via Lodovico Moro 119
Tel. 89 12 20 24
Mo geschl.
Tram 15
Zusammen mit dem Shaker-Club in Genua Italiens wichtigstes Jazzlokal.

Centro Sociale Leoncavallo
Via Watteau 7
Tel. 6705185
Bus 43
Alternative Spielstätte für Avantgarde und Autonome.

f3 **Goethe-Institut**
Via San Paolo 10
Tel. 76005571
Metro: Duomo
Deutsches Kulturinstitut mit umfangreichem Veranstaltungskalender.

d1 **Jamaica**
Via Brera 32
Tel. 876723
So geschl.
Bus 61
Traditionsbar im Breraviertel; manchmal Live-Musik.

e5 **Nephenta**
Piazza Diaz 1
Tel. 86464808
Metro: Duomo
Seit Jahren die führende Diskothek in Mailand; die Mode-Stars kommen ab 24 Uhr.

d3 **Piccolo Teatro**
Rovello 2
Tel. 723.33-1
Metro: Cordusio
(Neubau ab 1998: Via Rivoli, Metro: Lanza)
Als Teatro d'Europa auch Spielstätte für Gastensembles.

e3 **Teatro alla Scala**
Pza. Scala
Tel. 88791, Vorbestellung aus dem Ausland: 02/8600787
Metro: Duomo
Das Opernhaus mit dem Weltmythos; Spielzeit Dez.–Juli; sonst werden hier Konzerte gegeben.

Kinder

Eine enge, autoüberflutete Stadt wie Mailand ist auf den ersten Blick kinderfeindlich – aber nur auf den ersten Blick!

Acquario Civico
Via Gadio 2
Tgl. 9.30–17.30 Uhr, Mo geschl.
Eintritt frei
Tram 4, 8, Bus 57
Aquarium mit Fischen aller Art in einem Jugendstilgebäude.

Aquatica
Via Airaghi 61
Tel. 48200134
Mai–Sept. tgl. 10–19 Uhr
Eintritt 25000 (bis 12 Jahre 20000, nach 14 Uhr 13000) Lit.
Bus 72
Riesiges Erlebnisschwimmbad mit mehreren Becken, großen Rutschen und Strömungsschnellen.

Atelier Carlo Colla e figli
Montegani 35/1
Tel. 89531301
Tram 3, 15, Bus 65
Marionetten-Laboratorium und Spielstätte der Colla-Familie (klassisches Repertoire).

Cinema Nuovo Arti
Via Pietro Mascagni 8
Tel. 76020048
Metro: San Babila, Bus 61
Meist Kinderfilme aus dem Disney-Imperium.

Civico Museo di Storia Naturale
Corso Venezia 55
Tgl. außer Mo 9.30–17.30, Mo geschl.
Eintritt frei
Metro: Palestro

Das Naturkundemuseum am Rande der Giardini Pubblici hat eine zoologische und eine mineralogische Sammlung: Auch Dino-Fans kommen hier auf ihre Kosten!

Giardini Pubblici
Via Palestro/Bastioni di Porta Venezia
Metro: Palestro
Öffentliche Parkanlage im Zentrum und idealer Platz für Kinder – mit Spielplatz, Karussell und Eisenbahn. Im Park gibt es außerdem ein Naturkundemuseum (→ Civico Museo di Storia Naturale) und ein Planetarium. Der kleine Zoo ist z. Zt. geschlossen.

Teatro delle Marionette
Via Degli Olivetani 3
Tel. 4694449
Bus 50, Metro: S. Ambrogio
Spielstätte eines weiteren Zweigs der Colla-Familie (meist modernere Stücke) – für Kinder geeignet.

Allgemeine Informationen

Auskunft

Azienda di Promozione Turistica
Palazzo del Turismo
Via Marconi 1 (Ecke Piazza Duomo)
Tel. 02/725243 00
Fax 720224 32
Mo–Fr 8,10–20, Sa 9–13, 14–19, So 9–13, 14–17 Uhr
Metro: Duomo
Hier ist der monatliche Veranstaltungsplan »Milano Mese« gratis erhältlich.

Uffici Informazioni
Stazione Centrale FS
Galleria delle partenze (Obergeschoß)
Tel. 6 690432
Mo–Sa 8–19, So 9–13, 14 bis 18 Uhr
Aeroporto Forlanini (Linate)
Arrivi/Arrival (Untergeschoß Ankunft)
Tel. 70200095
Tgl. 9–12.30, 14–18 Uhr

Busse und Nahverkehr
Dank der drei Metro-Linien und einem gut en Straßenbahn- und Bus-Netz kann man fast alle Sehenswürdigkeiten bequem mit den öffentlichen Verkehrsmitteln erreichen. Einzelfahrkarten kosten z. Zt. 1500 Lit., und sind bei beliebigem Umsteigen 75 Min. gültig (erhältlich an vielen Zeitungsständen, manchen Tabakläden und Automaten). Dort sowie bei den Büros der Verkehrsbetriebe ATM am Bahnhof Centrale, Nordbahnhof und der Metrostation Duomo kann man ein 24 bzw. 48 Stundenticket (5000 bzw. 9000 Lit.) bekommen, das auf dem gesamten Bus-, Straßenbahn- und Metro-Netz gültig ist (bitte bei der ersten Fahrt entwerten). Außerdem gibt es ein *Carnet* von 10 Fahrkarten zum Preis von 14000 Lit.

Ufficio Informazioni ATM
Stazione Duomo
Tel. 89010797
Tgl. 8–20 Uhr, So geschl.
In der Umgebung fahren Busse vor dem Castello Sforzesco (Piazza Castello bzw. Foro Bona-

parte) ab. Mit dem Zug erreicht man ebenfalls die wichtigsten Orte in der Umgebung, wobei viele Vorortzüge von der Stazione Garibaldi FS (Varese, Porto Ceresio, Domodossola) abfahren bzw. von der Stazione Nord FN (Varese, Como). Zu den Flughäfen Linate (ca. 40 Min. Fahrzeit, 4000 Lit) oder Malpensa (75 Min., 12000 Lit.) bestehen regelmäßige Verbindungen mit Bussen von der Stazione Centrale. Die Fahrkarten muß man vorher im Büro der Autolinee STAM direkt bei der Haltestelle an der Ostseite des Bahnhofs (Piazza Luigi di Savoia) erstehen. Wer wenig Gepäck hat kann auch mit dem Linienbus 73 von Linate zur Piazza S. Babila (und zurück) zum normalen Bustarif fahren
Stazione Centrale FS
Ple. Luca D'Aosta
Tel. 67500
Stazione Garibaldi FS
Via G. Gerrari
Tel. 6552078
Stazione Nord FN
Ple. Cadorna
Tel. 8511608

Flughäfen
Aeroporto Civile Internazionale »Forlanini« (für nationalen und europäischen Flugverkehr)
20090 Linate
Tel. 7384451
(bei Fehlleitung von Gepäckstücken Tel. 7384451)
Aeroporto Intercontinentale »Malpensa« (für interkontinentalen Flugverkehr)
21013 Gallarate
Tel. 7485 2200
(bei Fehlleitung von Gepäckstücken Tel. 7485 4215)
Busverbindungen zum/vom Bahnhof s. o.

Fundbüro
Ufficio Oggetti Rinvenuti
Via Unione 4 (Ecke Via Arcimboldi)
Tel. 870821
Mo–Fr 8.30–12.45, 14.15–17, Sa 8.30–12 Uhr, So geschl.

Fußball
In einer fußballbegeisterten Stadt gehört ein Stadionbesuch während der Liga-Saison (Sept.–Mai) eigentlich dazu:
Stadion Giuseppe Meazza (San Siro)
Via Piccolomini 5
Tel. 4870 7123
Metro: Lotto, Tram 24
Milan Point Shop
Via Verri 8
Tel. 796481, Fax 783148
Fanshop für den AC Milan und Kartenvorverkauf.
Milano Ticket
Corso Vittorio Emanuele, Pavillon
Metro: Duomo
Kartenvorverkauf für Inter FC und AC Milan (Preise zwischen 30000 und 65000 Lit.)

Gottesdienste
Evangelisch-lutherische und reformierte Gottesdienste in deutscher Sprache werden in der protestantischen Kirche in der Via De Marchi 9 (Tel. 6552858) So

Mailand

10 Uhr gehalten. Die Gemeinde der »Katholiken Deutscher Sprache« hat ihren Sitz in der Via Rosellini 2 (Tel. 6 88 22 15). Die Juden deutscher Sprache versammeln sich Sa 8.45 Uhr in der Via Cellini 2; das Sekretariat der Comunità Israelitica, der jüdischen Gemeinde, findet man in der Via Eupili 6 (Tel. 3 45 20 96).

Medizinische Hilfe
Man wende sich an den ambulanten Dienst *(pronto soccorso)* eines öffentlichen Krankenhauses, z. B.:
Ospedale Generale Fatebenefratelli
Corso di Porta Nuova 23
Tel. 6 36 31
Apotheken gibt es überall im Zentrum (auch im Hauptbahnhof), Tag und Nacht geöffnet haben:
Pza. Duomo 21 und Stazione Centrale (obere Wandelhalle)

Polizei
Via Fatebenefratelli 11
Tel. 6 22 61
Vigili Urbani (Polizia Municipale)
Via Beccaria 19
Tel. 72 72 71
(auch Auskunft über abgeschleppte Autos)

Post
P.T. (Posta e Telecomunicazioni)
Via Cordusio 4
Mo–Fr 8–20, Sa 8–17, (CAI/EMS-Dienst nur bis 14 Uhr), So geschl.
Hauptpost mit staatlichem Schnellkurier CAI/EMS, der gegen Aufpreis die Auslieferung der Sendung auch im Ausland innerhalb von 48 Std. garantiert, Extraschalter direkt am Eingang. Für Post nach Europa sonst bitte die blauen Euro-Briefkästen benutzen.

Schwimmen
Öffentliche Schwimmbäder haben meist tgl. 12–14, 18–21 Uhr geöffnet, geschl. im Juli/Aug.
Argelati
Via Segantini 6
Tel. 58 10 00 12
Tram 29, 30
Eintritt 6000 Lit.
Hallen- und Freibad
Giovanni da Procida
Via G. da Procida 20
Tel. 31 15 21
Eintritt 6000 Lit.
Hallenbad
Lido di Milano
Ple. Lotto 15
Tel. 39 26 61 00
Metro: Lotto
Juni–Sept. tgl. 10–19 Uhr, Mo geschl.
Eintritt 8000 Lit.
Freibad

Stadtrundfahrten
Stadtrundfahren werden tgl. außer Mo und Neujahr, Ostersonntag und 1. Weihnachtstag veranstaltet. Abfahrt Di–Sa 9.30, So 10 Uhr Piazza Duomo neben dem Palazzo del Turismo (APT). Dauer ca. 3 Std., der Preis von 50 000 Lit. schließt Eintritt in verschiedene Museen

(Abendmahl, Castello Sforzesco u. a.) mit ein. Karten bei der APT am Dom (→ Auskunft), die auch über Bootsfahrten im Sommer auf den Navigli und die Fahrpläne der »Tram Turistico« informiert. Die Straßenbahn-Linie 20 (»Tram Turistico«) fährt drei Mal am Tag die wichtigsten Sehenswürdigkeiten ab. Über Kopfhörer erhält man in verschiedenen Sprachen Erläuterungen. (Abfahrt Piazza Castello, Dauer 2 Std.). Fahrtunterbrechungen und Fortsetzungen mit einer späteren Rundfahrt sind am selben Tag möglich. Preis 30 000 Lit.

Taxi
Taxistände überall im Zentrum (z. B. Piazza Duomo). Eine Fahrt zum/vom Flughafen Linate kostet z. Zt. je nach Gepäck und Zuschlag für Nachtfahrt etc. zwischen 25 000 und 40 000 Lit. Zum/vom Flughafen Malpensa 120 000 bis 150 000 Lit.
Funktaxi
Tel. 67 67 oder 85 85
oder 83 88

Orte in der Umgebung

F2 **Bergamo**
Die Stadt zwischen Ebene und Voralpen am Ausgang der Täler von Brembana und Seriana (121 000 Einwohner) gehört zu den wichtigsten und schönsten Kunststädten Oberitaliens. Nach einer Zeit als freie Kommune (Palazzo della Ragione aus dem 12. Jh., romanische Basilika S. Maria Maggiore) kam Bergamo bis 1796 unter venezianische Herrschaft. Diese Mischung aus lombardischen und venezianischen Elementen macht die Stadt so einzigartig – zumal sie sich während der Neuzeit in der Ebene weiterentwickelte und die Altstadt auf dem Hügel unberührt ließ (Bergamo Alta: Zugang mit Standseilbahn vom Viale Vittorio Emanuele oder Parken in der Oberstadt bei der ehemaligen Kirche S. Agostino (→ Routen und Touren, Spaziergang durch die Oberstadt).

Hotel
Hotel Gourmet
Via San Vigilio 1
24100 Bergamo
Tel. 035/4 37 30 04
Fax 4 37 30 04
11 Zimmer
Zwei Wochen zum Jahreswechsel geschl.
2. Kategorie (Æ, DC, EC, Visa)
In einem restaurierten Palazzo aus dem 17. Jh. ist dieses schöne Hotel untergebracht. Es hat auch ein bekanntes Restaurant.

Museen und Galerien
Museo Donizettiano
Via Arena 9
24100 Bergamo
Di-Sa 9–12, 14.3–18 Uhr, Mo und So geschl.
Eintritt frei
Kleines Museum über den Komponisten Gaetano Donizetti. Er wurde 1797 in Bergamo geboren; sein Geburtshaus ist in der

Mailand
Orte in der Umgebung

Kunst allerorten – wie der Löwenbrunnen von Bergamo

Via Borgo Canale 14 zu besichtigen (So 15–17 Uhr).
Museo del Presepio
Via XXV Aprile 179
24044 Brembo (BG)
Feb.–Nov. So und feiertags 14–18 Uhr; Dez.–Jan. tgl. 14 bis 17, So 9–12 und 14–19 Uhr
Eintritt 6000 Lit.
Außerhalb von Bergamo im Ort Brembo gelegenes Museum mit einer wunderschönen Kollektion von rund 7000 Weihnachtskrippen und Krippenfiguren.
Pinacoteca dell'Accademia Carrara
Pza Carrara 82a
24100 Bergamo
Tgl. 9.30–12.30, 14.30–17.30, Di geschl.
Eintritt 3000 Lit.
Großartige Sammlung, die aus der des Grafen Giacomo Carrara vom Ende des 18. Jh. entstanden ist. Rund 1500 Werke von Meistern der venezianischen Schule (J. Bassano, J. und G. Bellini, A. Mantegna, Tintoretto, Tizian), außerdem lombardische (wie V. Foppa und L. Lotto) und toskanische Künstler (S. Botticelli und Beato Angelico). Außerdem Arbeiten von Raffael und Pisanello (in der Via San Tomaso 35 auch eine Abteilung für moderne Kunst, 1991 eingerichtet. Eintritt frei.).

Essen und Trinken
Kulinarisch ein Erlebnis: Die Mischung aus lombardischen und venezianischen Einflüssen in Bergamo.
Bar Enoteca Donizetti
Via Gombito 17a

153

24100 Bergamo
Tel. 24 26 61
Fr und vier Wochen zwischen Sept./Okt. geschl.
2./3. Kategorie (Æ, EC, Visa)
Kleine Gerichte, große Weinauswahl; man kann hier in der Oberstadt auch draußen sitzen und speisen.
Osteria La Cantina
Via Ghislanzoni 3
Tel. 23 71 46
So geschl.
2. Kategorie (EC, Visa)
Treffpunkt in der Unterstadt für Feinschmecker wegen der gelungenen Mischung aus lokaler und internationaler Küche. Herausragendes Verhältnis von Preis und Leistung.
Trattoria Da Ornella
Via Gombito 15
Tel. 23 27 36
Do und Fr mittags sowie im Juli geschl.
2. Kategorie (EC, Visa)
Typisch lokale Küche in der Oberstadt. Schwerpunkte sind Käse und Butter! Mit beiden Zutaten werden die köstlichsten Gerichte gezaubert.

Der gute Tip M:
Parco Minitalia
Von den Alpen bis nach Sizilien zu Fuß – und das in wenigen Minuten – im Vergnügungspark »Parco Minitalia« schaffen das nicht nur Kinder ganz leicht.

Kinder
Parco Minitalia M
Tgl. 9–19 Uhr

Eintritt 19 000 Lit. (Kinder bis 10 Jahre 15 000 Lit.)
Italien in einer halben Stunde? In Capriate bei Bergamo ist alles möglich – sogar das: Mit wenigen Schritten (Autos müssen leider draußen bleiben) kommt man von Mailand nach Bologna und nach Florenz – und in nicht einmal 30 Min. erreicht man Sizilien.
Da gibt es ganz Italien in Miniaturausgabe auf 180 000 m^2 – mit vielen schönen Modellen vom Mailänder Dom bis zum Teatro Massimo in Palermo und den Bergwerksminen von Carbonia auf Sardinien. Natürlich dürfen auch San Pietro in Rom oder die Piazza del Campo in Siena nicht fehlen. Das bietet der Park Minitalia plus Restaurant, Kinderspielplatz, Wanderwegen und einem Labyrinth. Mit sehr viel Liebe zum Detail ist hier der Reichtum der italienischen Kulturlandschaften dargestellt. Dazu gibt es mehrere Spiel- und Unterhaltungszonen. Das Kind steht hier im Mittelpunkt, aber auch die Großen kommen auf ihre Kosten.

Allgemeine Informationen
Auskunft:
APT
Viale Papa Giovanni XXIII, 106
24100 Bergamo
Tel. 035/24 22 26
Fax 24 29 94
Ufficio Informazioni
Vicolo Aquila Nera
24100 Bergamo-Alta
Tel. 035/23 27 30

Orte in der Umgebung von Mailand

Attraktion – nicht nur für Kinder: der Parco Minitalia

Ufficio Informazioni
Viale Papa Giovanni XIII, 18
24016 San Pellegrino Terme
(BG)
Tel. 0345/21020

Cremona
Bevor die heute so lebhafte Provinzhauptstadt (80000 Einwohner) wie fast alle lombardischen Städte von den Visconti unterworfen wurde (1344), hatte sich Cremona zwei Jahrhunderte lang als unabhängige Kommune halten können.
In dieser Zeit entstand ein großer Teil des monumentalen Zentrums um die Piazza del Comune, einen der schönsten mittelalterlichen Plätze Italiens. Dazu gehören der Dom und der Torrazzo (so heißt hier der Glokkenturm) sowie das Baptisterium (1167), der Palazzo del Comune und die Versammlungsloggia (Loggia dei Militi, 1292).
Ein empfehlenswerter Ausflug in Richtung Nordwesten: Crema mit seiner venezianisch anmutenden Piazza und dem prächtigen Dom.

Hotel
Hotel Astoria
Via Bordigallo 19
Tel. 0372/461616
Fax 461810
26100 Cremona
32 Zimmer
2./3. Kategorie (Æ, DC, EC, Visa)
Ein ruhiges Hotel in einer kleinen Zentrumsgasse gelegen; die Hotelbesitzer sind tierfreundlich.

Sehenswertes
Dom und Torrazzo
April–Okt. tgl. 10.30–12,
15–18, So bis 19 Uhr
Eintritt Torrazzo 5000 Lit.
Dies ist eine der ältesten und zugleich bedeutendsten romanischen Kirchen der Lombardei, im Jahr 1107 begonnen, im 13. und 14. Jh. erweitert. Prächtige Westfassade mit Portalhalle und Fassadenreliefs (u. a. Darstellung von Bauernarbeit in den Jahreszeiten, vermutlich um 1220 entstanden). Im mächtigen Inneren gibt es vielfältige Dekorationen aus fast allen Jahrhunderten. Beachtenswert der Freskenzyklus lombardisch-venetischer Meister (Boccaccino, Romanino, Pordenone) aus dem 16. Jh. mit Bildern aus dem Leben von Maria und Jesus an den Wänden des Mittelschiffs und der Chorkapelle. Der Torrazzo ist mit 111 m der höchste Glockenturm Italiens aus dem Jahr 1267. Eine herrliche Sicht auf Stadt und Po-Ebene lohnt den Aufstieg von 487 Stufen.

Museen

Der gute Tip 🅜:
Geigen in Cremona
Ob im Museum, beim täglichen Einspielen oder in einer der Werkstätten: In Cremona hängt der Himmel voller Geigen.

Geigen in Cremona 🅜
Museo Stradivariano
Via Pelestro 17
26100 Cremona
Di–Sa 8.30–17.45, So 9.15,
15–18 Uhr, Mo geschl.
Eintritt 5000 Lit.
Museo Organologico-didattico/ Scuola Internazionale di Liuteria
Palazzo Raimondi
Corso Garibaldi 178
Tel. 3 86 89
Geöffnet auf Anfrage
Raccolta dei Violini di Palazzo Comunale
Piazza Comune 8
Di–Sa 8.30–18 Uhr, So 9.15 bis 12.15 und 15–18 Uhr
Eintritt 5000 Lit.
Im Rathaus von Cremona macht sich der weißhaarige Musikprofessor Andrea Mosconi fast täglich an die Arbeit, um die vier ausgestellten Meistergeigen einzuspielen. Denn eine echte Violine braucht Training, um in Form zu bleiben. Um so mehr gilt das für die edlen Exemplare von Andrea Amati aus dem Jahr 1566, Nicolo Amati (1658), Antonio Stradivari (1715) und Giuseppe Guarneri (1734). Wenn der Professor fertig ist, dürfen die Besucher kommen, um die königlichen Instrumente in der Saletta dei Violini – zum Glück nur – anzuschauen. Gespielt werden sie öffentlich erst wieder bei der nächsten »Triennale« im Jahr 2000.
Cremona war die Wiege des Geigenbaus, und bis heute gibt es keinen Ort auf der Welt, wo sich so viele Handwerksbetriebe fleißig in der Nachfolge von Andrea Amati üben. Dafür sorgt auch eine internationale Geigenbau-

Orte in der Umgebung von Mailand

Mit Liebe, Geduld und Präzision werden seit Jahrhunderten in Cremona Geigen gebaut

schule, deren didaktische Sammlung auf Anfrage besichtigt werden kann. Und dann ist da noch das kleine Stradivari-Museum mit Dokumenten, Bauteilen und Exemplaren der Violen jenes Antonio Stradivari, der in seinem langen Leben (er starb 1737 im Alter von 91 Jahren) an die 1200 Geigen gebaut haben soll, von denen heute noch ein Drittel rund um den Globus (fast) täglich gestimmt werden.

Essen und Trinken
Osteria La Sosta
Via Sicardo 9
Tel. 45 66 56
Mo und im Aug. geschl.
2. Kategorie (EC)
Zu Cremona gehört *bollito* (gekochte Fleischmischung) mit *mostarda* (süßsaure Senfsauce): Man kann hier beides genießen.

Einkaufen
Die berühmten Süßspeisen Cremonas (u. a. *torrone*) erhält man in vielen schönen Geschäften des Zentrums.
So etwa längs der Fußgängerzone Corso Matteste. Stilvoll holzgetäfelt ist das Negozio Sperlari in der Via Solferino. Neben den köstlichen Leckereien kann man hier auch Weine einkaufen.

Allgemeine Informationen
Auskunft:
APT
Pza. del Comune 5
26100 Cremona
Tel. 02 72/2 32 33
Fax 2 17 22

F3 **Lodi**

Die Stadt (42 000 Einwohner) südlich Mailands am Adda-Fluß und ihre kanaldurchzogene Umgebung des Lodigiano (mit zahlreichen Visconti-Burgen) gehört zu den unentdeckten Schönheiten direkt vor den Toren Mailands. Gegründet wurde die Stadt von Kaiser Barbarossa für das von Mailand zerstörte antike Lodi. Vor wenigen Jahren ist Lodi stolzer Hauptort einer eigenen kleinen Provinz geworden. Ein Stadtbummel beginnt immer auf der malerischen Piazza Vittorio mit dem mittelalterlichen Dom. Nördlich von Lodi liegt hinter Melegnano bei S. Giuliano Milanese die Abtei von Viboldone aus dem 12./13. Jh. mit gotischer Kirche und Fresken von Giotto-Schülern.

Sehenswertes
S. Bassiano
Cascina S. Bassiano
20090 Lodi Vecchio (LO)
So 9.15–11.30, 15–17, Mo–Sa 15.30–16.30 Uhr
Von Lodi Vecchio (dem antiken Laus Pompeia) ist nur die großartige Kirche S. Bassiano geblieben, die als Apostelkirche auf eine Gründung des Jahres 380 zurückgeht; sie wurde in der Romanik ausgebaut und von den Hospitalitern im 14. Jh. fast völlig im gotischen Stil erneuert (im Inneren Fresken).
Santuario dell'Incoronata
Via dell' Incoronata
20075 Lodi
Tgl. 9–12, 15–18 Uhr

Dieser Zentralbau der Renaissance (seit 1488) ist zugleich ein Juwel der Malerei: Im Inneren ist die Kirche vollständig ausgemalt. Daran hat neben der Malerfamilie Piazza aus Lodi u. a. auch Bergognone (Tafelbilder zu Seiten des zweiten Altars) gearbeitet.

Museum
Museo Civico
Corso Umberto I. 62
20075 Lodi
Sa, So 9.30–12.30, 15.30 bis 18.30 Uhr, Di–Fr auf Nachfrage, Mo geschl.
Eintritt frei
Im Museum ist u. a. eine Pinakothek mit Werken der aus Lodi stammenden Malerfamilie Piazza (16. und 17. Jh.) untergebracht.

Essen und Trinken
Ristorante Tre Gigli
Pza. della Vittoria
20075 Lodi
Tel. 42 14 04
Mo und im Aug. geschl.
1. Kategorie (Æ, DC, EC, Visa)
Großartige Küche, zur absoluten Spitze fehlt nur noch eine größere Weinkarte. Mittags gibt es auch ein preiswertes Menü (2./3. Kategorie).

Allgemeine Informationen
Auskunft:
APT
Piazza Broletto 4
20075 Lodi
Tel. 03 71/42 13 91
Fax 42 13 13

Orte in der Umgebung von Mailand

E2 Monza

Die heutige Industriestadt (125 000 Einwohner), die immer mehr hinter Mailand zu verschwinden droht, war zur Zeit der Langobarden eine der Hauptstädte Italiens. Später spielte Monza als bevorzugter Residenzort der österreichischen Statthalter in der Lombardei eine Rolle. Die Villa Reale wurde von Giuseppe Piermarini um 1780 für Erzherzog Ferdinand errichtet. Die dazugehörende Pinakothek lombardischer Meister ist leider seit Jahren geschlossen. Dafür ist die großartige, riesige Parkanlage (800 ha) zugänglich, ein beliebtes Ausflugsziel für die Mailänder (mit Fahrradverleih). Der Park der Villa Reale umfaßt neben Golf- und Poloplätzen ein Reitstadion und die bekannte Autorennbahn (Autodrom), die – solange es keine Rennen, Trainings- und Testfahrten verhindern – öffentlich zugänglich ist.

Sehenswertes
Basilika S. Giovanni Battista
Piazza Duomo
20052 Monza (Mi)
Tgl. 9–12, 15–18 Uhr
Museo del Tesoro (Domschatz)
tgl. 9–12, 15–17.30 Uhr, So, Mo geschl.
Eintritt 5000 Lit.
Der Dom Monzas wurde in romanischen und gotischen Formen seit dem 13. Jh. errichtet. Auf dem Hauptaltar wird die berühmte »eiserne Krone« der Langobarden (angeblich aus einem Nagel des Kreuzes Christi geformter Reif) aufbewahrt, die mit Gold verkleidet und mit Edelsteinen bedeckt ist. Damit wurden bis zur Zeit Napoleons die italienischen Könige gekrönt. Links vom Altar im Nordchor die Kapelle der Königin Theodolinde – welche die arianisch-gläubigen Langobarden zum Katholizismus führte – mit einem Freskenzyklus der Gebrüder Zavatteri aus dem Jahr 1444. Der Domschatz bewahrt großartige Zeugnisse (Schmuckarbeiten, Evangeliare) aus der Langobardenzeit.

Einkaufen
Casa del Formaggio di Mantovani & Marconi
Via Italia 19
20052 Monza (MI)
Mo vormittags und im Aug. geschl.
Wer sich für Käse interessiert, vom Castelmagno bis zum Mozzarella aus Eboli, findet hier einen wahren Gourmet-Tempel!
Elkay Fashions
Via Sgambati 26
20052 Monza (MI)
Mo-Sa 9–12.30, 14–19 Uhr
Hier gibt es Cashmere zu erschwinglichen Preisen direkt von der Fabrik.

Allgemeine Informationen
Auskunft:
Pro Monza
Piazza Carducci
20052 Monza (Mi)
Tel. 039/32 32 22
Autodrom
Villa Reale

Der mittelalterliche Skulpturenhof der Universität von Pavia – ein kunsthistorischer Juwel

Tel. 039/2 48 21
Tgl. 13.30–17.30 Uhr
Eintritt 50 000 Lit. für jede halbe Stunde

E3 **Pavia**

Die südlichste Provinzhauptstadt (85 000 Einwohner) der Lombardei kann auf eine lange Geschichte zurückblicken. In günstiger Lage, kurz vor der Ticino-Mündung in den Po, entwickelte sich die römische Stadt »Ticinum«, die später während der Völkerwanderung zunächst Residenzstadt der Ostgoten und dann zusammen mit Monza Hauptstadt der Langobarden wurde. In der stolzen Freistadt entstanden im Mittelalter romanische Hauptwerke der Architektur wie die Basilika S. Michele (ursprünglich eine langobardische Gründung) und die Kirche S. Pietro in Ciel d'Oro (1132 geweiht). In S. Pietro werden in einem gotischen Reliquiar die Gebeine des Hl. Augustin aufbewahrt, des großen Kirchenlehrers des Frühchristentums. Aus mittelalterlicher Zeit stammen das alte Rathaus (Broletto) an der Piazza della Vittoria sowie die Geschlechtertürme an der Piazza Leonardo da Vinci, Via Porta und an der Piazza Borromeo. Die folgende Herrschaft der Visconti (seit 1359) drückt sich durch das Kastell am nördlichen Rand des heutigen Stadtkerns aus. Etwa zur gleichen Zeit wie das Castello Visconteo entstand die überdachte Brücke (Ponte Coperto) über den Ticino, die nach schwerer Zerstörung 1951 wiederaufgebaut wurde. Eine mittelalterliche Gründung ist auch die Universität, die unter den Habsburgern im 18. und 19. Jh. stark gefördert und ausgebaut wurde. Sie hat sehr schöne Innenhöfe. Der landschaftlich reizvolle Weg in den südlichen Teil der Provinz führt über die Ponte della Becca, unter der Po und Ticino zusammenfließen. Jenseits des Po erheben sich die Apenninausläufer des Oltrepò: eine Hügellandschaft mit vielen Weinbergen, die sich bis zu 1200 m Höhe am Penice-Paß aufschwingt.

Sehenswertes
Certosa di Pavia M
27012 Certosa (PV)
Mai–Juli 9–11.30, 14.30 bis 18 Uhr Uhr, Nov.–Feb. 9–11.30, 14.30–16.30, März, April, Sept. und Okt. 9–11.30, 14.30 bis 17 Uhr, Mo geschl.
Der Herzog von Mailand und Graf von Pavia, Gian Galeazzo Visconti, stiftete hier 1390 ein Kartäuser-Kloster, das die Grablege seiner Dynastie aufnehmen sollte. Erst 100 Jahre später konnte die Kirche Madonna delle Grazie eingeweiht werden. An der Marmorfassade (von Giovanni Antonino Amadeo u. a.) wurde bis ins 17. Jh. hinein gebaut. Sie erzählt in immer neuen Varianten den Triumph des Christentums über die heidnische Welt. Im Inneren der Kirche herrscht der Eindruck des Monumentalen vor, unter den Gemälden beeindruckt in der zweiten Kapelle von links das Altarbild des Perugino (»Gottvater«, 1499). Etwas verloren stehen die beiden Grabmäler für Lodovico il Moro und Beatrice d'Este, die Cristoforo Solari 1497 schuf, im nördlichen Querhaus. Ursprünglich waren sie für Sta. Maria delle Grazie in Mailand geschaffen worden. Doch hier sind sie im wahrsten Sinne des Wortes zum Greifen nahe, und die schöne Darstellung der Beatrice läßt uns die Chroniken verstehen, die den frühen Tod der anmutigen und beliebten Herzogin im Alter von 22 Jahren beweinen. Südlich der Kirche

> Der gute Tip M:
> **Certosa di Pavia**
> Eine majestätische Klosteranlage der Renaissance, die sich die Familie Visconti als Familienruhestätte geschaffen hatte.

schließen der malerische Kleine Kreuzgang sowie der Große Kreuzgang an, von dem aus man einige Zellen der Kartäusermönche besichtigen kann.

Hotel
Agriturismo Castello di Stefanago
loc. Stefanago
27040 Fortunago (PV)
Tel. 03 83/87 52 27
Fax 87 54 13
5 Zimmer
3. Kategorie (Æ, EC, Visa)

Weingut in einer Burganlage des Oltrepò (rund 30 km von Pavia entfernt) mit Sport- und Reitmöglichkeiten.
Excelsior
Pza. Stazione 25
27100 Pavia
Tel. 02 82/2 85 96, Fax 2 60 30
20 Zimmer
2./3. Kategorie (Æ, DC, EC, Visa)
Preiswertes und sauberes Hotel in Bahnhofsnähe; drei Zimmer sind behindertengerecht.

Museum
Musei Civici
Pza. Castello
27100 Pavia
Tgl. 9–13.30 (So nur bis 13) Uhr, Mo geschl.
Eintritt 5000 Lit.
Reiche Museumsanlage mit einer archäologischen Abteilung, einer Skulpturensammlung, vor allem aber mit der Pinacoteca Malaspina (Werke u. a. von Correggio, Foppa, Bergognone, Moretto).

Essen und Trinken
Locanda Vecchia Pavia
Via Cardinal Riboldi
Tel. 30 41 32
27100 Pavia
Mo, Mi mittags und im Aug. geschl.
Luxuskategorie (Æ, DC, EC, Visa)
Die Locanda befindet sich derzeit noch neben dem Dom (ein Umzug in eine Villa ist geplant). Sie ist das beste Restaurant der Stadt und der Umgegend. Das beginnt schon mit der Leberpastete von Mortara-Gänsen...

Allgemeine Informationen
Auskunft:
APT
Via F. Filzi 2
27100 Pavia
Tel. 03 82/2 72 38, Fax 3 22 21

Vigevano D3
Die am Rande des Reisanbaugebietes gelegene Stadt (65 000 Einwohner) bietet mit der Piazza Ducale einen der schönsten Plätze Italiens. Im 15. und 16. Jh., als Vigevano zum Herzogtum Mailand gehörte, wurde auch das angrenzende Castello ausgebaut. Einen Besuch lohnt die gotische Kirche S. Pietro Martire (ab 1363) mit zwei Kreuzgängen aus dem 15. Jh. In und um Vigevano hat sich traditionell mittelständische Schuhindustrie angesiedelt. Mehrere Fabriken mit Verkaufsräumen findet man an der Straße Richtung Mailand oder Mortara. Hinter Mortara sollte man den Weg nach Lomello durch das Reisanbaugebiet nehmen, wo neben der beachtenswerten romanischen Kirche S. Maria Maggiore (11. Jh.) die frühchristliche Taufkapelle S. Giovanni ad Fontes aus dem 5. Jh. steht. Auf der anderen Seite des Ticino-Flusses kommt man Richtung Mailand zur Zisterzienserabtei Morimondo und nach Abbiategrasso am Naviglio Grande mit der Renaissancekirche S. Maria Nuova (Säulenarkade an der Fassade

Orte in der Umgebung von Mailand
Novara und der Lago Maggiore

von Bramante 1497) und der typischen Visconti-Burg, die z. Zt. restauriert wird. Am Ticino-Fluß, in dem stellenweise noch gebadet werden kann, erstreckt sich bis zum Lago Maggiore ein Naturschutzgebiet, das sich für Radtouren anbietet (→ Routen und Touren, Mit dem Fahrrad durch den Ticino-Park).

Museum
Museo della Calzatura
Palazzo Crispi
Corso Cavour 82
27029 Vigevano (PV)
So 10.30–12.30, 15–18 Uhr
Eintritt 2500 Lit.
Originelles Schuhmuseum mit einer Sammlung von Exponaten aus aller Welt – und allen Zeiten!

Essen und Trinken
Antica Osteria del Ponte
Pza. G. Neri
Cassinetta di Lugagnano (MI)
Tel. 02/9420034
So und Mo sowie im Aug. geschl.
Luxuskategorie (Æ, DC, EC, Visa)
Hier genießt man, fragt aber nicht nach dem Preis: Hier kocht nämlich die Familie Santin (unbedingt reservieren). Der Name bürgt nämlich für allerbeste Qualität!
Trattoria La Fratellanza
Pza. Vittorio Veneto
20083 San Vito di Gaggiano (MI)
Tel. 02/9085287
Di und im Aug. geschl.
2. Kategorie (Æ, Visa)
Angenehmes Landgasthaus mit guter Küche; bei schönem Wetter kann man auch im Freien sitzen.

Einkaufen
Corte dell'Oca
Macelleria Palestro
Via Sforza Polissena 27
27036 Mortara
Mo und zwei Wochen im Juli geschl.
Den Metzger, der die berühmten Mortara-Mastgänse schlachtet, nennen die Kunden nur »Maestro«. Er verpackt seine Produkte auch luftdicht in Folien für den Transport.
Magazzini TOP-Calzature
SS. Vigevanese 20
20080 Ozzero (MI)
Mo–Sa 9–12.30, 15 bis 19.30 Uhr
Riesige Verkaufshalle für Schuhe, es wird auch Markenware angeboten.

Allgemeine Informationen
Auskunft:
Pro Loco im Rathaus
Corso Vittorio Emanuele 29
27029 Vigevano (PV)
Tel. 9381/299282, Fax 71101

Novara und der Lago Maggiore D3

In diesem Ort geht es zu wie in einem Taubenschlag, jeder scheint hier immer geschäftig. Die zweitgrößte Stadt Piemonts mit heute knapp über 100 000 Einwohnern hat dabei eine alte Geschichte: Novara ist eine keltische Gründung in der Ebene zwischen den Flüssen Ticino und Sesia. Caesar gab dem Ort römi-

Mediterrane Landschaft am Lago Maggiore Lago Maggiore, das bedeutet »der größte See«. Dabei gibt es in Oberitalien noch einen größeren, den Gardasee. Aber mit einer Oberfläche von 212 km^2, einer Breite von 2 bis 4 km (in der Borromeobucht sogar 12 km) und einer Ausdehnung von 65 km ist der Verbano – so die Bezeichnung nach dem antiken Lacus Verbanus – der längste der oberitalienischen Seen. Und trägt seinen deutschen Namen, den fast keiner kennt, zu recht: Langensee. Er wird vom Ticino-Fluß gespeist, der bei Magadino in den See mündet und bei Sesto Calende wieder austritt. Der Verbano ist über Wasserwege mit dem Ortasee (Toce-Fluß) und dem Luganer See (Stresa-Fluß) verbunden. Das liebliche Westufer gehört größtenteils zur Region Piemont, das Ostufer zur Lombardei, während die Nordspitze bereits ins Schweizer Tessin reicht. Die Schweiz bekam dieses Gebiet im 16. Jh. vom französischen König im Tausch gegen das Versprechen geschenkt, sich nicht weiter in die norditalienischen Händel der damaligen Großmächte einzumischen. Diese Grenzlage hat den Landstrich jahrhundertelang interessant gemacht für Schmuggler aller Art – und für jenen Menschenschlag, der gern von Schmuggelabenteuern in den Weinstuben erzählt. Der Komiker und Theaterautor Dario

sches Stadtrecht. Die belebten Einkaufsstraßen Cso. Italia/Cavallotti und Cso. Cavour (auch Fußgängerzone) entsprechen in ihrem Verlauf dem antiken Decumanus bzw. dem Cardo Maximus. Mehr als die römische Geschichte spürt man aber im hübschen Zentrum den Einfluß des nahen, nur 50 km entfernten Mailand, mit dem Novara oft verbündet gewesen war – so auch in der lombardischen Liga, die 1167 Kaiser Barbarossa in der Schlacht bei Legnano (Luftlinie 20 km) geschlagen hatte. Schöne Häuser aus dem 15. und 16. Jh. findet man in der Via Cannobio. Piemont-Savoyen übernahm die Stadt erst im Zuge der Neuordnung Europas nach den Spanischen Erbfolgekriegen im 18. Jh. Novara hatte bis dahin (im andauernden Konflikt mit der Nachbarstadt Vercelli) den Zugang zur Lombardei bis hinauf zum Ortasee und zum westlichen Teil des Lago Maggiore kontrolliert. Der gehörte auch noch bis vor kurzem zusammen mit dem Ossola-Tal zur eigenen Provinz.

Bei der letzten Gebietsreform ist dann 1994 die neue Provinz Verbania-Ossola (Hauptort Verbania) eingerichtet worden.

Hotels

Italia
Via P. Solaroli 10
28100 Novara
Tel. 03 21/39 93 16, Fax 39 93 10
62 Zimmer

Fo, der vom Lago Maggiore stammt, lauschte als Junge diesen Erzählungen und entwickelte daraus den narrativen Stil seines Volkstheaters. Nach außen hin aber machen die Seeufer eher einen hochherrschaftlichen Eindruck. Das milde Klima, vor allem auf dem geschützten Westufer, hat eine mediterran anmutende Landschaft entstehen lassen mit Zitronenbäumen, Oliven und Palmen. Hier liegen die weltberühmten Kurorte Arona oder Stresa mit den Borromäischen Inseln. Villen und Parkanlagen laden zur Besichtigung, ein eigener Autobahnanschluß knüpft den Lago Maggiore an das Straßennetz rund um Mailand. Auf dem See verbinden Motor- und Tragflügelboote die einzelnen Orte. Die Autofähre zwischen Intra und Laveno kostet (hin und zurück) für Motorräder 15 000 Lit., PKW bis 3,50 m Länge 15 300 und bis 4,50 m Länge 20 700 Lit. (jeweils einschließlich Fahrer). Für eine Tageskarte von Stresa nach Intra muß man 22 000 Lit. pro Kopf bezahlen. Die Preise für Fahrten in die Schweiz liegen bei 28 000 Lit. hin und zurück. Man lasse sich bei den APT oder den Informationsbüros Pläne für touristische Rundgänge in deutscher Sprache geben. Der Lago Maggiore gehört auch als Musterbeispiel touristischer Infrastruktur zu den Höhepunkten Norditaliens.

1./2. Kategorie (Æ, DC, EC, Visa)
Das gediegene Haus der Best-Western-Gruppe kann sich auf eine über 100jährige Tradition berufen; es ist zentral gelegen.
Parmigiano
Via dei Cattaneo 4
28100 Novara
Tel. 0321/62 32 31, Fax 62 05 00
43 Zimmer
2./3. Kategorie (Æ, DC, EC, Visa)
Ein Haus mit familiärer Atmosphäre, in der Nähe von S. Gaudenzio gelegen; tierfreundlich.

Sehenswertes

Broletto
Pza. della Repubblica
Alte Rathausanlage: Von den Laubengängen der Piazza hat man Zugang zu einem weiten Hof, an dem mehrere mittelalterliche Gebäude der Stadtregierung liegen Von hier auch Zugang zum Stadtmuseum.
Castello
Pza. Martiri della Libertà
Der Bau, der heute weitgehend als Ruine erscheint, spiegelt die wechselvolle Geschichte von Novara wider. Er entstand auf einem langobardischen Castrum zunächst als Familienburg gegen die Visconti, wurde dann zerstört und ab 1468 im Auftrag der Sforza als eine Art Stadtburg in die Befestigungsanlage einbezogen.
Dom S. Maria Assunta M
Pza. della Repubblica
Tgl. 7.30–12, 15–18.30 Uhr

Der gute Tip 🅜:
Dom S. Maria Assunta, S. 165
Im Dom von Novara geht der neoklassizistische Hauptbau eine faszinierende Symbiose mit der romanischen Vorgängerkirche ein.

Die beeindruckende Kirche in neoklassizistischen Formen wurde von Antonio Antonelli ab 1869 gebaut. Von einem romanischen Vorgängerbau sind nur der untere Teil des Glockenturms und Teile des Kreuzganges erhalten. Im Inneren kann man aber Reste des romanischen Fußbodens mit schwarzen Medaillons auf weißem Grund im Chor sehen, außerdem Fresken in der Cappella S. Siro neben der Sakristei. Am zweiten Altar rechts das Gemälde »Verlobung der Hl. Katharina« von Gaudenzio Ferrari (um 1525). Unter dem vierteiligen Portikus befindet sich der Eingang zum Baptisterium, einem frühchristlichen Bauwerk aus dem 5. Jh., das in romanischer Zeit aufgestockt worden war. Bei Restaurierungen sind im oberen Teil der Mauern eine Reihe wertvoller Fresken mit Szenen der Apokalypse entdeckt worden, die wahrscheinlich aus dem späten 10. Jh. stammen.

S. Gaudenzio
Via Pier Lombardi
Tgl. 8–12, 15–18.30 Uhr
Der frühbarocke Backsteinbau wurde in Kreuzform ab 1577 nach Plänen des Baumeisters Pellegrino Tibaldi zu Ehren des Stadtpatrons errichtet. Er wird von der insgesamt 121 m hohen schlanken Kuppel gekrönt, die Antonio Antonelli ab 1844 aufsetzte und damit ein Gegenstück zu seiner Turiner Arbeit an der Mole Antonelliana schuf. Die Kuppel von S. Gaudenzio gilt heute als Wahrzeichen von Novara. Im Inneren in der zweiten Kapelle links ein Flügelaltar von Gaudenzio Ferrari (1516).

Museen

Museo Novarese di Arte e Storia
Palazzo del Broletto
Via F.lli Rosselli 20
28100 Novara
Tgl. 10–13, 16–19 Uhr (im Winterhalbjahr 9–12 und 15–18 Uhr), Mo geschl.
Eintritt 2000 Lit.
Zu sehen sind archäologische Fundstücke der Golasecca-Kultur, Waffen und Objekte vom 14.–18. Jh., außerdem herrliche langobardische Grabbeigaben. Die kleine Abteilung von Kunst aus dem 19. Jh. wird z. Zt. gerade neu geordnet.

Museo di Storia Naturale ed Etnografico
Palazzo Faraggiana
Via G. Gerrari 13
28100 Novara
Z. Zt. geschl., mit einer Wiedereröffnung wird Anfang 1998 gerechnet.
Faszinierende Sammlung ausgestopfter Tiere (300 Säugetiere, 640 Vögel, 130 Reptilien und Fische) aus aller Welt.

Novara und der Lago Maggiore

Essen und Trinken

Ristorante I Due Ladroni
Via dell'Archivio 1
28100 Novara
Tel. 0321/624581
Sa mittags und So geschl.
2. Kategorie (Æ, DC, EC, Visa)
Im Zentrum gelegen, mit typisch lokaler Küche: z. B. *tapulone* (Pferdefleisch); große Weinauswahl.

Trattoria La Noce
Cso. Vercelli 1
28100 Novara
Tel. 0321/452378
Do und Mitte Aug. geschl.
2./3. Kategorie
Hier gibt es typische Hausmannskost zu verführerischen Preisen.

Einkaufen

Dreimal im Jahr findet der große Markt (mit Volksfest) »Fiera di Novara« statt: im März vom ersten Mo bis zum folgenden Sa, im Aug. vom zweiten Mo bis zum folgenden Sa, und im Nov. in der Woche, in die der 11. Tag fällt.

Infil Maglieria
Via S. Caterina 5
28100 Novara
Mo 15–19, Di–Fr 9–12, 15–19 Uhr, Sa 9–12 Uhr
Intimwäsche, Herrenhemden, Jogginganzüge etc. stark reduziert. Der Firmenverkauf liegt außerhalb, von der Autobahnausfahrt Novara Richtung Oleggio und gleich wieder links den Firmenschildern folgen.

Allgemeine Informationen

Auskunft
APT di Novara
Via Dominioni 4
Tel. 0321/623398
Fax 393291

Bahnhof und Busse
Stazione FS
Ple. Garibaldi 2
28100 Novara
Tel. 0321/628282
Hier befindet sich die IC-Station; Abfahrt der Züge in Richtung Turin bzw. Mailand. Vor dem Bahnhof fahren auch die Busse in Richtung Arona und Lago Maggiore ab.

Medizinische Hilfe
Man wende sich in Notfällen an den ambulanten Dienst *(pronto soccorso)* des städtischen Krankenhauses.
Ospedale Maggiore della Carità
Cso. Mazzini 18
Tel. 0321/3731
Apotheken gibt es überall im Zentrum, zum Beispiel:
Farmacia Mornese
Cso. Cavour 7

Polizei
Questura
Pza. del Popolo 2
Tel. 0321/3881
Vigili Urbani
Via Generali 23
Tel. 0321/465222

Post
Posta Centrale P.T.
Largo Costituente 4

Orte in der Umgebung

D2 Arona
Das Städtchen ist mit 16 000 Einwohnern das Wirtschaftszentrum des südlichen Lago Maggiore und zugleich Anziehungspunkt für den Tourismus wegen der schönen Uferpromenade (Blick auf Angera). Im unteren Stadtteil findet man den Palazzo del Podestà (hier residierten die von den Borromei eingesetzten Bürgermeister) aus der Wende der Spätgotik zur Renaissance. Einen Blick lohnen die Kirchen Santi Martiri (Gemälde des Bergognone in der Apsis, 15. Jh.) und S. Maria (Altarschrein von Gaudenzio Ferrari, 16. Jh.) im oberen Stadtteil.
An der Straße nach Dagnente steht etwa 2 km außerhalb die Kolossalstatue des Heiligen Carlo Borromeo.

Sehenswertes
Statue S. Carlone
Via Dagnente
28014 Arona (VB)
Tgl. 8–12, 14–18 (im Sommer 19) Uhr, im Nov. geschl.; sowie Dez.–April am Mi
Eintritt 4000 Lit.
Die Statue, die hier nur S. Carlone genannt wird (»Heiliger Riesenkarl« ist 23,4 m hoch und aus Kupfer gegossen, während Kopf und Hände aus Bronze gefertigt wurden. Sie wurde im Jahr 1697 über Kardinal Federigo Borromeo in Auftrag gegeben. Im Kopf, der über eine innere Wendeltreppe zu erreichen ist, haben sechs Personen Platz (gute Aussicht).

Allgemeine Informationen
Auskunft:
IAT di Arona
Ple. Duca d'Aosta
28014 Arona (VB)
Tel. 03 22/24 36 01

Cannobio D
Malerisch am oberen Teil des Westufers gelegen ist Cannobio (5000 Einwohner) der letzte italienische Ort vor der Grenze zur Schweiz. Im Zentrum steht der frühgotische Quaderbau des Palazzo della Ragione (Rathaus aus dem 13. Jh.) mit einem Wehrturm, der jetzt den Campanile der Pfarrkirche bildet. Am Sonntag findet ein großer Markt statt. Einen Spaziergang lohnt der S.-Anna-Abgrund (vom Cannobino-Fluß gegrabene Schlucht) knapp 3 km nach Westen.

Allgemeine Informationen
Auskunft:
IAT di Cannobio
Viale Vittorio Veneto 4
28052 Cannobio (VB)
Tel. 03 23/7 12 12

Laveno und das südliche Ufer des Lago Maggiore D
Laveno, der Hauptort des südöstlichen lombardischen Ufers des Lago Maggiore mit 9000 Einwohnern ist wegen seiner schönen Lage mit Blick auf das mittlere Becken bekannt. Man findet hier traditionell Keramikfabriken und im Nachbarort

Novara und der Lago Maggiore
Orte in der Umgebung

Cerro eine Töpfersammlung (*civica raccolta di terraglia*). Von Laveno aus besteht eine Fährverbindung mit Intra an dem piemontesischen Ufer. Man kann von Laveno auch direkt mit dem Schiff die Borromäischen Inseln erreichen. Eine Seilbahn führt auf den knapp 1000 m hohen Sasso di Ferro, der einen der schönsten Blicke über den Lago Maggiore bietet. Über Cittiglio erreicht man die Valcuvia und das Dorf Arcumegnia, dessen Hausfassaden größtenteils von modernen Malern mit Wandbildern geschmückt sind.
Südlich von Laveno führt die Uferstraße vorbei an der romanischen Wallfahrtskirche Sta. Caterina del Sasso nach Angera. Hier kann man die mächtige Visconti-Burg besichtigen, die man bereits von Arona aus hat

Von Arona aus hat man einen atemberaubenden Blick über den Lago Maggiore

liegen sehen. Am Ende des Lago Maggiore erreicht man schließlich Sesto Calende mit seinem archäologischen Museum und der Abtei von S. Donato, um 870 gegründet. In der Nähe von Sesto Calende (etwa 4 km Richtung Süden) liegt am linken Ufer des Ticino das Dorf Golasecca, das der Eisenzeitkultur (9. bis 6. Jh. v.Chr.) seinen Namen gegeben hat, inmitten eines Ausgrabungsgebietes. Die wenigsten Gräber sind allerdings zugänglich.

Hotel
Hotel Moderno
Vle. Garibaldi 15
21014 Laveno (VA)

Unterwegs im Piemont, in Ligurien und in der Lombardei

Der Hafen von Laveno lädt schon einmal zu einem Plauderstündchen ein

Tel. 0332/668373
Fax 666175
14 Zimmer
Jan. und Feb. geschl.
2. Kategorie (DC, EC, Visa)
Am See nahe Fähranleger gelegen, zum Ausruhen geeignet, tierfreundlich.

Museen
Civica Raccolta di Terraglia
Via Perabò 5
loc. Cerro
21014 Laveno (VA)
Di–Do 14.30–17.30, Fr–So 10–12, 14.30–17.30 Uhr, Mo geschl.
Eintritt 2500 Lit.
Man kann hier Keramiken und wunderschöne Jugendstilvasen besichtigen.

Museo Civico Archeologico
Piazza Mazzini
21018 Sesto Calende (VA)
Mo, Mi, Fr 9–12.30, Di, Do 9–12, 14–18 Uhr, Sa 17–19, So 10–12, 16–19 Uhr (im Winter Fr geschl.)
Eintritt 4000 Lit.
Archäologische Funde der Golasecca-Kultur; außerdem: Rekonstruktion von Gräbern im Hof des Museums.
Rocca Borromeo di Angera
21021 Angera (VA)
27. März–31. Okt. tägl. 9.30 bis 12.30, 14–18 Uhr (im Juli/Aug. nachmittags 15–19 Uhr)
Eintritt 10000 Lit.
Eine von den Visconti im 14. Jh. ausgebaute mittelalterliche Burganlage, die seit dem 15. Jh. im Besitz der Borromeo ist; darin befindet sich u. a. ein Puppenmuseum.

Orte in der Umgebung von Novara und dem Lago Maggiore

Essen und Trinken
Holly Drink
Via Zutti 3
21018 Sesto Calende (VA)
Tel. 03 31/92 06 10
So und im Aug. geschl.
3. Kategorie
Gemütliches, einfaches Weinlokal, das kleine appetitliche Speisen anbietet!

Allgemeine Informationen
Auskunft:
IAT di Laveno
Municipio
21014 Laveno-Mombello (VA)
Tel. 03 32/66 80 10
Pro Loco Angera
Pza. Garibaldi 19
21021 Angera (VA)
Tel. 03 31/96 02 07
Pro Loco Sesto
Viale Italia 3
21018 Sesto Calende (VA)
Tel. 03 31/92 33 29

Luino
Der größte Ort des Ostufers (16 000 Einwohner) an der Mündung des Tresa-Flusses gilt als Heimatstadt des lombardischen Renaissancemalers Bernardino Luini (1490–1532), aus dessen Werkstatt die Fresken in der Kirche Madonna del Carmine stammen.
Größter Anziehungspunkt aber ist der Markt, der jeden Mittwoch abgehalten wird und unter den Besuchern des Verbano sehr beliebt ist. Er geht auf einen Erlaß von Kaiser Karl V. zurück, der 1541 Luino das Marktrecht verliehen hatte.

Allgemeine Informationen
Auskunft:
IAT di Luino
Via Piero Chiara 1
21016 Luino (VA)
Tel. 03 32/53 00 19

Oleggio   D2
Kleiner Ort mit 11 000 Einwohnern zwischen Novara und dem Lago Maggiore mit einem romanischen Uhrenturm und der Friedhofskirche S. Michele aus dem 11. Jh. Der Ort wurde von den Römern gegründet, seiner Geschichte kommt man in dem landeskundlichen Museum auf die Spur.

Museum
Museo Civico Etnografico
Via della Chiesa 3
28047 Oleggio (NO)
Jan.–Juli Sa, So 15–18 Uhr,
Sept.–Dez. So 15–18 Uhr, im Aug. geschl.
Eintritt frei
Ausgrabungsfunde und landeskundliches Material über die Gebiete südlich des Lago Maggiore.

Essen und Trinken

> Der gute Tip 🅼:
> **Osteria Il Gatto e La Volpe**
> Typische lokale Küche aus der Ebene bei Novara mit französischen Weinen – das geht zusammen!

Osteria Il Gatto e La Volpe 🅼
Via Nebulina 43
Tel. 03 21/99 82 56
28047 Oleggio (NO)

So und 10 Tage im Sept. geschl.
2./3. Kategorie (EC, Visa)
Vor allem wegen dieser typischen Osteria lohnt der Halt in Oleggio. Reiche Vorspeisen *(vitello tonnato* oder *torta di formaggio),* dann hausgemachte *agnolotti,* und wer mag, *ganassa* (Kalbsschnauze) als Hauptgericht. Die Weine sind fein, sie kommen allerdings nicht nur aus Italien: der Patron Daniele hat eine Vorliebe für Franzosen aus dem Médoc. Das Überraschende: Sie passen wunderbar in diese Landschaft und an diese Tische. Vorsicht: Die Osteria wird demnächst umziehen; bitte Hinweisschilder beachten. Übrigens kann man ganz in der Nähe, im Ort Momo, bei der Riseria Bovio besten Reis *(carnaroli, arborio)* aus eigener Ernte kaufen.

Kinder
Zoo Safari
Km 32,4 Strada Statale 32
28050 Pombia (NO)
Tgl. 10–17 (So bis 18) Uhr
Eintritt 25 000 Lit.
Mit dem Auto kann man hier durch einen kleinen Safaripark mit Löwen, Giraffen und Tigern fahren.

D2 **Ortasee**
Die Geschichte des Tourismus hat das 18 km² große, höchstens 1,5 km breite Gewässer, neben dem großen Nachbarn Maggiore (fast) vergessen. So zeigt der Lago di Orta (den die Antike Cùsio nannte) noch die Ursprünglichkeit, die allen oberitalienischen Seen gleich gewesen war: bewaldete Ufer, kleine Dörfer. Längs des Lago Maggiore, der Laghi di Lugano, Como etc. haben dagegen Herrenhäuser und künstliche Anpflanzungen mediterraner Gewächse wie Palmen und Zypressen eine wunderschöne, aber eigentlich ortsfremde Garten- und Villenlandschaft entstehen lassen. Alle Seen haben ökologische Probleme. Den kleinen und relativ flachen Lago di Orta, der an seiner tiefsten Stelle »nur« 143 m mißt, hat es besonders schwer getroffen, nachdem ihn eine Kunstseidefabrik in Gozzano jahrzehntelang als Abwasserbecken benutzte. Jetzt aber experimentiert die italienische Forschung mit Methoden, um »gekippte« Gewässer wieder lebensfähig zu machen. Wie es aussieht, stehen die Chancen für den Cùsio, den westlichsten der Voralpenseen, nicht schlecht. Anziehungspunkte sind neben dem malerischen Orta S. Giulio und seiner Insel die »heiligen Berge« (Sacro Monte) am See und bei Varallo. Herrliche Wanderungen und Spaziergänge kann man am Monte Mattarone (der den Orta vom Lago Maggiore trennt) oder südwestlich bei Madonna del Sasso unternehmen.

Hotel
Hotel Leon d'Oro
Pza. Motta
2816 Orta S. Giulio (VB)
Tel. 0322/91 19 91, Fax 9 03 03
38 Zimmer
2. Kategorie (Æ, DC, EC, Visa)

Orte in der Umgebung von Novara und dem Lago Maggiore

An der Piazza gelegenes Haus mit angenehmer Atmosphäre; tierfreundlich.

Still ruht der Ortasee mit der Insel S. Giulio, die vom Bischofspalast beherrscht wird

Sehenswertes
<u>Orta S. Giulio und der Monte Sacro</u> M
Es gibt Sonntage, da sieht man vor lauter Besuchern die malerischen Gassen nicht mehr. Dann aber kommen auch Abende, an denen man auf der schönen Piazza Motta allein ist, während im See die Insel S. Giulio geheimnisvoll leuchtet... Im Mittelalter lag dieses Orta (der Namen kommt vom lat. hortus, der Garten) am zentralen Weg zum Simplon-Paß und war eine wichtige Station. Es herrschten nach den Langobarden für fast neun Jahrhunderte die Bischöfe von Novara; erst spät, im Jahr 1817, übernahmen die Savoyer auch hier die politische Kontrolle. Der Ort mit 1200 Einwohnern ist wegen seiner Häuser aus der Spätrenaissance und dem Barock sehenswert; an der Piazza steht der Palazzo della Comunità aus dem Jahr 1582. Auf der Insel S. Giulio, die von dem großen Bischofspalast beherrscht wird, lohnt ein Besuch der

> Der gute Tip M:
> **Orta S. Giulio und der Monte Sacro**
> Ein malerischer Ort am malerischen See – nur manchmal wollen zuviel Besucher gleichzeitig an der Schönheit teilhaben.

gleichnamigen Kirche, die angeblich von dem hl. Julius um 390 als Apostelkirche begründet wurde. Im Inneren der romanischen Basilika eine Kanzel aus schwarzem Marmor, die vermutlich um das Jahr 1000 entstanden ist.

Zur Insel fahren von der Piazza alle 20 Min. kleine Boote (hin und zurück 4000 Lit.). Jeden Mittwoch hält Orta einen bunten Markt ab – und zwischen April und Okt. jeden 1. Samstag im Monat einen Antiquitätenmarkt. Etwas außerhalb von Orta S. Giulio liegt der Sacro Monte, der in Konkurrenz zu Varallo seit 1583 angelegt wurde. 20 (der 50 geplanten) Kapellen mit 376 Figuren und 900 Fresken zeugen vom gegenreformatorischen Eifer. Die der Geschichte des Hl. Franziskus von Assisi gewidmete Anlage ist eine der wichtigsten ihrer Art.

Allgemeine Informationen
Auskunft:
APT del Lago di Orta
Via Olina 9/11
28016 Orta S. Giulio (VB)
Tel. 0322/911937
Fax 905678
Im Sommer hat auch ein Auskunftsbüro an der Strada Panoramica geöffnet (Tel. 905614).

D1/**Schweizer Ufer**

D2 Das Ufer des Kantons Tessin wird durch die beiden Ortschaften Ascona und Locarno bestimmt. Während Ascona etwas vom Charme einer Künstlerkolonie hat (zahlreiche Kunstgewerbeläden, eine deutsche Bücherei, das Theater und das Museum auf dem Monte Verità tragen dazu bei), ist Locarno mit seinen großen Festspielen (z. B. die Filmfestspiele) unbestritten das touristische Zentrum des Tessins. Ruhiger geht es hinter den beiden Orten in den Tälern der Maggia und der Verzasca zu, die herrliche Wandermöglichkeiten bieten. Über die Centovalli besteht eine Straßen-/Zugverbindung nach Domodossola.

Allgemeine Informationen
Auskunft:
Ente Turistico Ascona e Losone
Casa Serodine
CH 6612 Ascona
Tel. 093/7910090
Fax 7921000
Ente Turistico di Locarno e Valli
Largo Zorzi
CH 6601 Locarno
Tel. 093/093/7510333
Fax 7519071

Stresa D2

Das Zentrum des Fremdenverkehrs am Lago Maggiore ist mit seinen 5000 Einwohnern relativ klein; dafür ist sein internationaler Ruf um so größer, wie sich an den prächtigen Hotelbauten und den ebenso prächtigen Preisen ablesen läßt. Dennoch kommt man um Stresa eigentlich nicht herum. Da sind zum Beispiel die internationalen Musikwochen (Ende Aug.–Ende Sept.), da ist der herrliche Lungolago mit sei-

Orte in der Umgebung von Novara und dem Lago Maggiore

Das Traumschloß voller Kunst und schöner Schmuckgegenstände liegt auf der Isola Bella des Lago Maggiore

nen Villen und Gärten. Und da sind natürlich die Borromäischen Inseln, deren schönste, die Isola Bella, zum Greifen nahe liegt.

Hotel
La Fontana
Via Sempione Nord
28054 Stresa (VB)
Tel. 0323/32707, Fax 32708
19 Zimmer
Nov. geschl.
2. Kategorie (EC, Visa)
Ruhig gelegenes Haus aus den 30er Jahren. Von den oberen Stockwerken aus hat man einen wunderschönen Seeblick.

Sehenswertes
Die Borromäischen Inseln M
Isola Bella, Isola dei Pescatori und Isola Madre
27. März – 24. Okt. tgl. 9 bis 12.30, 13 – 17.30 Uhr (im Okt. nur bis 17 Uhr)
Im 17. Jh., der Blütezeit des Barock, galten die Borromäer als das mächtigste Grafengeschlecht der Lombardei, mit riesigen Besitztümern. Ausgerechnet drei kleine Inseln im Lago Maggiore sollten den Namen der Familie weltbekannt machen. Die Isola Isabella, benannt nach der – wie Zeitgenossen versichern nicht sonderlich hübschen – Ehefrau

Der gute Tip M:
Die Borromäischen Inseln
Eine unvergleichliche Theaterlandschaft mit barocker Stein- und Gartenarchitektur im See.

von Graf Carlo III. Borromeo, war ursprünglich nichts als ein unwirtlicher Felsen im Wasser von Stresa, während auf der benachbarten Fischerinsel, Isola dei Pescatori, schon seit längerer Zeit Menschen siedelten (Pfarrkirche aus dem 11. Jh.). Aus dem nichtssagenden Felsen schuf der Architekt Angelo Crivelli dann bis 1670 dieses prächtige Gesamtkunstwerk: eine üppige Parkanlage mit Palast, die die Form eines vor Anker liegenden Schiffes nachbildet. Der Volksmund machte aus dem Namen Isabella schnell »Bella« – und schön ist dieses künstliche Ensemble aus barocker Stein- und Gartenarchitektur ohne Zweifel. Eine vollendete Theaterlandschaft mit Spiegelsälen und versteckten Räumen im Inneren, mit Grotten und Kulissen, Galerien und Treppen draußen. In der Mitte des Sees liegt etwas abseits die Isola Madre, auf der die Familie später im 18. Jh. einen etwas weniger aufwendigen Palast baute. Wem der Trubel auf der Isola Bella zu groß ist, kann hier vielleicht im botanischen Garten unter 100jährigen Bäumen Ruhe finden.

Die Inseln sind mit dem Boot zu erreichen – von Arona, Braveno, Pallanza und Laveno aus. Von Stresa aus kann man Wassertaxis benutzen.

Parco del Mottarone
Maut Auto 7000 Lit., Motorrad 4000 Lit.
Eintritt 5000 Lit.
Über Alpino erreicht man den 1400 m hohen Gipfel des Montarrone (mautpflichtige Privatstraße) im gleichnamigen Naturschutzgebiet. Man kann auch mit der Seilbahn vom Lido in Stresa zu ihm auffahren.

Villa Pallavicino
Via Nazionale del Sempione
28049 Stresa (VB)
19. März–30. Okt. tgl. 9 bis 18 Uhr
Eintritt 8000 Lit.
Wundervoller Park mit botanischem Garten und freilaufenden Tieren.

Museum
Museo dell'Ombrello
Via Golf Panorama
28040 Gignese (VB)
April–Sept. tgl. 10–12 und 15–18 Uhr, Mo, Di geschl.
Eintritt 2500 Lit.
Eine Kuriosität: Hier kann man 1500 Schirme aus der Zeit seit dem 17. Jh. bis heute besichtigen. Das Museum selbst hat die Form eines Schirmes.

Allgemeine Informationen
Auskunft:
APT del Lago Maggiore
Via P. Tomaso 30
28049 Stresa
Tel. 0323/30150
Fax 32561
Hauptinformationsbüro für die ganze Westseite des Lago Maggiore.

IAT di Stresa
28049 Stresa (NO)
Tel. 0323/31308
Informationsbüro für Stresa und Umgebung.

Orte in der Umgebung von Novara und dem Lago Maggiore

Varallo

Im Städtchen Varallo (8500 Einwohner) am Sesia-Fluß im Valgrande kann man zahlreiche Häuser in der traditionellen Bauweise (Bruchsteinmauer mit hölzernen Galerien und Steinplattendächern) sehen. Es beherbergt neben der spätgotischen Saalkirche S. Maria delle Grazie (im Inneren großartige Fresken von Gaudenzio Ferrari zur Passionsgeschichte, um 1513 gemalt) das kleine Stadtmuseum mit einer Pinakothek. Hauptanziehungspunkt von Varallo aber ist der Monte Sacro, der 1497 begonnen wurde und damit der älteste seiner Art ist. Über 40 Kapellen liegen oberhalb der Stadt mit Figurengruppen aus dem Leben Christi. Die Anlage wird von der barocken Wallfahrtskirche S. Maria Assunta (mit Terrakottagruppe der himmelfahrenden Maria), hoch oben auf einem Felsplateau gelegen, gekrönt. Ursprünglich aus spätmittelalterlicher Frömmigkeit und Jersusalemmystik begründet, wurde der Sacro Monte in der Gegenreformation erweitert und unter dem Mailänder Erzbischof Carlo Borromeo zum ideologischen Schauplatz gegen den Protestantismus geküert, der von Norden über die Berge auch das katholische Italien bedrohte. So kamen hier auch bedeutende Künstler wie Pellegrino Tibaldi und Galeazzo Alessi zum Einsatz.

Museum
Museo Calderini e Pinacoteca
Palazzo dei Musei
Via Don Maio
13019 Varallo (VC)
Juni–Sept. tgl. 10–12, 15 bis 18 Uhr
Eintritt 5000 Lit.
Die Pinakothek zeigt u. a. Fresken von Gaudenzio Ferrari (1475–1546). Die Sammlung Calderini faßt zoologische und mineralogische Fundstücke zusammen.

Essen und Trinken
Osteria del Muntisel
Via Fiume 1
13019 Varallo (VC)
Tel. 0163/52155
Mo, Di geschl., Mi–Fr nur abends geöffnet 2. Kategorie
In der Nähe von Sacro Monte gelegen. Hier gibt es phantasievolle, exzellente Küche; außerdem eine Weinstube, in der man Snacks probieren kann.

Allgemeine Informationen
Auskunft:
APT della Valsesia
Cso. Roma 38
13019 Varallo (VC)
Tel. 0163/51280
Fax 53091

Verbania

Die beiden Ortsteile Pallanza und Intra bilden zusammen die Stadt Verbania, die mit ihren 32000 Einwohnern alle anderen am See übertrifft. Sie ist der Hauptort der neu gebildeten Provinz Verbania, die die piemontesischen Gebiete am Lago Maggiore, den Lago di Orta und die nördlichen Täler um Domo-

Ein Tulpenmeer am See kann man im Frühjahr in der Villa Taranto bei Pallanza finden

dossola umfaßt. Etwas außerhalb liegt die Renaissancekirche Madonna di Campagna (romanische Gründung). Zwischen Pallanza und Intra erstreckt sich der 20 ha große Park der Giardini di Villa Taranto. Von Intra aus erreicht man mit einer Autofähre das andere Seeufer bei Laveno. Von Pallanza aus kann man einen schönen Spaziergang am Ufer entlang nach Suna mit der hübschen kleinen Kirche Santi Fabiano e Sebastiano (romanischer Glockenturm und Portikus) machen.

Sehenswertes
Villa Tarnato
28048 Verbania-Pallanza
April–Okt. tgl. 8.30 bis 18.30 Uhr
Eintritt 10 000 Lit.
Ein exzentrischer Schotte ließ sich diese Welt aus Blumen, Bäumen, Brunnen, Bächen, Tälern und Brücken unterhalb des romanischen Kirchleins S. Remigio in den 30er Jahren anlegen und vermachte sie testamentarisch nach seinem Tod 1964 dem italienischen Staat. Es sollen hier rund 20 000 Pflanzenarten wachsen, ein Teil davon ist in Italien nicht heimisch. Im April findet die Festa del Tulipano statt, bei der 80 000 Tulpen blühen.

Essen und Trinken
Osteria del Castello
Piazza Castello
28048 Verbania-Intra
Tel. 0323/51 65 79

Orte in der Umgebung von Novara und dem Lago Maggiore

Jan. und im Winter So geschl.
3. Kategorie
Traditionelle Osteria mit einfachen Speisen; meist trifft man hier gute Stimmung an, und: Man kann auch draußen sitzen.
Osteria dell'Angol
Via Garibaldi 35
28048 Verbania-Pallanza
Tel. 0323/556362
Mo geschl.
2./3. Kategorie (Æ, EC, Visa)
In der Osteria sollte man den Fisch probieren); auf der hübschen kleinen Terrasse am Lungolago schmeckt er am besten.

Allgemeine Informationen
Auskunft:
IAT di Verbania
Corso Zanitello 8
28048 Verbania-Pallanza
Tel. 0323/503249

D3 **Vercelli**
Die Stadt (50000 Einwohner) gilt als Hauptstadt des europäischen Reishandels. Die antike Gründung wurde im Mittelalter Freistadt und kam dann unter die Herrschaft der Savoyer. Vercelli ist besonders wegen S. Andrea bekannt, einer der wenigen großen gotischen Basiliken Norditaliens. Interessante Kirchen sind außerdem S. Eusebio mit einem romanischem Campanile (im Inneren ein mit Silberblech beschlagenes lebensgroßes Holzkruzifix) sowie S. Cristoforo mit Fresken von Gaudenzio Ferrari. An der Straße nach Biella liegt Quinto Vercellese mit der romanischen Saalkirche SS. Nazario e Celso, reiche Ausmalung.

Sehenswertes
S. Andrea
Pza. Roma 35
Tgl. 7–12, 15–19 Uhr
Der Bau entstand ab 1219 (Architekt unbekannt), die Fassade mit den zwei eleganten Türmen zeigt noch romanische Einflüsse, im Inneren herrschen die eleganten Formen der Frühgotik vor. Britische Einflüsse lassen sich durch den Stifter, Kardinal Guala Bichieri, erklären, der lange Zeit in England als päpstlicher Legat gedient hatte. Sehenswert sind außerdem die gotischen Grabmäler und Reliefs. Links Zugang zum Kreuzgang, der während der Renaissance verändert wurde.

Museen
Museo Borgogna
Via A. Borgogna 8
13100 Vercelli
Di–Fr 15–17, Sa, So 9–12.20,
Mo geschl.
Eintritt frei
Erstaunliche Sammlung eines Rechtsanwaltes, der im 19. Jh. Bilder von Palma d. Ä., Tizian, G. Gerrari, L. Carracci u. a. der Stadt vermacht hat.

Essen und Trinken
Trattoria Ca' dal Mario
Via Paggi 7
13100 Vercelli
Tel. 0161/215151
Mi und im Jan. geschl.
2. Kategorie

Geschützt vor Sonne und Regen kaufen die Turinerinnen unter den Arkaden der eleganten Via Roma ein

Hier gibt es traditionelle Speisen; der Patron ist Autor eines Buches über die Lokalküche. Am besten schmecken uns die *risotti* (nach Vorbestellung auch mit Wachteln).

Allgemeine Informationen
Auskunft:
APT di Vercelli
Viale Garibaldi 90
13100 Vercelli
Tel. 0161/25 78 88
Fax 25 78 99

B3 Turin

Als im Frühjahr 1997 die barocke Kapelle della Sacra Sindone abbrannte und mit ihr Teile des Doms und des angrenzenden Palazzo Reale zerstört wurden, war die Stadt im Herzen getroffen. Denn Geschichte und Gegenwart gehören in dieser Alpenmetropole mit rund 1 Mio. Einwohnern eng zusammen und der Verlust eines historischen Bauwerkes ist ein Verlust für die Zukunft. Doch schon am Tag nach der Brandkatastrophe, beschloß man Maßnahmen für den Wiederaufbau. Schließlich ist man hier gewohnt, Probleme energisch anzupacken und sie zu lösen. Turin, die Residenzstadt, ist seit dem Jahr 1865 ohne Resident, als damals König samt Hofstaat die Koffer packten, sich in den Zug setzten und abreisten. Rom hieß die neue Hauptstadt und das Königreich Piemont-Sardinien ging im neuen italienischen Einheitsstaat auf. Da blieb

Orte in der Umgebung von Novara und dem Lago Maggiore
Turin

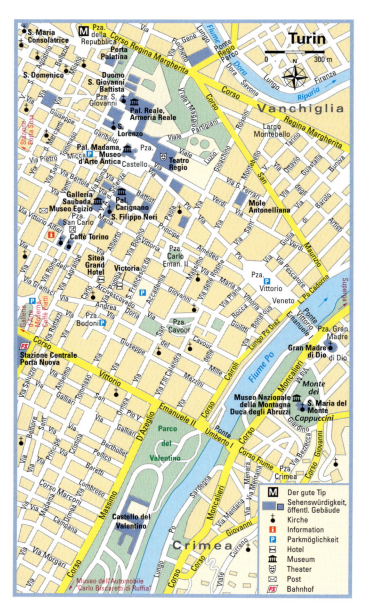

Turin und die Schokolade Als die Spanier nach der Entdeckung der Neuen Welt den Kakao mit Zucker vermischten und nach Europa brachten, wurde Schokolade eine ganze Zeit lang nur getrunken. Die erste Tafel Schokolade stellte man 1820 in England her. Beinahe zeitgleich begann auch ein Turiner Unternehmen mit der Umwandlung von Kakaopulver unter Zusatz von Kakaobutter, Sahne, Trockenfrüchten und Gewürzen zu einer festen Masse. Die piemontesische Schokoladentradition reicht sehr weit zurück. Bereits Katharina von Habsburg, Tochter des spanischen Königs Philipp II. und Ehefrau von Carlo Emanuele I. von Savoyen machte Anfang des 17. Jahrhunderts die Schokolade am Hof gesellschaftsfähig. So wurden Turin und das Piemont schnell zum Zentrum der italienischen Schokoladenbäckerei. In manchen Geschäften der Stadt kann man auch heute noch an die 100 verschiedenen Pralinensorten kaufen, die mit Schokolade hergestellt werden. Man bummle einfach rund um die Piazza S. Carlo, wo es gleiche mehrere Konditoreien gibt. Bei Peyrano im Cso. Vittorio Emanuele 76 kann man die Produkte der traditionsreichen »fabbrica Peyrano« finden, die seit 1915 traumhafte Köstlichkeiten herstellt.

nur der schwache Trost, daß die Savoyer, die Könige Piemonts, auch die Könige Italiens wurden. Dabei hat die Stadt längst eine neue bürgerliche Identität gefunden, auch wenn die Art, mit der der Industrieadel um Agnelli schaltet und waltet, an feudale Zeiten erinnert. In der Geschichte der Arbeiterbewegung hat Turin mit den großen Streiks Anfang des Jahrhunderts, als hier der Sarde Antonio Gramsci die berühmte Zeitung »Ordine Nuovo« gründete, eine wichtige Rolle gespielt. Nach dem Zweiten Weltkrieg stellte die inneritalienische Emigration von Süd nach Nord Turin mehr als andere Städte auf die multikulturelle Probe. Es entstanden in der Zeit auch die zum Teil recht häßlichen Vorstädte. Es gelang jedoch bei allen Konflikten eine von Vernunft geprägte Symbiose. Dabei ist es faszinierend zu sehen, wie sich die moderne Stadt in ihr barockes Kleid gepreßt hat, (fast) ohne es zu sprengen.

Zwischen den Flüssen Po und Dora Riparia gelegen, wächst die Stadt langsam in die herrliche Hügellandschaft hinein, die sie umgibt. Zwei Baumeister haben sie besonders geprägt: Im 17. Jh. der Emilianer Guarino Guarini (1624–83), und im 18. Jh. der Sizilianer Filippo Juvarra (1678 bis 1736). Ihren Palästen, Schlössern, Kirchen wird der Besucher auf Schritt und Tritt begegnen. Guarinis Kuppel der Sindone-Kapelle wird aller-

Turin

Eine Sorte hat eine ganz besondere Geschichte: Als die napoleonischen Truppen das Piemont belagerten, wurden in Turin die Kakaovorräte knapp. Die Konditoren suchten nach einem Mittel, um den Kakao zu strecken – und nahmen Haselnüsse, die so zahlreich in der Umgebung wuchsen. Somit war das Nougat erfunden. In eine Bohnenform gegossen und stückweise verpackt, bekam es später den Namen »gianduiotto« nach einer volkstümlichen Maske, der »gianduia«. Das erste, heute so klassische »gianduiotto« stellte im Jahr 1865 die Firma Caffarel-Prochet her. Wer jedoch möglichst »reine« Schokolade haben möchte, muß zur Bitterschokolade (»cioccolato fondente«) greifen, die allein einen Kakaoanteil von mindestens 45 Prozent garantiert. Das Problem beim Reisen ist natürlich die Aufbewahrung. Damit die Schokolade ihr Aroma nicht verliert, sollte sie bei einer Temperatur von 14 bis 15 Grad gelagert werden. Das gilt auch für die »gianduiotti«. Mitnehmen kann man dagegen leicht ihr Grundrezept: Man lasse Schokoladenkuvertüre (d. h. Schokolade mit rund 40 Prozent Anteil an Kakaobutter) im Wasserbad schmelzen, vermenge sie nach Gusto mit gemahlenen Mandeln oder Haselnüssen und aromatisiere die Masse mit Vanille und einem Schuß Maraschino.

dings noch bis zur Jahrtausendwende hinter einem Baugerüst versteckt bleiben. Wenn es dann fällt, muß gefeiert werden. Es wird ein riesiges Fest stattfinden, mindestens so groß, wie wenn der städtische Fußballclub Juventus mal wieder einen Meistertitel gewonnen hätte. Daß Turiner nicht nur Sportereignisse feiern können, beweisen sie dabei jedes Jahr am 24. Juni, dem Namenstag des Schutzpatrons San Giovanni.

Hotels

Über 80 Hotels (davon 15 in der Luxuskategorie) gibt es in Turin. Durch Messebesucher und Dienstreisende entstehen in den oberen Klassen immer wieder Engpässe. Wer in Turin unterkommen möchte, sollte unbedingt rechtzeitig vorbuchen.

Montevecchio
Via Montevecchio 13
Tel. 011/5 62 00 23
Fax 5 62 30 47
29 Zimmer
im Aug. geschl.
2. Kategorie (Æ, DC, EC, Visa)
Zentral gelegen, unweit des Bahnhofs Porta Nuova. Das Haus ist geschmackvoll eingerichtet; zwei Zimmer behindertengerecht.

Sitea Grand Hotel
Via Carlo Alberto 35
Tel. 011/5 17 01 71
Fax 54 80 90
118 Zimmer
Luxuskategorie (Æ, DC, EC, Visa)

Klassisches Grand Hotel, das kompletten Service bietet; diskret und im Zentrum gelegen.
Victoria
Via Nino Costa 4
Tel. 011/561 19 09, Fax 561 18 06
96 Zimmer
1. Kategorie (Æ, EC, Visa)
In der Nähe der Börse; trotzdem hauptsächlich von Künstlern und Journalisten besucht (ohne Restaurant), äußerst angenehme Atmosphäre.

Sehenswertes

Capella SS. Sindone
Piazza S. Giovanni
Z. Zt. geschl.
Die Kapelle wurde in der zweiten Hälfte des 17. Jh. durch den Baumeister und Theatinerpater Guarino Guarini aus Modena errichtet, um die Reliquie des Grabtuchs Christi (Sacra Sindone) aufzunehmen. Das der Kathedrale zugeordnete Bauwerk – ein Höhepunkt barocker Architektur – vereinigt die drei Funktionen von Palast-, Wallfahrts- und Grabkapelle. Im Inneren mit schwarzem Marmor verkleidet. Guarini (1624–83) versuchte mit seinem kühnen Entwurf gleichermaßen irdischen Tod und Erlösung im Jenseits zu symbolisieren. Beim Brand im Frühjahr 1997 konnte der Schrein mit dem Grabtuch Christi gerettet werden. Der Wiederaufbau der Kapelle wird erst nach dem Jahr 2000 abgeschlossen sein.
Gran Madre di Dio
Piazza Gran Madre
Klassizistischer Bau von Ferdinando Bonsignore (1831) nach Vorbild des römischen Pantheons angelegt. Vor der Kirche das Denkmal König Viktor Emanuels I. Mit dieser Kirche feierten die Savoyer das Ende der napoleonischen Herrschaft und ihre Rückkehr nach Turin.
Mole Antonelliana
Via Montebello 20
Tel. 8 39 83 14
Z. Zt. im Umbau, Wiedereröffnung 1998/99
Der Zentralbau ist mit seinen 167 m das höchste Gebäude und Wahrzeichen der Stadt. Ursprünglich als jüdisches Gemeindezentrum ab 1863 geplant, führte die eigenwillige Bauausführung von Alessandro Antonelli (1798–1888), der seine eigenen Entwürfe immer wieder abänderte und höher trieb, schließlich zur Übernahme durch die Stadt. Verbindung von kühner Ingenieurtechnik (dabei ausschließlich Verwendung von traditionellem Backstein) und spätklassizistischen Architekturformen. Heute Aussichtsturm.
Palazzo Carignano
Via Accademia delle Scienze 5
Tgl. 9–19 Uhr, Mo geschl.
Eintritt 8000 Lit.
Wichtigster Profanbau Guarinis und ein Höhepunkt der Turiner Palastarchitektur mit elliptischer Fassade zur Piazza Carignano. Seit 1679 wurde er für die Fürsten von Carignano (Familienzweig der Savoyer, die später mit Vittorio Emanuele den ersten König Italiens stellten) errichtet.

Der Festsaal des Palazzo diente 1848 als Versammlungsraum für eine parlamentarische Vertretung Piemonts, ab 1861 Umbau als Sitz des ersten italienischen Parlaments (das allerdings 1865 nach Florenz und 1871 nach Rom umzog). Heute Museum der Einheitsbewegung (Risorgimento).

Palazzo Madama
Piazza Castello
Dieses Gebäude führt uns quer durch Turiner Geschichte. An dieser Stelle stand in der Antike ein Stadttor (Porta Praetoria), das im Mittelalter zur Festung umgebaut (gut sichtbar an der Rückseite des Palazzo) und später von den Savoyern als erster Herrensitz genutzt wurde. Ab 1638 Ausbau durch die Herzogswitwe »Madama Reale« Maria Cristina (Schwester des französischen Königs) – daher der Name. Die Errichtung der Barockfassade und der endgültige Ausbau geschieht im Auftrag einer weiteren Regentin (Giovanna Battista) Anfang des 18. Jh. durch Filippo Juvarra (wegen Geldmangel nicht zu Ende geführt). Der Palast ist heute Sitz des Museo Civico d'Arte Antica (bis auf weiteres geschlossen).

Palazzo Reale
Piazza Castello
Tgl. außer Mo 9–14 Uhr
Eintritt 8000 Lit.
Herrschaftssitz der Savoyer, 1645 durch die Regentin Maria Cristina in Auftrag gegeben und knapp 100 Jahre später nach Plänen von Amedeo di Castellamonte an Stelle des früheren Bischofspalastes fertiggestellt. Die traditionelle Anlage mit vier Flügeln und den turmartigen Eckpavillons beherbergt ein Waffenmuseum (→ Armeria Reale) sowie die vollständig erhaltenen Repräsentationsräume, die von den piemontesischen bzw. italienischen Königen bis 1871 genutzt wurden (seitdem Museum). Zum Baukomplex gehören weiterhin die Biblioteca Reale sowie das Teatro Regio, das 1936 ausbrannte und hinter der alten Fassade vollständig erneuert wurde.

Porta Palatina
Via XX Settembre
Die Porta Palatina ist sichtbares Zeugnis des antiken Turin. Die Toranlage aus Backstein mit 30 m hohen Flankentürmen kann man vom Bautyp mit der Porta Nigra in Trier vergleichen. Im 6. Jh. wurde sie von den Langobarden als Herzogspalast umgebaut, im späteren Mittelalter als Burg genutzt, im 19. Jh. wieder freigelegt und schließlich 1934 restauriert. Unweit davon kann man noch jenseits der Via XX Settembre Reste des römischen Theaters finden.

S. Domenico
Via Milano
Der spätgotische Bau in der Tradition lombardischer Backsteinkirchen wurde um 1330 für den Dominikanerorden begonnen (Campanile von 1451). Nach mehreren Umbauten und Barokkisierungen wurde die Kirche

1908 im alten Stil restauriert. Im Inneren ein Altarbild des Guercino (Mitte 17. Jh.).

S. Filippo Neri
Via Maria Vittoria

Größte Saalkirche der Stadt mit einem Grundriß von 69 x 37 m; nach verschiedenen Planungen (u. a. von Guarini) wurde sie um 1730 von Filippo Juvarra vollendet (Vorbau 1823 ausgeführt). Neben der Kirche das Oratorio S. Filippo mit Wölbungsfresko (Marienkrönung) von Mattia Franceschini (um 1760).

S. Lorenzo
Piazza Castello

Neubau der Theatinerkirche durch Guarino Guarini (Weihe 1680) nach Zerstörung eines romanischen Vorgängerbaus. Unauffällig fügt sich die Fassade, entgegen der ursprünglichen Absicht Guarinis, in die Straßenfront am Schloßplatz ein. Hinter ihr, zwischen überkuppelten Glockentürmchen, der bizarre Kuppeltambour. Im Inneren ein extravagant in die Kuppel gesteigerter Zentralbau, vermutlich durch islamische Vorbilder beeinflußt (Guarini-Reisen nach Lissabon). Der Bau regte seinerseits die Barockarchitektur Süddeutschlands und Österreichs an. Der Altar wurde ebenfalls nach Entwürfen Guarinis gebaut, das Altarbild (Hl. Lorenz) stammt von Marcantonio Franceschini (um 1720).

S. Maria Consolatrice (Consolata)
Piazza della Consolata

Die traditionsreiche Wallfahrtskirche mit einem volkstümlichen Marienbild ist eigentlich ein Ensemble mehrerer Kirchenbauten: Eine frühchristliche Kirche wurde im 12. Jh. durch die romanische Basilika S. Andrea ersetzt. Nach Plänen von Guarini wurde diese um 1700 wiederum abgerissen – erhalten blieb nur der schöne Campanile – und an ihre Stelle trat eine größere barocke Doppelkirche mit interessanter Szenografie auf zwei Ebenen (S. Andrea vordere Bauhälfte, Consolata hintere Bauhälfte).

Superga (Basilica Natività di Maria)
Colle della Superga
Tgl. 8–12.20, 14–19 (im Winter 15–17) Uhr, Gruftkirche Führungen (nur Gruppen) tgl. ab 9 (im Winter ab 10) Uhr, Fr keine Führungen.

Wunderschön auf einem Hügel über dem Po am östlichen Rand von Turin gelegen.
In Erfüllung eines Gelöbnisses, das Vittorio Amedeo II. vor der siegreichen Schlacht gegen die Franzosen zusammen mit seinem Vetter Prinz Eugen (auch »der edle Ritter« genannt) am 7. Sept. 1706 abgelegt hatte, wurde die Kirche von Filippo Juvarra seit 1717 gebaut. Die größte Bergkirche des Barock, im Inneren allerdings eher unbedeutend. Links von der Fassade befindet sich der Zugang zur Gruftkirche mit Gräbern der Savoyer. Vom Platz vor der Kirche hat man bei klarem Wetter einen atemberaubenden Blick von den Alpen bis zum Apennin.

Hoch auf einem Hügel am Po liegt die Superga. Die barocke Basilika gilt als Meisterwerk des Filippo Juvarra

Museen und Galerien

Rund 30 Museen könnte man in Turin besuchen. Eine vollständige Liste hält die APT (auch mit den jeweils aktuellen Öffnungszeiten und Eintrittspreisen) bereit.

Armeria Reale
Piazza Castello 191
Di, Do 14.30–19.30, Sa 9–14,
Mi, Fr. 9–14 Uhr nur für Gruppen nach Voranmeldung, So und Mo geschl.
Eintritt 8000 Lit.
Eindrucksvolles Waffenmuseum mit Sammlungen aus der Zeit zwischen Renaissance und der Einheitsbewegung (Risorgimento), gegründet 1837.

Galleria Civica d'Arte Moderna
Via Magenta 31
Tgl. 9–19 Uhr, Mo geschl.
Eintritt 10000 Lit.
Neben piemontesischen Künstlern des 19. und 20. Jh. große Sammlung moderner Kunst (u. a. Picasso, Léger, Klee, de Chirico, Chagall, Vedova); auch Skulpturen (Canova bis Marini).

Galleria Sabauda
Via Accademia delle Scienze 6
Tel. 547440
Tgl. 9–14 Uhr, Mo geschl.
Eintritt 6000 Lit.
Größte Pinakothek des Piemont mit über 1000 Gemälden (davon nur etwa ein Zehntel ausgestellt), entstanden aus dem Familienbesitz der Savoyer. 1631 zum ersten Mal katalogisiert; 1832 wurde ein Teil der Sammlung dem Publikum zugänglich ge-

»(Old) times go by« – nur im Automuseum Turins scheint sie stillzustehen...

macht. Viele flämische Maler (van Eyck, van der Weyden, Rembrandt), aber auch Beato Angelico, Pollaiuolo, Bronzino sowie Italiener des 17. und 18. Jh.
Die Collezione Gualino (Botticelli, Veronese sowie Plastiken, Objekte, Möbel) wurde 1927 angegliedert.

Museo dell'Automobile Carlo Biscaretti di Ruffia
Corso Unità d'Italia 40
Tgl. 10–18.30 Uhr, Mo geschl.
Eintritt 10 000 Lit.
Die Geschichte des Autos mit über 400 Fahrzeugen und einer umfassenden Bibliothek; das Museo dell'Automobile ist eines der beliebtesten Museen Turins.

Museo Egizio
Via Accademia delle Scienze 6
Tgl. 9–12, So 0–14 Uhr, Mo geschl.
Eintritt 12 000 Lit.
Nach Kairo wohl eines der wichtigsten ägyptologischen Museen der Welt, im 18. Jh. gegründet. Im Erdgeschoß große Plastikensammlung (u. a. mehrere Pharaonenfiguren wie der berühmte Ramses II. 1290–24 v. Chr.), im ersten Stock Studiensammlung zum Totenkult und Alltag.

Museo Nazionale del Risorgimento Italiano
Via Accademia delle Scienze 5
Di–Sa 9–18, So 9–13, Mo und an Feiertagen während der Woche geschl.
Eintritt 8000 Lit.
Größtes italienisches Museum zur Einheitsbewegung des 19. Jh. (Risorgimento) im Palazzo Ca-

Turin

Das Piatti ist ein Café, in dem sich Tradition und Genuß stilvoll vereinen

rignano (→ Sehenswertes); außerdem eine Abteilung über die Widerstandsbewegung.

Essen und Trinken

Die lokale Küche ist bodenständig: *agnolotti* (mit Fleisch oder Kohl gefüllte Teigtaschen), *bollito misto* (gekochtes Rindfleisch), die *bagna caôda* (rohe Kardonen und anderes Gemüse, das man in heiße Sardellensoße eintunken kann) sowie das *fritto misto alla Piemontese* (Leber, Innereien und Grieß) stehen zum Beispiel auf einer typisch Turiner Speisekarte. Aus Turin kommen auch die *grissini*, fast spaghettidünn gebackene Teigstangen, die inzwischen ganz Italien und halb Europa erobert haben. Ganz groß geschrieben wird die Kaffeehaustradition: Im Zentrum gibt es zahlreiche herrliche Cafés, von denen man sich selbst ein Bild machen sollte; wir haben nur eines, das »Piatti« herausgegriffen.

Cafés
Caffè Piatti Ⓜ
Corso Vittorio Emanuele II 72
10121 Torino
Tel. 011/5621507

> Der gute Tip Ⓜ:
> **Caffè Piatti**
> Biedermeierambiente, intellektuelle Atmosphäre und Gourmetprodukte – aber leider hat alles auch seinen Preis. Trotzdem: Ein Besuch lohnt sich in jedem Fall!

7.30–21, Sa, So ab 8 Uhr, Fr geschl.
Wenn die Lektoren, Autoren und Angestellten des nahen Einaudi-Verlages in der Mittagspause kommen, zieht ein Hauch von intellektueller Mondänität durch das Caffè Piatti am Corso Vittorio Emanuele. Eine ganz andere Stimmung herrscht, wenn sich eher konservative Politiker im Konferenzsaal des Piatti treffen. Am fröhlichsten aber ist es morgens, wenn es hinten im Salon (er stammt aus einem Adelspalast des späten 18. Jh.) noch fast leer bleibt und sich vorne an der Bar die Leute aus dem Viertel zum typisch italienischen Frühstück mit Caffè espresso oder Cappuccino samt Brioche (Hörnchen) einfinden.
Das Caffè Piatti hat also viele Gesichter. Es besteht seit dem Jahr 1870. Einiges von der antiken Ausstattung aus den Epochen zwischen Biedermeier und Jugendstil konnte gerettet werden: So die wunderschöne Holzverkleidung der Fassade, die die dazugehörige Pasticceria mit einschließt. Denn Enzo und Barbara Coggiola, die heutigen Besitzer, haben mit der noblen Zuckerbäckerei die alte Tradition des Piatti fortgesetzt. Sie stellen edle Marmeladen und Schokopralinen, Kekse und Küchlein wie auch einen Rhabarberlikör selbst her und verkaufen sie zu ebenso edlen Preisen.

Gelateria Pepino
Piazza Carignano 8
Mo geschl.

Hier gibt es traumhafte Eissorten – zum Beispiel *al pinguino:* Vanilleeis mit Schokoladenüberzug! Ein Eis mit Tradition (seit 1884!)

Restaurants
Osteria Antiche Sere
Via Cenischia 9
Tel. 3 85 43 47
Mittags, So und im Aug. geschl.
2./3. Kategorie
Die Osteria liegt etwas abseits, im Borgo San Polo, doch der Weg lohnt sich – wenn man einen Platz bekommt! Im Freien speist sich's hier besonders gut.
Ristorante Del Cambio
Pza. Carignano 2
Tel. 54 66 90
So und im Aug. geschl.
Luxuskategorie (Æ, DC, EC, Visa)
Traditionsreiches Haus mit exzellenter Küche (unser Tip: *risotto al Barolo*) und umfangreicher Weinkarte.
Ristorante L'agrifoglio
Via Accademia Albertina 38d
Tel. 83 70 64
So und Mo mittags sowie drei Wochen Juli/Aug. geschl.
2./3. Kategorie
Mittags gibt es einen preiswerten *piatto unico* (Tellergericht); abends wird es etwas teurer – je nach Weinauswahl.
Ristorante L'uva
Corso Vittorio Emanuele II 119
Tel. 64 34 73
So und im Aug. geschl.
2. Kategorie (Æ, DC, EC, Visa)
Im Keller des Ristorante kann man Köstlichkeiten wie Carpac-

cio vom Schwertfisch oder Hirschbraten genießen; in der im Erdgeschoß gelegenen Bar speist man im Stehen.

Einkaufen

Die große Eleganz breitet sich in den Läden des Zentrums (Via Roma, Via Garibaldi aus). Antiquarisches, alte Bücher und Handwerksläden findet man in der Piazza S. Carlo, Via Po, Via Maria Vittoria sowie Piazza und Via Cavour.

Antix
Via Urbano Rattazzi 5
Mo vormittags geschl.
Man kann hier Modelle und Spielzeug aus vergangenen Zeiten erwerben.

Baratti & Milano
Pza. Vastello 29
Mo geschl.
Turin ist die Hauptstadt für italienische Schokolade, und B&M waren früher einmal Hoflieferanten. Angeschlossen ist auch ein Café mit wundervoller heißer Schokolade.

Gran Balôn – Markt auf der Piazza della Repubblica M
Kaum vorstellbar, daß die riesige Piazza della Repubblica am Rande der Turiner Altstadt eigentlich nur die »kleine Lösung« eines weitaus größeren Entwurfs von Filippo Juvarra aus dem Jahr 1730 bildet, der allerdings nie ausgeführt wurde. Geblieben ist von damals die Ortsbezeichnung »Porta Palazzo« nach dem alten Stadttor – der moderne Name »Piazza della Repubblica« hat sich allenfalls auf Karten und Stadtplänen durchsetzen können. Was tun Turinesen mit solch einer Fläche? Sie nutzen sie zum Handel. Teils in Hallen, teils unter freiem Himmel wird hier täglich außer So Markt gehalten. Von Mo–Fr kann man am Vormittag an Gemüse- und Obstständen seinen Vitaminbedarf decken, aber auch Bettwäsche kaufen, Schaumstoffmatratzen, Unterhemden, Socken oder Kronkorken im 100er Pack. Am Sa darf man das den ganzen Tag über tun, und es kommen ein paar Stände hinzu, die allerlei Gerümpel, verschlissene Bücher und höchst interessantes Allerlei – vom Nippes bis zu Neckischem

> **Der gute Tip** M:
> **Gran Balôn – Markt auf der Piazza della Repubblica**
> Täglich wird auf der Piazza della Repubblica Markt gehalten (Lebensmittel und vieles mehr); dazu kommt samstags ein Flohmarkt, der sich jeden 2. So im Monat zum »Gran Balôn« mausert.

– anbieten: eben Flohmarkt. Vereinzelt trifft man sogar Antiquitätenhändler an. Diese bunte Mischung aus Gemüse, Nippes und Chippendale ist der »Balôn«. Zweimal im Monat, jeden 2. So findet hier der »Gran Balôn« statt, ein Antiquitätenmarkt mit dem einen oder anderen Flohmarkt-Stand. Die Preise sind gesalzen – aber die Stimmung ist trotzdem gut.

Paissa Gastronomia
Pza. S. Carlo 196
Mi nachmittags geschl.
Der Gourmet findet hier alles, was sein Gaumen begehrt.

Am Abend
Während der Spielzeit (Dez. bis Mai) bietet Turin ein anspruchsvolles Opernprogramm im Teatro Regio. Programme von Theater, Konzert, Kino und Kabarett sind täglich in der Tageszeitung »La Stampa« ausgedruckt; sonst informiert auch die APT (→ Allgemeine Informationen, Auskunft).
Teatro Regio
Piazza Castello 215
Tel. 88151
Auf Anfrage kann man das historische Archiv der über 200 Jahre alten Bühne besichtigen.
Teatro Alfieri
Piazza Solferino
Tel. 5623800
Spielzeit des Sprechtheaters von Okt.–Mai.
Auditorium Rai
Piazza Rossaro
Tel. 8807 4961
Spielstätte für viele Musikveranstaltungen.
Goethe-Institut
Piazza S. Carlo
Tel. 5628810
Aus dem Kulturleben der Stadt nicht mehr wegzudenken, ist das deutsche Goethe-Institut mit zahlreichen Veranstaltungen.

Kinder
Borgo e Castello Medioevale
Parco del Valentino

Castello: Di–Sa 9.30–18 (im Winter bis 16), So 10.30 bis 16 Uhr, Mo geschl., Borgo: tgl. 8–19 Uhr
Eintritt Castello 5000 Lit. (Borgo gratis)
Für Kinder ein Erlebnis: die Zugbrücke und die Gassen, die spätgotischen Kirchen und Häuser, aber das ist natürlich nicht das echte historische Zentrum Turins, sondern die Kopie einer piemontesischen Kleinstadt mit einer Burg (nach dem Vorbild des Castello in Fénis). Dieses Disneyland des 19. Jh. wurde anläßlich der Weltausstellung 1884 angelegt.
Experimenta
Villa Gualino
Viale Settimo Severo 63
Tel. 4324440
Juli–Sept.
Eintritt 12000 Lit
Spektakuläre Veranstaltungen, die jährlich wechseln (zuletzt gab es Ausstellungen mit Animation über die Herstellung von Kino-Filmen oder Science-fiction-Phantasien); Programm bitte erfragen.

Allgemeine Informationen

Auskunft
Azienda di Promozione Turistica (APT)
Via Roma 222/226
10121 Torino
Tel. 911/535181, Fax 535901
Mo–Sa 9–19 Uhr
Informazione e Accoglienza Turistica
Atrio Stazione Porta Nuova

Tel. 53 13 27
Mo–Sa 9–14 Uhr
(Büro der APT im Bahnhof)
Informagiovani
Via Assarotti 2
Tel. 4 42 49 76
Info-Zentrum für Jugendliche und Studenten.

Bahnhöfe
Stazione Centrale Porta Nuova F.S.
Corso Vittorio Emanuele II
Tel. 5 61 33 33
Stazione Porta Susa
Piazza XVIII Dicembre
Tel. 63 85 13
Ferrovia Torino-Ceres
Corso Giulio Cesare 15
Tel. 5 21 14 84

Busse und Straßenbahnen
Vom Bahnhof Porta Nuova (Westseite) aus fahren die Linien 12 und 4 Richtung Zentrum (Via XX Settembre). Die Linie 15 (Bahnhof/Corso Vittorio Emanuele II) führt zur Piazza Castello, Via Po und Piazza Vittorio Veneto. Der Bahnhof ist außerdem durch die Tramvia 9 mit dem Messegelände TO-Esposizioni verbunden. Zur Superga bringt die Tram 15 bis nach Sassi (Umsteigen in die Zahnradbahn), zum Stadio delle Alpi der Bus 72. Eine Fahrkarte für die öffentlichen Verkehrsmittel der ATM (Bus, Tram und Tramvia) kostet 1500 Lit., ist 70 Min. lang gültig, bei beliebig häufigem Umsteigen. Tageskarte: 4200 Lit. Die Karte, die bei vielen Tabacchi, Kiosken und bei den Informationsbüros der APT im Bahnhof und in der Via Roma erhältlich ist, muß bei Fahrtantritt entwertet werden.

Busse in die Umgebung, zum Flughafen sowie zu anderen Zielen der Region fahren vom Busbahnhof *(autostazione)* am Corso Inghilterra ab, der vom Bahnhof Porta Nuova mit den Linien 1, 9, 15 (Richtung Westen) gut zu erreichen ist. (Nur die Überlandbusse nach Alba starten vom Busendpunkt am Corso Marconi/Ecke Via Nizza.)
Autostazione
Corso Inghilterra 3/Ecke Corso Vittorio Emanuele
Tel. 4 33 25 25

Flughafen
Aeroporto Città di Torino
10072 Caselle
Tel. 0 11/5 77 83 61 (Information)
und 5 77 83 71 (Ticketcounter)
Fundbüro
Ufficio Oggetti Rinvenuti
Via Chatillon 19
Tel. 85 54 37
Fußball
Juventus F. C. Torino
Via Crimera
Tel. 6 56 31
Karten für Juventus
Stadio delle Alpi
Strada Comunale di Altessano 131
Tel. 4 55 01 22
Das neue Stadion von 1992 ist beim Publikum und den Vereinen nicht sonderlich beliebt und wird vermutlich demnächst umgebaut werden.

Medizinische Hilfe
Man wende sich an den ambulanten Dienst *(pronto soccorso)* des städtischen Krankenhauses.
Ospedale Maggiore di S. Giovanni
Corso Bramante 88/90
Tel. 66 25 2 26
Apotheken gibt es überall im Zentrum, Tag und Nacht geöffnet hat:
Boniscontro
Corso Vittorio Emanuele 66
Tel. 53 82 71

Polizei
Questura (Polizeipräsidium)
Corso Vinzaglio 10
Tel. 5 58 81
Vigili Urbani (Stadtpolizei)
Corso XI Febbraio 22
Tel. 2 60 91
Abgeschleppte Autos Info unter:
Tel. 86 13 18

Post
Posta e Telecomunicazioni (P.T.)
Via Alfieri 10

Stadtrundfahrt
Seit einigen Jahren kann man Turin mit der Tram besichtigen. Ein umgebauter Straßenbahnzug (mit Restaurant) steht zur Verfügung. Dabei kostet eine Tour durch das historische Zentrum von ca. 9.30–13.30 Uhr einschl. Essen 50 000 Lit. Weitere Angebote (Die Hügel, kombinierte Tram-/Bootsfahrt, Turin by night) sowie genaue Abfahrtszeiten erfährt man von der APT (s.o.)

Taxi
Überall im Zentrum.
Taxiruf
Tel. 67 30, 57 37 oder 33 99

Veranstaltungen
Feb: Arte Antica – große Antiquitätenmesse
April: Maratona – Internationales Marathonrennen mit Start in Avigliana und Ziel im Turiner Stadtzentrum
April/Mai: Salone dell'Automobile – internationale KFZ-Messe alle zwei Jahre (die nächsten 1999 und 2001)
Mai: Salone del Libro – nationale italienische Buchmesse
Juni/Juli: Torinodanza – internationales Festival des Tanztheaters im Teatro Reggio
Sept: Settembre musica – Musikwochen

Orte in der Umgebung

Avigliana   B3
Mittelalterlich anmutendes Bergstädtchen (9200 Einwohner) am Ausgang des Susa-Tals; vermutlich eine keltische Gründung im 6. Jh. v. Chr. Im 13. und 14. Jh. Sitz der damals noch recht unbedeutenden Savoyer. Im Ort schöne Tore und Maueranlagen, Schloßruine sowie die gotische Kirche S. Pietro. In der Nähe zwei kleine Seen (Laghi d'Avigliana). Rund 4 km entfernt liegt an der Straße nach Rivoli die Abtei S. Antonio di Ranverso (im 12. Jh. als Spitalkloster für Rompilger gegründet, im Inneren Fresken von G. Jaquerio,

z. Zt. wegen Renovierung geschl.). Von Avigliana Richtung Westen stößt man auf die berühmte Abtei Sacra di San Michele.

Sehenswertes
Sacra di San Michele M
10050 Chiusa di San Michele (TO)
Mai–Sept. tgl. 9–12, 14–19 Uhr, Okt.–April nachmittags nur bis 17 Uhr
Eintritt Spende

Die Abtei, die in romantischer Lage auf einem felsigen Gipfel 962 m hoch den Eingang des Susa-Tals bewacht, stammt aus dem 19. Jh. Bereits im 8. Jh. muß sich hier ein Kultort befunden haben (der hl. Michael war Stammespatron der Langobarden). Als wehrhafte Abtei – die italienische Version des bretonischen Mont-Saint-Michel – entstand hier ein Benediktinerkloster, das vor allem Mönche aus Adelsfamilien aufnahm. Diese führten aber nicht nur ein zurückgezogenes Klosterleben, sondern nahmen aktiv (und mit Waffen) an den politischen Auseinandersetzungen ihrer Zeit teil. Das Kloster wurde später aufgelöst und in eine Festung verwandelt. Im Jahr 1855 übernahmen die Rosmarianer die Abtei und sorgten für umfangreiche Restaurierungen der spektakulären Anlage (ab 1900).

Allgemeine Information
Auskunft:
IAT Avigliana
Corso Laghi 240a

> Der gute Tip M:
> **Sacra di San Michele**
> Spektakulär erhebt sich die Abtei auf einem Berg im Susa-Tal.

10051 Avigliana (TO)
Tel. 011/93 86 50

Biella C2
Lebhafte Kleinstadt (52 000 Einwohner) am Fuß der Voralpen des Biellese (vermutlich keltische Gründung, 826 erstmals bezeugt). Während die Oberstadt sich seit dem Mittelalter kaum ausgedehnt hat, wuchs die Unterstadt am Cervo-Fluß weit ins Tal. In der Oberstadt (Biella Piazzo), die mit einer Seilbahn mit der Unterstadt (Biella Piano) verbunden ist, findet man schöne gotische Häuser zum Beispiel an der Piazza Cisterna. In der Unterstadt steht der Campanile von S. Stefano, das Wahrzeichen Biellas (11. Jh.), die dazugehörende Kirche ist im 19. Jh. abgebrochen worden. Man sollte nicht versäumen, dem Wallfahrtsort Oropa 13 km nördlich von Biella mit seinem Santuario einen Besuch abzustatten.

Sehenswertes
Santuario di Oropa
13060 Oropa (BI)
Dies ist eine der ältesten und zugleich bedeutendsten Stätten zur Marienverehrung in Italien, die angeblich im 4. Jh., vom hl. Eusebius gegründet sein soll (dokumentiert erst seit dem 13. Jh.).

Das Santuario entwickelte sich aus einem Kloster und Pilgerhospiz. Nach der Pest 1599 wurde die Wallfahrtskirche wiedererrichtet und seit 1644 die ganze Anlage schloßartig erneuert. Auf einem Hügel in der Nähe liegen verstreut 19 Kapellen, die im Inneren mit Terrakottafiguren und Fresken (Szenen aus dem Leben der Madonna) geschmückt sind.

Allgemeine Informationen
Auskunft:
APT del Biellese
Piazza Vittorio Veneto 3
13051 Biella
Tel. 015/351128

C2 Ivrea und das Canavese

Die strategische Lage von Ivrea hatte bereits die Kelten angelockt. Die Römer bauten dann diese erste Siedlung zur Festung unter dem Namen Eporedia (100 v. Chr.) aus. Die Langobarden nutzten Ivrea als Herzogssitz; im weiteren Mittelalter war die Stadt Mittelpunkt einer mächtigen Mark und verlor erst an Bedeutung, als sie im Jahr 1313 an die Savoyer fiel. Heute ist das Städtchen mit 27000 Einwohnern als Sitz des Olivetti-Konzerns bekannt. Wichtigstes Bauwerk Ivreas ist der Dom S. Maria Assunta in der Oberstadt. An dieser Stelle stand in der Antike der Apollo-Tempel. Eine frühchristliche Kirche wurde durch den romanischen Neubau seit dem Jahr 1002 ersetzt (davon u. a. sichtbar die Glockentürme der Apsis, der Vierungsturm und die Krypta). Neben dem Dom lohnt das Castello einen Besuch. Jenseits der Dora Baltea liegt innerhalb des Olivetti-Geländes die Kirche S. Bernardino (→ Sehenswertes). Von Ivrea kann man schöne Ausflüge zu den Sirio-Seen und zum Kastell in Montaldo Dora Richtung Norden unternehmen. Im Süden findet man bei Caravino/Masino die Residenz Castello di Masino (→ Sehenswertes), und über Castellamonte kommt man ins abgelegene Locana-Tal unterhalb des Monte Paradiso.

Sehenswertes
Castello di Masino
10010 Caravino (TO)
März–Sept. tgl. 10–132, 14–18; Okt.–Nov. 10–13, 14–17 Uhr, Mo geschl., Dez.–Feb. geschl.
Eintritt 8000 Lit.
Liebevoll restaurierte Residenz der Herzöge von Valperga, die aus dem 11. Jh. stammt und im 16. Jh. schloßartig ausgebaut wurde. Großer Park.

S. Bernardino
Stabilimenti Olivetti
Via Jervis 11
10015 Ivrea (TO)
Besichtigung nach Anmeldung Mo–Fr möglich
Die Kirche und die Ruinen eines Franziskaner-Konvents stammen aus der zweiten Hälfte des 15. Jh. Im Inneren findet man einen Kreuzigungszyklus (um 1500), das Hauptwerk der Freskenmalerei der Renaissance im Piemont von Giovanni Martino

Spanzotti (1456–1528), dem Hofmaler von Herzog Carlos II. von Savoyen.

Hotel/Essen und Trinken
Az. agriturista La Miniera
Via delle Miniere 9
loc. Calcava
10010 Lessolo (TO)
Tel. 0125/58618
3 Zimmer
3. Kategorie (Hotel); 2./3. Kategorie (Restaurant)
Wohlschmeckende Gerichte in der Trattoria, auf einem Bauernhof.

Allgemeine Informationen
Auskunft:
APT del Canavese
Corso Vercelli 1
10016 Ivrea (TO)
Tel. 0125/49687

33 Rivoli
Bekanntgeworden ist die Stadt mit 53000 Einwohnern vor den Toren Turins durch den Versuch der Savoyer, ihre ältere Residenz in eine prachtvolle Schloßanlage zu verwandeln. Nordöstlich von Rivoli liegt Venaria, ein Ort der im 17. Jh. eigens für das dazugehörige Lustschloß geschaffen wurde (wird z. Zt. restauriert).

Sehenswertes
Castello di Rivoli und Museo d'Arte Contemporanea
Piazza Castello
10098 Rivoli (TO)
Tel. 011/9581547
Tgl. 10–19 Uhr, Mo geschl.
Eintritt 10000 Lit.

Nach Plänen Juvarras begann man um 1700 mit den Arbeiten für die Schloßanlage, mußte sie aber 1734 wegen Geldmangel abbrechen, nachdem erst ein Drittel des Baus fertiggestellt werden konnte. Das Schloß wurde in den 80er Jahren teilweise restauriert. Somit entstand Platz für ein aufregendes Museum der zeitgenössischen Kunst (wechselnde Ausstellungen).

Stupinigi B4
Frisch renoviert erstrahlt hier das Jagdschlößchen der Savoyer in altem Glanz. Folgt man der Autobahn Richtung Westen trifft man in Pessione di Chieri auf ein erstaunliches Weinmuseum, das weit mehr ist als Eigenwerbung der Firma Martini & Rossi.

Sehenswertes
Palazzina Mauriziana di Caccia
10042 Stupinigi (TO)
Tel. 011/3581220
Di–Sa 9.30–17, So 10–13, 14–17 Uhr, Mo und feiertags geschl.
Eintritt 10000 Lit.
Filippo Juvarra hat das Schlößchen 1730 für Vittorio Amadeo II. gebaut, vielleicht das schönste Bauwerk des Rokoko in Piemont. Statt der klotzigen Repräsentationsarchitektur steht ein verspieltes Ensemble von Bauteilen und Landschaften vor uns. Eine 10 km lange, fast schnurgerade Allee setzte diesen »Intimbereich« der Könige in direkte Beziehung zum Palazzo Reale in Turin (→ Turin, Sehenswertes).

Routen und Touren

Auf dem Rücken der
Pferde durch das
Piemont

Routen und Touren

Die vielfältigen Landschaftsbilder der oberitalienischen Regionen laden dazu ein, sie auf höchst unterschiedliche Weise kennenzulernen. Geruhsam kreuzt man mit dem Schiff auf einem der großen Seen oder tritt sportlich in die Pedale, wenn man die Seen per Fahrrad umrundet. Ein gut ausgebautes Bahn- und Bussystem läßt jeden Ort auch mit öffentlichen Verkehrsmitteln erreichen. Man kann wandern, reiten oder sich mit dem Auto fortbewegen. Auf jeden Fall sollte man das gut ausgebaute Netz der Fremdenverkehrsbüros *(APT, IAT* oder *Pro Loco)* für Informationen vor Ort nutzen.

Auf dem Rücken der Pferde durch das Piemont

Die Region Piemont hat zusammen mit dem nationalen Reit- und Pferdezuchtverband ANTE 14 Reittouren durch die Region mit verschiedenen Schwierigkeitsgraden und unterschiedlicher Dauer (zwei bis sechs Tage) ausgearbeitet. Eine schöne und zugleich recht einfache Tour führt von *Carmagnola* südlich von Turin am Rande des *Monferrato* entlang des kleinen *Lago di Tarnavasso* und durch das ausgetrocknete Flußtal des *Rio Valcarpigna,* der über hundert Jahre alte Kastanienwälder durchschneidet, ins Hügel- und Weinland südlich von Asti. Besonders im Herbst erhält solch ein Ritt durch die Farbenpracht der Natur eine spektakuläre Note (insgesamt 70 km, Auskunft bei der Scuderia Manolo oder beim Circolo Ippico in Carmagnola, Übernachtung zum Beispiel im Agriturismo La Viranda in San Marzano Oliveto). Es werden aber auch durchaus anspruchsvolle Ritte zum Beispiel von S. Damiano d'Asti über den Apennin an die ligurische Küste (sechs Tage) angeboten.

Hotel
Agriturismo La Viranda
Regione Corte 64
15050 S. Marziano Oliveto (AT)
Tel. 0141/856571
5 Zimmer
3. Kategorie
Auch Trattoria und Verkauf von verschiedenen Produkten (Wein, Wurstwaren, Gemüse) aus eigener Produktion.

Allgemeine Informationen
Auskunft:
Assessorato al Turismo Regione Piemonte
Via Magenta 12
10128 Torino
Tel. 011/43211
Circoscrizione Regionale ANTE
Via Bertola 39
10122 Torino
Tel. 011/547455

Vorherige Seite: Zu den Cinque Terre kommt man am besten mit der Bahn.
Links: Auf dem Weg, um neue Besucher zu empfangen – zwei Zisterziensermönche in der Certosa di Pavia

Reitställe:
Scuderia Manolo
10022 Carmagnola (TO)
Tel. 011/9796060
Circolo Ippico »Le Maschere«
10022 Carmagnola (TO)
Tel. 011/9712927

D3/ **Mit dem Fahrrad durch den**
E3 **Ticino-Park**

Das Naturschutzgebiet um den Fluß Ticino, der bei Sesto Calende den Lago Maggiore verläßt und südöstlich von Pavia in den Po mündet, ist ein ideales Revier für Radler. Zwischen Kunststädten (Vigevano) und frühgeschichtlichen Orten (Golasecca), landwirtschaftlichen Nutzgebieten und ursprünglichen Flußlandschaften, auch zwischen Mooren und Wäldern kann man sich individuell eine ganze Reihe von Touren zusammenstellen: Zu den Villen und Gutshäusern längs des Naviglio Grande beispielsweise – als Rundfahrt von

---

Der gute Tip 🅼:
Azienda Agricola Cascine Orsine
In diesem Gutshof am Ticino gibt es Reis, Honig und Käse aus biodynamischem Anbau.

Castelletto über Lugagnano, Robecco, Ponte Vecchio, Casterno und zurück (22 km). Stützpunkte könnten *Vigevano* oder *Abbiategrasso* sein. Bei Bereguardo führt eine Holzbrücke über den Fluß. Kurz davor liegen die Cascine Orsine, auf dessen Hof man landwirtschaftliche Produkte wie Reis, Mais, Getreide, Honig oder Käse aus biodynamischem Anbau kaufen kann. Bei der Brücke kann man längs der Ufer am Strand liegen und sich sonnen.

Das Konsortium des Naturschutzgebietes (Consorzio Parco Lombardo della Valle del Ticino) gibt eine Karte mit Tourenvorschlägen heraus. Am übersichtlichsten ist der Führer, den die Region Lombardei in Zusammenarbeit mit dem Touring Club Italiano veröffentlicht hat: »Lombardia in bicicletta«. Manchmal haben ihn die APT vorrätig, am besten aber kauft man ihn sich in den Buchhandlungen, in Mailand zum Beispiel direkt bei der Libreria TCI.
Azienda Agricola Cascine Orsine 🅼
27021 Bereguardo (PV)
Tel./Fax 0382/920283
Mo–Fr 8–12, 14–17, Sa 8–12 Uhr, So geschl.

Das Verhältnis von Mensch und Natur steht im Mittelpunkt auf dem Bauerngut der Cascine Orsine, das an der Straße liegt, die von Bereguardo zum Ticino und zur Holzbrücke (Ponte delle Barche) führt. Schilder weisen kurz hinter dem Ortsausgang beim Friedhof den Weg. Man fährt zwischen Reis- und Maisfeldern. Und wenn man Glück hat, kann man dabei Silberreiher beobachten bis man zum Gutshof kommt. Der junge Agrarfachmann Aldo Parravi-

Mit dem Fahrrad durch den Ticino-Park

Schön gelegener Hauptort des südlichen lombardischen Ufers am Lago Maggiore: Laveno

cini leitet den Betrieb, den seine Mutter vor rund 20 Jahren gegründet hat. Man versucht dabei, die Theorien von Rudolf Steiner in der Praxis anzuwenden. Und das bedeutet kein Einsatz von chemischen Unkrautvertilgungsmitteln, sondern der vorsichtige Gebrauch natürlicher und homöopathischer Mittel. Vor allem aber verzichtet man auf Monokulturen, die zwar anfänglich hohe Erträge bringen, aber letztlich »das Ende der natürlichen Prozesse bedeuten«, wie der Gutsherr sagt. So baut er auf seinen Feldern im Fruchtwechsel Reis (vom Typ Baldo, hervorragend fürs Risotto geeignet), Mais, Getreide (Roggen, Gerste, Dinkel), aber auch Kartoffeln an. Aus der Milch der Kühe entstehen Butter und Käse (Typ Grana).

Alle Produkte, auch der Honig, tragen das internationale Demeter-Siegel, das den biodynamischen Anbau garantiert. Sie können direkt auf dem Hof gekauft werden.

Allgemeine Informationen
Consorzio Parco Lombardo della Valle del Ticino
Via Isonzo 1
20013 Ponte Vecchio di Magenta
Tel. 02/9794401
Mo–Fr 9–12, 14–17 Uhr
Libreria del Touring Club
Cso. Italia 10
20122 Milano
Metro: Messori
Mo 14–19, Di–Sa 10–19 Uhr

Ein Rezept, eine Köstlichkeit: »farinata« *(Erbsenbrot) Es ist das Einfache, das es so schwer macht: Man nehme Kichererbsenmehl, Olivenöl (natürlich »extra vergine«), Wasser und Salz. Im Ofen, auf großen Kupferblechen gebacken, wird daraus die berühmte »farinata« (im ligurischen Dialekt heißt sie »a fainà«), eine Köstlichkeit, die warm, mit etwas Pfeffer bestreut, gegessen werden muß – am besten in Verbindung mit einem Schluck Wein. Diese einfache und höchst populäre Speise findet man nicht nur an der Riviera di Levante, sondern im ganzen oberen Bogen des tyrrhenischen Meeres. In Nizza nennt man sie »zocca«, bei Imperia »frisciolata« und in der Toskana zwischen Pisa und Livorno »cecina«.*
Ligurien ist aber bereits seit altersher besonders stolz auf sein Erbsenbrot. Aus dem 15. Jahrhundert ist zum Beispiel ein Dekret überliefert, das den Gebrauch von minderwertigem Öl verbietet. Heute verkaufen kleine, meist anonyme Bratküchen noch die »farinata«, wo es auch »pizza im Stück oder «focaccia« (ein fetthaltiges Salzbrot) gibt. Dabei kann man auch »edle« Formen der »farinata« finden: mit

D1 Mit dem Zug von Domodossola nach Locarno

Ein Vergnügen, nicht nur für eingefleischte Eisenbahnfans, bieten die 52 km Schienen, die *Domodossola* entlang der Valle Vigezzo (Italien) und Centovalli (Schweiz) über 83 Brücken und 31 Tunnel mit dem Tessiner Locarno verbinden. Nach langer Vorbereitung, erste Pläne bestanden bereits 1825, wurde die Strecke im November 1923 eingeweiht. Man kann diesen Zug benutzen, um einen Tagesausflug ins Tessin zu machen. Aber auch, um zu den abgelegenen Ortschaften der Val d'Ossola zu gelangen – wie etwa nach Rè mit seiner Wallfahrtskirche Madonna del Sangue, da auch »Lourdes des Ossolatals« genannt wird.

Die Bahn fährt täglich von Domodossola aus zwischen 9.05 und 20.20 Uhr etwa jede Stunde. Abfahrt von dem Endhaltepunkt unter dem Bahnhof der staatlichen Eisenbahnen (Domodossola FS). Der Direktzug – Halt an den Zwischenstationen wie u.a. S. Maria Maggiore, Ré, Camedo (Grenze) und Verdasio nur auf Verlangen – benötigt rund 90 Minuten. In *Locarno* gibt es Anschluß nach Bellinzona. Es ist aber auch reizvoll, den Schienenstrang mit dem Wasserweg zu verbinden: als Bootsfahrt von Locarno aus über den Lago Maggiore zurück nach Italien.

Allgemeine Informationen
Società Subalpina di Imprese Ferroviare (SSIF)
Via Mizzoccola
28037 Domodossola (NO)
Tel. 03 24/24 20 55

Von Domodossola nach Locarno / Ligurischer Höhenweg

Kräutern (Rosmarin), mit Zwiebelchen und mit Oliven gespickt. Oder man nimmt sie an Stelle von Brot, wenn man sich den typischen »baccalà« (Stockfisch) bestellt. In Monterosso, dem lebhaften Hauptort der Cinque Terre, sollte man sich zum Beispiel auf die Suche nach dem kleinen Laden »Il Frantoio« in der Via Gioberti machen. Dort findet man eine traumhafte »farinata« (1500 Lit. das Stück), aber eben auch »pizza«, »focaccia« oder »sgabei« (Teigkrapfen) sowie Gemüsetorten zum Essen im Stehen oder zum Mitnehmen an den Strand. In La Spezia liegt die beliebte Farinata-Küche »La Pina« in der zentralen Via Magenta 12. Man kann hier beim Essen auch draußen sitzen. In der Altstadt von Genua, die die Via dei Giustiniani Richtung Hafen durchläuft, stößt man bei der Hausnummer 16r in einem ehemaligen Salzlager auf die Bratküche und Trattoria »Sa Pesta«, die von der »farinata« bis zur »panissa« (eine Polenta aus Erbsenmehl) das klassische Repertoire der einfachen Küche bietet. Die Speisen sind heute nicht nur schwer zu machen, sie sind auch selten geworden.

Wandern auf dem ligurischen Höhenweg

Man braucht sich ja nicht gleich die ganze Tour vorzunehmen: 44 Teilstrecken mit insgesamt über 400 km verbinden Ventimiglia an der französischen Grenze mit Ceprana bei La Spezia. Die Alta Via dei Monti Liguri (Höhenweg der ligurischen Berge) bietet immer wieder Seiteneinsteigern eine Chance – auch denen, die nur einen Spaziergang machen oder ein kurzes Teilstück laufen möchten. Wo immer das Rechteck mit den roten Seitenbalken und den schwarzen Buchstaben AV auftaucht, ist man auf dem rechten Pfad.

Der Höhenweg führt in verschiedenen Schwierigkeitsgraden längs der Wasserscheide des ligurischen Apennin an der Grenze zur Region Piemont bis zur Toskana. Weite Ausblicke über das Meer, herrliche, wilde Winkel der Natur und wechselnde Flora und Fauna gehören zu den Entschädigungen der Mühe. Den höchsten Punkt des Weges erreicht man auf dem Monte Saccarello (2200 m), wo sich zu Füßen einer monumentalen Erlöserstatue *(Monumento al Redentore)* die Murmeltiere tummeln.

Fast jedes Teilstück ist durch Hütten o. ä. gesichert, meist aber stößt man auch auf Gasthäuser oder Hotels. Geübte Wanderer können die gesamte Strecke in 20 bis 30 Tagen überwinden. Lange Sonnenscheindauer und angenehme Temperaturen machen die Monate von April bis Juli zur besten Wanderzeit, zwischen Oktober und Ja-

Romantischer Wanderweg, die »Via d'Amore«, direkt am Meer – zwischen Riomaggiore und Manarola

nuar muß man dagegen häufig mit schlechtem Wetter rechnen. Über den genauen Streckenverlauf informieren die jeweiligen APT Liguriens. Die regionale Handelskammer (Unione delle Camere di Commercio) hat einen genauen Führer (Preis 16 000 Lit., auch in deutscher Sprache 20,– DM) herausgegeben, der vor Ort gekauft werden oder bei der Handelskammer bestellt werden kann.

Allgemeine Informationen
Centro Studi Unione delle Camere di Commercio
Via S. Lorenzo 15
16123 Genova
Tel. 010/20 44 18

Wandern in den Cinque Terre

Dieses Wandergebiet hat zu recht inzwischen einen internationalen Ruf. Deshalb lasse man sein Auto auch entweder in Levanto oder in La Spezia stehen und nehme den Zug, der in allen fünf Orten (nach denen die *Cinque Terre*) ihren Namen haben, hält.

Abfahrt zum Beispiel in La Spezia um 8.10 Uhr, Ankunft in Riomaggiore 8.18, Manarola 8.21, Corniglia 8,25, Vernazza 8.30 und Monterosso 8.36 Uhr. Der letzte Zug zurück fährt ab Monterosso 0.17 Uhr; man kann sich also Zeit lassen.

Der direkteste Weg am Meer von Monterosso nach Riomaggiore ist auch einer der schönsten. Bergauf und bergab ist er eigentlich nur 11 km lang, aber wenn

Wandern in den
Cinque Terre

Idyllisch auf einem Felsen gelegen: Manarola

man ihn in aller Ruhe mit vielen Pausen läuft, kann man schon fast den ganzen Tag unterwegs sein. Sogar zwei Tage, wenn man zum Beispiel bei Gianni Franzi in Vernazza übernachtet.

Also beginnen wir in Monterosso, dem einzigen Badeort der Cinque Terre, wo auch die Fischerboote mit den berühmten *acciughe di Monterosso* landen, großen silbernen Sardellen, die am besten roh mit Zitrone, Olivenöl und Origano gegessen werden.

Von der Pza. Garibaldi folgen wir dem Wanderweg Nr. 2 des Alpenvereins CAI, der die Orte der Cinque Terre miteinander verbindet. Auf schmalen, steinigen Wegen längs der Felsen geht es dann wieder abwärts Richtung *Vernazza* um einige sehr schöne Buchten. Man sieht einen kleinen Hafen, bunte Häuser, glitzerndes Licht – es ist fast zu schön, um wahr zu sein. Weiter geht es immer den Weg CAI Nr. 2 entlang nach *Corniglia*, wo man einen Blick auf die Kirche S. Pietro mit dem gotischen Portal und der herrlichen Fensterrose werfen sollte. Anschließend lockt die verdiente Mittagsrast bei Agostino Galletti in seiner Cantina de Mananan. Gut gestärkt – und gefährlich beschwingt durch den Sciacchetrà (Dessertwein der Cinque Terre aus luftgetrockneten Trauben) – ziehen wir weiter nach Manarola am Ende einer tiefen Schlucht. Unter uns laden kleine Buchten zum Baden. Das letzte Stück nach Riomaggiore geht entlang einer in den Fels ge-

Spaziergang durch
die Oberstadt von
Bergamo

terwarf, das damals seinen Herrschaftsbereich bis an die Adda ausgeweitet hatte. Der auch vielen Italienern unverständliche Dialekt Bergamos klingt merkwürdig weich und venezianisch. Die Venezianer ließen den Mauerring verstärken und mächtige Tore bauen, (Bei der Porta S. Agostino kann man deutlich den Markuslöwen erkennen) durch die heute noch der Verkehr in die Oberstadt fließt – wobei die engen Gassen eigentlich keinen Autoverkehr zulassen und Fußgänger sich mit den Mopeds und Motorrollern den engen Raum streitig machen. Oben angekommen, lockt Bergamo mit allen süßen Sünden, die Zukkerbäcker sich ausdenken können. Spätestens in der Via Gombito kann man im Café Cavour einfach nicht mehr widerstehen. Sollte es kühl sein, muß man hier einfach eine Tasse heißer Schokolade trinken (drei verschiedene Arten zur Auswahl) und von den Kuchen der eigenen Konditorei kosten. Die Via Gombito führt ins Herz der Oberstadt auf die Pza. Vecchia. Rechts wird sie von dem frühbarocken Palazzo Nuovo (ab 1611 durch Vincenzo Scamozzi errichtet, aber erst 1927 fertiggestellt)

209

Routen und Touren

Hauptwerk der lombardischen Renaissance: die Cappella Colleoni

begrenzt, der bis vor 120 Jahren als Rathaus diente (heute Bibliothek). Gegenüber zeigt sich die herrliche mittelalterliche Anlage mit dem Palazzo della Ragione (altes Rathaus aus dem 12./13. Jh.) und dem dazugehörigen Stadtturm. An der Westseite liegt der Palazzo del Podestà.

In der Mitte der Piazza fällt eine klassizistische Brunnenschale aus dem Zeitraum ins Auge. Die Anlage ist eigentlich Ausdruck des Stolzes der Bergamasken, die sich im 12. Jh. zusammen mit der lombardischen Städteliga ein Stück Freiheit von den deutschen Kaisern ertrotzt hatten. Die Pza. Vecchia ist der szenische Auftakt für den zweiten großen Auftritt Bergamos: Durch die Arkaden des Palazzo Vecchio sieht man schon die Pza. Duomo mit der ursprünglich romanischen Basilika, die in Renaissance und Barock dann zu ihrer jetzigen Gestalt gefunden hat; vor allem mit der fassadenlosen Kirche S. Maria Maggiore (seit 1173). Man gehe links um sie herum und staune über gotische Portale von Giovanni da Campione, die Sakristei der Renaissance, eine Treppe und die schöne Apsis und den Glockenturm (14.–16. Jh.) – langsam wächst die Kirche von der Romanik in die Neuzeit hinein. Im Inneren kann man diese Schichtungen an Grabmälern, Fresken, Wandelgängen gleichfalls nachvollziehen; außerdem sollte man einen Blick auf das prachtvolle Renaissancegestühl im Chorraum werfen. Das elegante achteckige Baptisterium

Spaziergang durch die Oberstadt von Bergamo

In dem Palazzo Nuovo von Bergamo befindet sich heute die Biblioteca Civica

an der Westseite der Piazza aus dem 14. Jh. wurde im Jahr 1898 hierher versetzt.

Zwischen Baptisterium und Kirche kommt der dritte große Auftritt Bergamos: die Cappella Colleoni, ein Juwel der Dekorationskunst und Hauptwerk der lombardischen Renaissance, das Giovanni Antonio Amadeo ab 1472 für den Heerführer Bartolomeo Colleoni gebaut hat. Colleoni hatte sich für die Republik Venedig besonders im Kampf gegen die Mailänder Herzöge eingesetzt. Sein Grabmal und das seiner Tochter, beide von Amadeo, sind im Inneren zu besichtigen (9–12, 14–18 Uhr); die Ausmalungen der Kapelle stammen aus späteren Zeiten (meist Rokoko, u.a. Fresken von Tiepolo). Anschließend nehme man von der Ple. Colle Aperto hinter der Citadella die Seilbahn, die nach einem Brand 1991 wieder erneuert wurde, und fahre auf den Hügel S. Vigilio mit seiner Befestigungsanlage. Dort genieße man den Ausblick. Auf dem Rückweg hat man vielleicht wieder Kraft für ein Museum, beispielsweise das Museum über den Komponisten Gaetano Donizetti in der Via Arena (→ Orte in der Umgebung von Mailand, Bergamo, Museen und Galerien). Und weil wir gerade bei Donizetti sind, setzen wir uns in der Via Gombito in die gleichnamige Bar (→ Orte in der Umgebung von Mailand, Bergamo, Essen und Trinken) und lassen bei Käse und Wein den Tag ausklingen.

Allgemeine Informationen

Allgemeine Informationen

Anreise

Mit dem Auto
Erforderlich sind Führerschein (bei längerem Aufenthalt ist eine offizielle Übersetzung durch Botschaft oder Konsulat ratsam) und Fahrzeugschein. Die grüne Versicherungskarte ist nicht vorgeschrieben, kann aber hilfreich sein ebenso wie ein Auslandsschutzbrief der Automobilklubs. Die Durchfahrt durch die Schweiz auf Autobahnen kostet für Nichtschweizer z.Zt. 40 Sfr (Jahresvignette), für die Brennerstrecke in Österreich und die durch den Tauerntunnel muß man Einzelmaut bezahlen.
In Italien wird auf den Autobahnen je nach Streckenlänge eine Gebühr (*pedaggio*) erhoben (→ Auto).
Autoreisezüge: In den norditalienischen Raum gibt es Zugverbindungen mit Autotransport von Berlin nach Bozen, von Hamburg nach Verona, von Hannover, Köln und Neu-Isenburg nach Alessandria und Verona.

Mit der Bahn
Direkte Verbindungen bestehen von Wien über Tarvis nach Mailand/Turin; von München über Kufstein, Brenner nach Mailand/Turin/Ventimiglia; von Basel über Chiasso, nach Mailand/Genua.

Mit dem Flugzeug
Von Deutschland, von Österreich und der Schweiz aus bestehen Flugverbindungen nach Mailand sowie nach Turin (nur D, CH), Genua (nur D, CH). Die Liberalisierung des europäischen Flugverkehrs hat zu starken Preisvarianten und Sonderangeboten bei einzelnen Gesellschaften geführt. Man lasse sich am Heimatort beraten.
Zubringer zu den Flughäfen: Von den Flughäfen Genua (C. Colombo, 7 km zum Stadtzentrum), Mailand-Linate (F. Forlanini, 10 km) und Turin (Città di Torino, 18 km) bestehen zu allen Flügen Busverbindungen in die jeweilige Stadtmitte. Das gilt auch für den Flughafen Mailand-Malpensa, der zur Zeit noch von Interkontinental-Linien genutzt wird, in Zukunft aber Linate im europäischen Flugverkehr ersetzen soll, sowie für den Ausweichflughafen Bergamo.

Apotheken

Öffnungszeiten: In der Regel von Mo–Fr 9–12.30 und 15.30 bis 19 Uhr (Winter); 16–19.30 Uhr (Sommerhalbjahr); Sa nur am Vormittag. Zu allen anderen Zeiten und an So und Feiertagen

---

orherige Seite: Römer, Engel, Grazien
die Kunstgeschichte in Gipsfiguren –
einem Gartencenter bei Peschiera.
nks: Ganz frisch dagegen das Obst
uf einem Markt in Asti

Allgemeine Informationen

Sehenswert: der Hauptbahnhof von Mailand

öffnen einige turnusmäßig – ein Verzeichnis der entsprechenden Adressen hängt an der Eingangstür jeder Apotheke aus. Bei den Apotheken kann man auch abgelaufene Arzneimittel entsorgen.
Telefonische Auskunft über diensthabende Apotheken unter der Rufnummer 192.

Auskunft

Fremdenverkehrsbüros
In Italien:
Ufficio Informazioni Turistiche (Aosta-Tal)
Piazza Chanoux 8
11100 Aosta
Tel. 0165/236627
Fax 34657

Assessorato Regionale al Turismo (Piemont)
Via Magenta 12
10128 Torino
Tel. 011/43211, Fax 4322440
Assessorato Regionale al Commercio, Turismo, Sport e Tempo Libero (Lombardei)
Via Fabio Filzi 22
20124 Milano
Tel. 02/676651, Fax 67655428
Assessorato Regionale ai Trasporti, Viabilità e Turismo (Ligurien)
Via Fieschi 15
16121 Genova
Tel. 010/54851
Fax 590218
In der Bundesrepublik Deutschland:
**Staatliches italienisches Fremdenverkehrsamt
– Enit-Düsseldorf**
Berliner Allee 26

D 40212 Düsseldorf
Tel. 02 11/13 22 31
– Enit-Frankfurt
Kaiserstr. 65
D 60329 Frankfurt/Main
Tel. 069/23 12 13
– Enit-München
Goethestr. 20
D 80336 München 2
Tel. 089/53 03 69
In Österreich:
Enit-Wien
Kärntnerring 4
A 1010 Wien
Tel. 02 22/65 43 74
In der Schweiz:
Enit-Zürich
Uraniastr. 32
CH 8001 Zürich
Tel. 01/2 11 36 33

Auto

Autobahngebühren: Die italienischen Autobahnen sind gebührenpflichtig, zum Beispiel kostet die Strecke Brenner-Mailand 34 000 Lit. oder Chiasso-Genua 18 000 Lit. Wer häufiger Autobahnen (gerade für kürzere Strecken) benutzt, kaufe sich die »Viacard« zu 50 000 oder 100 000 Lit. die jeweilige Gebühr wird an Automaten abgebucht. Mit dieser Magnetkarte kann man die Sonderspuren der Mautstellen benutzen und vermeidet Staus vor den Kassenhäusern. Sie ist an den Grenzen, den Infostellen der Autobahngesellschaften (»Punto Blu«) sowie im Land bei den meisten Postämtern zu erhalten.

Automobilklubs: Kontaktpartner deutscher Automobilklubs ist der ACI (Automobile Club d'Italia). Der ACI hat auch Einsatzwagen zur Pannenhilfe – ist aber nicht so flächendeckend organisiert wie etwa der deutsche ADAC. Mitglieder eines Automobilklubs haben Anrecht auf kostenlosen Service (Abschleppen bis zur nächsten ACI-Werkstatt). Sonst kann der Pannendienst recht teuer werden (mindestens 90 000 Lit).
ACI-Notruf Tel. 116
ADAC – Notruf für Norditalien Juni–Sept. Tel. 049/66 16 51
Benzinpreise: Sie sind staatlich festgelegt, können aber regionalen Schwankungen unterliegen. Bei Redaktionsschluß betrugen sie 1965 Lit. für Super verbleit, bleifrei *(senza piombo)* 1815 Lit. Die Preise schwanken nicht zwischen Autobahnen und Landstraßen.
Allerdings bieten abseits der Autobahnen einige Tankstellen bei Self Service einen Rabatt *(sconto)* oder zumindest einen Gratis-Caffè in der Bar nebenan. Die Benzingutscheine, die früher den hohen Preisunterschied zwischen Italien und seinen Nachbarländer ausglichen, gibt es nicht mehr, eine Wiedereinführung ist nicht geplant.
Die Öffnungszeiten der Tankstellen:
Tgl. 7–12.30, 14.30 bis 19 Uhr, So geschl. Sonntags haben einige Tankstellen am Vormittag geöffnet. Außerhalb der Öffnungszeiten benutze man die Tankautomaten, die allerdings nicht im-

Allgemeine Informationen

mer auch bleifreies Benzin oder Diesel abgeben.
Besondere Verkehrsregeln: Die Höchstgeschwindigkeit ist nach Hubraum festgelegt. Auf Landstraßen für alle PKW und Motorräder 90 km/h, auf Autobahnen für alle Wagen und Räder bis 1099 kcm 110 km/h, ab 1100 kcm gilt 130 km/h. Es besteht Gurtpflicht.
Notruf: Tel. 113

Camping

Entlang der ligurischen Küste und an den Seen bieten die norditalienischen Regionen eine große Zahl von Campingplätzen – etwas weniger im Hinterland. Pro Person zahlt man zwischen 6000 Lit und 20000 Lit. für einen Standplatz mit Strom pro Tag.
Bergwanderer können in Hütten unterkommen. Auf jeden Fall empfiehlt es sich, bei den lokalen Fremdenverkehrsämtern oder am besten direkt bei den Zentralstellen der Regionen den jeweils neusten Campingführer (*campeggi e villaggi turistici*) mit den Öffnungsperioden, Preisen und Ausstattung der Campingplätze, Touristendörfer und Berghütten anzufordern.
Im Land kann man sich den jährlich aktualisierten Campingführer des Touring Club Italiano kaufen (32000 Lit.). Es versteht sich, daß man für die Hochsaison im Juli/August vorbuchen sollte.

Diplomatische Vertretungen

Italienische Botschaften
In Deutschland:
Karl-Finkelnburg-Str. 51
D 53173 Bonn
Tel. 02 28/36 40 15
In Österreich:
Rennweg 27
A 1030 Wien
Tel. 02 22/5 05 43 74
In der Schweiz:
Elfstraße 14
CH 3000 Bern
Tel. 031/44 41 51
Konsulate von Deutschland, Österreich und der Schweiz
In Mailand:
(Publikumsverkehr Mo–Fr 9–12 Uhr):
Generalkonsulat der Bundesrepublik Deutschland
Via Solferino 40
Tel. 02/6 55 44 34
Konsulat der Bundesrepublik Österreich
Via Cremona 27
Tel. 02/4 81 20 66
Schweizer Konsulat
Via Palestro 2
Tel. 02/7 77 91 61
In Genua:
Generalkonsulat der Bundesrepublik Deutschland
Via San Vincenzo 4
Tel. 010/5 76 74 11
Konsulat der Bundesrepublik Österreich
Via Asserotti 5
Tel. 010/8 39 39 83
Konsulat der Schweiz
Piazza Brignole 3
Tel. 010/5 62 63 2

Lädt zum Stöbern ein:
der Antiquitätenmarkt von Mantua

Einkaufen

Ein Schaufensterbummel bietet sich allein wegen der vielen kleinen Geschäfte an. Unsere Kaufhaus-»Kultur« tut sich südlich der Alpen trotz Standa- und Upim-Ketten noch immer schwer. Zwischen Feb./März und Aug./Sept. werden beim Ausverkauf (*saldi*) Lager geräumt und Preise gesenkt – zugreifen! Jede Stadt und fast jeder noch so kleine Ort hat seinen Markt, auf dem zu stöbern immer Spaß macht – auch wenn man gar nichts kaufen möchte. Gourmets können sich den Einkaufsführer »Almanacco dei golosi« (Gambero Rosso Editore, 28000 Lit.) oder »Le buone cose« (Veronelli Editore, 25000 Lit.) im Buchhandel besorgen.

Öffnungszeiten der Geschäfte: Sie schwanken manchmal von Provinz zu Provinz. Außerdem haben einige Kategorien montags nur vormittags (Bäcker z.B.) geöffnet, wenn andere (Lebensmittel) geschlossen haben. Aber als Faustregel gilt: Die Geschäfte sind Di–Sa 9–12/13 und 15/16–19/20 Uhr geöffnet. Mo vormittags haben die meisten Geschäfte geschlossen, Supermärkte bleiben oft durchgehend 9–20 Uhr (Mo ab 12.30 Uhr) geöffnet.
In der Hauptferienzeit zwischen Mitte Juli und Ende Aug. lassen viele Geschäfte in den Städten ihre Rolläden ganz unten, während sie in den Badeorten

manchmal auch So. geöffnet sind.

Einreise

Für einen Aufenthalt bis zu drei Monaten genügt für Angehörige von EU-Staaten wie für einige andere Länder (u. a. die Schweiz) ein gültiger Personalausweis. Bei längerem Aufenthalt ist bei der *questura* (Polizeibehörde) des italienischen Wohnorts eine Aufenthaltsgenehmigung (*permesso di soggiorno*) zu beantragen. Kinder unter 16 Jahren benötigen zur Einreise einen Kinderausweis oder die Eintragung im Paß eines Elternteils.

Einreise mit Tieren: Tierhalter müssen bei der Einreise für jedes mitgeführte Tier ein amtsärztliches, höchstens einen Monat altes Gesundheitszeugnis vorlegen sowie eine Bescheinigung darüber, daß das Tier vor mindestens 20 Tagen, höchstens aber 11 Monate zuvor gegen Tollwut geimpft worden ist. Sollte der Zöllner nach Maulkorb und Leine fragen, so ist das sein gutes Recht – man führe also beides mit sich.

Essen und Trinken

Der Morgen beginnt bescheiden. In der Bar an der Ecke trinken die Einheimischen wahlweise Espresso (der nur *caffè* genannt wird), Cappuccino oder Caffèlatte (Milchkaffee) und essen ein süßes oder salziges Hörnchen (*brioche*). Die besseren Hotels bieten in der Regel Frühstücksbüffets, in der mittleren und unteren Klasse muß man dagegen mit flauem Weißbrot und lauem Kaffee (Tee) vorliebnehmen. In solchem Fall suche man die nächste Frühstücksbar, das ist preiswert und landesüblich. Dem modernen Arbeitsleben ist die lange Mittagspause geopfert worden. Das Mittagessen (*colazione* oder *pranzo*) ist mit Ausnahme des Sonntags nicht mehr die Hauptmahlzeit. Für den kleinen Hunger unterwegs bieten sich viele Bars und Snackstuben an, die auf meist engem Raum raffinierte Bissen, *tramezzini*, *panini*, *focacce*, *pizzette* getoastet oder kalt anbieten. Dazu kann man frisch gepreßte Säfte trinken, Mineralwasser, Bier vom Faß oder ein Glas Wein oder Sekt. Kurz, es ist eine ganze Imbiß-Kultur entstanden, die dem Touristen durchaus entgegenkommt. Schwierig ist es nur, einen Sitzplatz zu finden.

Restauranttypen und Öffnungszeiten: Die Lokale nennen sich »Bar«, »Snackbar«, »Paninoteca« oder althergebracht »Rosticceria« sowie »Tavola Calda« (dort bekommt man einen Teller Spaghetti oder Lasagne sowie ein einfaches *secondo*).

Dennoch kann ein Gast auch mittags *all'italiana* schlemmen. Allerdings ist Italien, auch was die Küche angeht, längst nicht mehr so preiswert, wie man es sich vielleicht erwartet – man studiere die Preisliste (*la lista*), die immer draußen aushängt.

Die alten Unterscheidungen zwischen der einfacheren »Trattoria« und dem besseren »Ristorante« sind fast verschwunden. Und manch eine Nobelstube nennt sich wie die volkstümliche Weinschenke »Osteria«. Ein Tip: Wenn man an der Landstraße viele Lastwagen in der Nähe einer Trattoria sieht, kann man diese meist unbedenklich aufsuchen, dann gibt es Hausmannskost zu zivilen Preisen.

Die Restaurants haben mittags zwischen 12 und 14.30 und abends zwischen 19 und 22 Uhr geöffnet – längere Öffnungszeiten der Küchen findet man gelegentlich in touristischen Zentren und in Städten. Bars und Restaurants haben einen wöchentlichen Ruhetag und schließen im Sommer oft für zwei bis vier Wochen. Die jeweils neueste Ausgabe der »Osterie d'Italia« (Slow Food Editore, 39 000 Lit.) bietet eine gute Übersicht über typische Lokale der Regionalküche.

Bezahlen: In der Rechnung (*il conto per favore!*) ist grundsätzlich der Service inbegriffen. Der Endpreis setzt sich zusammen aus dem *coperto* (Gedeck), der Konsumierung laut Karte und dem Bedienungsgeld. Dennoch, ist man mit Bedienung und Speisen zufrieden, hinterläßt man auf dem Tisch ein Trinkgeld (→ Trinkgeld).

Speisen- und Getränkelexikon
Abbacchio: Lamm
acciughe: Sardellen
aceto: Essig
aglio: Knoblauch
agnello: Lamm
agnolini: gefüllte Teigtaschen
albicocca: Aprikose
amaretto: Bittermandellikör
amaro: Magenbitter
anatra: Ente
antipasto: Vorspeise
aragosta: Languste
aranciata: Orangenlimonade
arrosto: gebraten, Braten
arrosto di vitello al latte: mit Speck gespicktes Kalbsgericht
Bagna càuda: Sauce aus Butter Knoblauch, Öl, Gewürzen
bagosso: Käse aus Kuhmilch
bicchiere: Glas
biscotto: Keks
bistecca: Beefsteak, Schnitzel
bistecca milanese: Wiener Schnitzel
bocconcini: Gulasch
bollito: gekochtes Fleisch
bracciola: Kotelett, Rippenstück
brasato: gespickter Rinderbraten
bressaola: luftgetrocknetes Rind- oder Gemsenfleisch
bruschetta: mit Öl und Knoblauch geröstetes Brot
burro: Butter
busecca: Kuttelsuppe mit Suppengrün oder Bohnen
Cannelloni: Teigröllchen aus dem Ofen
cappelletti: kleine Hörnchennudeln
capperi: Kapern
caprese: Mozzarella und Tomaten
capretto al barolo: Ziegenfleisch in Barolowein
carciofi: Artischocken
carne: Fleisch

221

Allgemeine Informationen

carota: Karotte
cassola: Eintopf mit Wirsing
cavolfiore: Blumenkohl
ceci: Kichererbsen
cervello: Hirn
cinghiale: Wildschwein
cipolle ripiene di magro: pikant gefüllte Zwiebeln
conchiglie: muschelförmige Nudeln
coniglio: Kaninchen
coniglio alla canavesana: Ragout aus Kaninchenfleisch
conto: Rechnung
contorno: Beilage
cotoletta alla milanese: paniertes Kalbsschnitzel
crostata: Obsttorte
Dolce: süß, Süßspeise
Erbe: Kräuter
Fagiano: Fasan
fagiolini: grüne Bohnen
faraona alla creta: gebackenes Perlhuhn
farfalle: Schmetterlingsnudeln
fegato: Leber
ferri (ai): gegrillt
fettuccine: Bandnudeln
finocchio: Fenchel
formaggio: Käse
forno (al): im Ofen gebacken
fragola: Erdbeere
fresco: frisch
fritto: gebacken, fritiert
fritto misto: gebackene Fische
frutta: Obst
frutta di mare: Meeresfrüchte
funghi porcini: Steinpilze
fusilli: kleine Schraubennudeln
Gallina: Huhn
gambero: Krebs
ghiaccio: Eiswürfel
gnocchi: kleine Nockerl aus Kartoffelteig oder Grieß

grappa: (Trester-) Schnaps
grissini: dünne Knabberstangen
Insalata: Salat
insalata di tartufi: dünne Pilz- und Trüffelscheiben mit Zitrone
insalata mista: gemischter Salat
involtini: kleine Rouladen
Lasagne: überbackenes Nudelgericht
latte: Milch
latte macchiato: Milch mit einem Schuß Kaffee
lattuga: Kopfsalat
limone: Zitrone
linguine: schmale Nudeln
lombata: Lendensteak
Maccheroni: dicke Nudeln mit Loch
maiale: Schwein
malfatti: Spinat-Quarkklöße im Ofen überbacken
mandorla: Mandel
manzo: Rindfleisch
mela: Apfel
melanzane: Auberginen
miele: Honig
minestra: Suppe
minestrone: Gemüsesuppe
missoltini: Fischspezialität (Agoni-Fische) aus dem Comer See
morbido: weich, mürbe
Nasello: Seehecht
noccioline: Erdnüsse, Haselnüsse
noce: Nuß
Olio: Öl
olive: Olive
orecchiette: Öhrchennudeln
ossobuco: Kalbshaxe mit Gemüse
Paglia e fieno: Heu und Stroh, grüne und weiße Bandnudeln

pane: Brot
panino: Brötchen
panissa: typisches Reisgericht
panna: Sahne
papardelle: kurze, breite Nudeln
parmigiano: Parmesankäse
pasta: Nudeln
patate: Kartoffeln
penne rigate: kurze, dicke Nudeln mit Loch
pesce: Fisch
pesce spada: Schwertfisch
pesto alla genovese: Basilikumsauce
piatto del giorno: Tagesgericht
piatto primo: erster Gang
piatto secondo: zweiter Gang
piselli: Erbsen
polenta: Maisbrei
pollo: Hähnchen
polpetta: Frikadelle
pomodoro: Tomate
porchetta: Spanferkel
prosciutto cotto: gekochter Schinken
prosciutto crudo: roher Schinken
Ragù: Ragout, Fleischsauce
ravioli: gefüllte Teigtaschen
rigatoni: kurze, geriffelte Nudeln
riso: Reis
Sale: Salz
salmone: Lachs
salsa: scharfe Sauce
salsa finanziera: Sauce mit Trüffelessenz
saltimbocca: Kalbsmedaillons mit Salbei
scaloppine: Schnitzelchen
semifreddo: Halbgefrorenes
senape: Senf
seppie: Tintenfische
sogliola: Seezunge

spezzatino: Gulasch
spiedo, spiedino: Spieß
spigola: Barsch
spinaci: Spinat
spremuta: frisch gepreßter Saft
spumante: Schaumwein
stracciatella: Bouillon mit Ei, auch Eis mit Schokosplittern
stufato: Rinderschmorbraten mit Kräutern
succo di frutta: Fruchtsaft
Tacchino: Truthahn
tagliatelle: lange, dünne Bandnudeln
tajarin: Bandnudeln mit Trüffel
tapulone: Schmorgericht mit mehreren Fleischsorten
tartufo: Trüffel, Trüffeleis
tè: Tee
tè al limone: Tee mit Zitrone
tè con latte: Tee mit Milch
timballo: Nudelauflauf
tonno: Thunfisch
tramezzino: Sandwich
trifolato: getrüffelt
trippa alla romana: Kutteln
trota: Forelle
Uovo: Ei
uovo strapazzato: Rührei
uovo à la coq: weiches Ei
uva: Trauben
Verdura: Gemüse
vino amabile: süßer Wein
vino bianco: Weißwein
vino di casa: Hauswein
vino rosso: Rotwein
vino secco: trockener Wein
vitello: Kalb
vongole: Venusmuscheln
Zabaione: Wein-Eier-Creme
zuppa alla pavese: Fleischbrühe mit Ei und Brotscheiben
zuppa di magro: Bohnensuppe mit Kohl und Rüben

Allgemeine Informationen

Feiertage

Neujahr (1. Jan.), Erscheinungsfest (6. Jan.), Ostermontag, Tag der Befreiung (25. April), Tag der Arbeit (1. Mai), Mariä Himmelfahrt (15. Aug.), Allerheiligen (1. Nov.), Mariä Empfängnis (8. Dez.), Weihnachten (25. Dez.) und Stefanstag (26. Dez.) sind in ganz Italien Feiertage, an denen auch viele Museen geschlossen sind! Karfreitag, Christi Himmelfahrt, Pfingstmontag, Fronleichnam gelten nicht als gesetzliche Feiertage.

Feste und Folklore

Januar:
Zuerst muß der Winter vertrieben werden, zum Beispiel in Cantù oder in Como, wo am letzten Wochenende im Januar die *giubana*, eine riesige Puppe, verbrannt wird.

Februar:
Karneval wird nicht nur in Venedig, sondern in vielen Städten Oberitaliens mit Umzügen und buntem Treiben und den sprichwörtlich phantastischen Kostümen gefeiert (so in Schignano bei Como). In Ivrea (Piemont) veranstaltet man in den letzten Tagen vor Aschermittwoch eine Apfelsinenschlacht. In Bagolino bei Brescia wird getanzt (»Carnevale Bagoss«). Und wenn alles vorbei ist, geht es in Mailand erst richtig los: Der ambrosianische Karneval dauert eine Woche länger als anderswo. In dieser Zeit zeigen sich die sonst so zurückhaltenden Norditaliener fast neapolitanisch ausgelassen.

März/April:
Ernst und feierlich sind Karfreitagsprozessionen wie in Vercelli (Piemont) mit alten Holztafeln oder in Cavenago d'Adda bei Mailand mit lebenden Bildern (Laiendarsteller stellen pantomimisch Szenen aus der Passion nach).

Mai/Juni:
In diesen Monaten beginnt die Saison der Frühlings- und Sommerfeste (*sagre*), die sich bis September erstreckt. Die *sagre* sind häufig mit einem landwirtschaftlichen Produkt (Pasta, Gemüse, Blumen, Obst) verbunden.

August:
Beim »Palio del Golfo« in La Spezia am 6. August treten Rudermannschaften der einzelnen Stadtviertel gegeneinander an. In Lavagna bei Genua wird am 14. August die größte Torte der Welt angestochen (*torta dei feschi*). Und einen Tag später treffen sich zu Ferragosto die »Madonnari«, die Pflastermaler Europas, in Curatone bei Mantua.

September:
Dies ist in allen Weinanbaugebieten die große Zeit der Weinfeste. Am dritten Sonntag im September steht Asti ganz im Zeichen des »Palio«, des unter den Stadtvierteln ausgetragenen Pferderennens.

Oktober:
In der zweiten Oktoberwoche findet in Alba (Piemont) die nationale Trüffelmesse statt – gleichzeitig ein Volksfest. Am

vorletzten Oktobersonntag strömt das ganze Aosta-Tal zum Wettkampf der Kuhköniginnen zusammen, die sich in Ausscheidungskämpfen das Jahr über gegen dickschädelige Konkurrentinnen durchsetzen konnten.

November/Dezember:
Was die Weinfeste im Spätsommer sind, sind die Erntedankfeste im November. Im Dezember finden vielerorts Krippenspiele statt (u. a. am Heiligen Abend in Chambave/Aosta im Freien – und in Laveno am Lago Maggiore wird die Krippe unter Wasser auf dem Grund des Sees aufgebaut) – in Mailand wird mit großem Budenzauber am 7. Dezember das Fest des Stadtpatrons Ambrosius gefeiert: »Oh bej! Oh bej!« So genannt nach den Jubelrufen der Kinder: Wie schön! Wie schön!

Geld

Die italienische Lire (Lit.) gibt es als Münzwerte zu 20, 50, 100, 200, 500 Lit. und neuerdings 1000 Lit. Als Banknoten sind 1000, 2000, 10000, 50000, 100000 und 500000 Lire-Scheine im Umlauf. Selten findet man noch Telefonmünzen (*gettoni*) als Zahlungsmittelersatz (200 Lit.). Man kann inzwischen fast überall mit Kreditkarten bezahlen, vor allem Eurocard (EC) und Visa, weniger verbreitet sind Diners Club (DC) und American Express (Æ).
Bank (*banca*) und Sparkasse (*cassa di risparmio*): Die Geldinstitute haben Mo–Fr 8.30 bis 13.30 Uhr und eine Stunde am Nachmittag (meist 14.30–15.30 Uhr) geöffnet. Hier kann man Bargeld wechseln (Achtung: Gebühr) oder gegen Euroschecks (max. 300000 Lit. pro Scheck) und meist auch gegen Kreditkarte (max. 450000 Lit. pro Tag) Lire ausgezahlt bekommen. Manche Banken verlangen für Euroschecks eine Gebühr (schwankt zwischen 500 und 2000 Lit). Auf jeden Fall sollte man einen Ausweis mit sich führen.
Man tausche möglichst nicht bei privaten Wechselstuben (*ufficio di cambio*), die einen schlechteren Kurs zahlen als die Banken und EC-Schecks nicht in Lit. akzeptieren. In vielen Hotels kann man auch mit Euroscheck bezahlen bzw. sie (zum schlechteren Kurs) gegen Bargeld eintauschen. Wie zuhause findet man flächendeckend Geldautomaten (*bancomat* – bitte auf EC-Zeichen achten), die oft auch mit Kreditkarten zu bedienen sind.
Postsparbuch: Gebührenfrei sind Abhebungen vom eigenen Postsparbuch gegen Vorlage von Rückzahlungskarten. Man informiere sich rechtzeitig vor der Reise beim heimischen Postamt. In Italien muß man manchmal Schlangen an den Auszahlungsschaltern in Kauf nehmen.

Hotels

Die vier Regionen verfügen über ein teilweise sehr gutes (z.B. an den Küsten und in den Städten)

Allgemeine Informationen

und zum Teil ausreichendes Bettenangebot bei schwankender Qualität besonders in den unteren Preisgruppen. Die regionalen Fremdenverkehrsämter (→ Auskunft) sowie die lokalen APT halten aktuelle Hotelverzeichnisse für die Region, Provinz oder Stadt bereit, die man sich schon vor Reiseantritt zuschicken lassen kann. Die Angaben der Sterne (von eins bis fünf) spiegeln den vergleichbaren Komfort wider, die Preise können bei gleicher Ausstattung zwischen Stadt und Land erheblich schwanken – besonders die Messestadt Mailand ist sehr teuer.

Man beachte, daß in der Hauptsaison Juli/August (*alta stagione*) ein Zuschlag genommen werden kann. Auf jeden Fall ist der Preis gültig, der im Zimmer ausgehängt ist. In der Regel ist das Frühstück nicht im Preis inbegriffen.

Beschwerden bitte an die örtliche Azienda di Promozione Turistica (APT) unter Beifügung der Belege (Rechnung etc.) richten.

Jugendherbergen (ostello della gioventù): Voraussetzung zum Übernachten in Jugendherbergen ist der Besitz eines internationalen Jugendherbergsausweises (ohne Altersgrenze), der im Heimatland bei den zuständigen Jugendherbergsvereinen erworben werden kann. Eine Übernachtung mit Frühstück kostet je nach Ostello zwischen 12000 und 25000 Lit. (einschl. Leinenschlafsack). Geöffnet haben während der Saison Arpy-Morgex (AO), Bergamo, Bergolo (CN), Como, Domaso (CO), Finale-Marina (SA), Genua, Gran Paradiso-Nosca (TO), Mantua, Menaggio (CO), Milano, Savona, Verbania.

In den einzelnen Regionen sind die wichtigsten:

Ostello Centro di Soggiorno
loc. Arpy
11017 Morgex (AO)
Tel. 0165/841684 (auch Fax)
1. Jan.–4. Mai, 14. Jun. bis 7. Sept., 22. Dez.–31. Dez.

Ostello Torino
Via Alby 1 (Crimea)
10131 Torino
Tel. 011/6602939
Fax 6604445
1. Feb.–21. Dez.

Ostello Priamar
Corso Giuseppe Mazzini (Fortezza Priamar)
17100 Savona
Tel. 019/812653 (auch Fax)
ganzjährig geöffnet

Ostello Piero Rotta
Via Martino Bassi 2 (QT8)
20148 Milano
Tel. 02/39267095 (auch Fax)
13. Jan.–23. Dez.

Italienischer Jugendherbergsverband (Ass. Italiana Alberghi per la Gioventù)
Via Cavour 44
00184 Roma
Tel. 06/4871152
Fax 4880492

Kinder

Italien ist das Land der Gegensätze und Widersprüche – so

Kleine Vergnügungsparks für Kinder findet man überall in Italien

auch bei den kleinen Menschen. Kinderliebe und Aufmerksamkeit im Alltag stehen im Gegensatz zu fehlenden Einrichtungen (öffentliches Grün, Spielplätze, Kinderprogramme in TV). Niemand wird wegen seiner Kinder etwa keinen Platz im Restaurant finden, wo man auch ohne Probleme kleinere Portionen bestellen kann. Ferienorte längs der ligurischen Küste und an den oberitalienischen Seen sind während der Urlaubssaison mit entsprechenden Veranstaltungen und kleinen Vergnügungsparks auf Kinder eingerichtet.

Klima und Reisezeit

Am Rand der Alpen herrscht alpines Klima mit kühlen Nächten auch im Sommer, Schneegrenze im Winter um 1500 m Höhe. In der Po-Ebene treten im Herbst und Winter überraschend einsetzende Nebel auf – und auf den Autobahnen können Autofahrer an besonderen Nebelmarken die Geschwindigkeit ausrichten. Geschützt liegen Lago Maggiore und Gardasee, die das ganze Jahr über unter dem Einfluß von mediterranem Klima stehen. Mildes Klima mit ausgedehnten, nicht zu heißen Schönwetterperioden herrscht auch an der ligurischen Küste. Januar und Februar sind meist regenarm wie ebenfalls die Zeit von Juli bis September. Im Frühling und Herbst können wunderschöne Tage immer wieder von kräftigen Schauern unterbrochen werden. Dennoch bieten gerade diese Jahreszeiten, wenn man nicht nur am Strand liegen will, die besten Reisebedingungen.

Leihfahrzeuge

In den großen Städten (Turin, Genua, Savona, Mailand, Brescia), vielen (aber nicht allen) Hauptorten der Provinzen sowie an den Flughäfen der Regionen haben die gängigen Firmen von Leihfahrzeugen (Avis, Hertz, Eurocar etc.) eigene Filialen.

Medizinische Hilfe

Versicherte deutscher Krankenkassen haben in Italien Anspruch auf kostenlose Behandlung nach

Allgemeine Informationen

Die genauen Klimadaten von Mailand

	Durchschnittliche Temperaturen in °C		Sonnenstunden pro Tag	Regentage
	Tag	Nacht		
Januar	4,1	– 0,7	1,8	7
Februar	7,5	– 1,0	3,4	5
März	13,1	5,3	5,3	7
April	18,6	9,4	6,1	9
Mai	22,7	13,2	7,1	13
Juni	27,8	17,3	8,1	7
Juli	30,4	19,8	9,2	5
August	29,1	19,2	8,0	5
September	24,6	16,2	6,3	6
Oktober	17,3	10,7	3,9	8
November	10,4	5,5	1,7	8
Dezember	5,3	– 0,9	1,6	7

Quelle: Deutscher Wetterdienst Offenbach

Vorlage eines internationalen Krankenscheins. Für Medikamente muß in den Apotheken oft der volle Preis bezahlt werden, u.U. kann man die Rechnung dann aber im Heimatland zur Erstattung einreichen.

Man informiere sich bei der eigenen Krankenkasse, die den internationalen Krankenschein ausstellt und in der Regel auch ein aktuelles Verzeichnis deutschsprachiger Ärzte in Italien herausgibt. Im Krankheitsfall, bei Unfällen oder Notfällen wende man sich zunächst an die Ambulanz (*pronto soccorso*) des jeweils nächstgelegenen staatlichen Krankenhauses (*ospedale civile*).

Notruf

Bei Unfällen immer zunächst den allgemeinen Notruf 113 wählen und die genaue Anschrift des Unfallortes sowie die Zahl der Verletzten (*feriti*) oder Schwerverletzten (*feriti gravi*) angeben.
Notruf 113
ACI (Pannendienst) 116
ADAC (Jun./Sept.) 049/661651
Carabinieri 112

Post

Die Postämter der großen Städte sind meistens Mo–Fr durchgehend 8–19, Sa 8–17 Uhr geöffnet, der Telegrammschalter rund um die Uhr. Bei der Post kann man auch Telex und Fax aufgeben. Briefmarken werden auch von Tabakhändlern verkauft, die unter ihrem schwarzen T-Schild den Zusatz *valori bollati* ausweisen.
Ansichtskarten kosten (max. fünf Worte, darüber hinaus wie Standardbrief) 650 Lit., Standardbriefe 750 Lit. (in die Schweiz 850 Lit.).
Dringende Post kann man auf den Hauptpostämtern der größeren Städte mit dem EMS-Kurier (30000 Lit. für eine Sendung bis zu 500 g) verschicken, der europaweit die Auslieferung binnen 24 Std. garantiert – aber nicht immer einhält.

Radio und Fernsehen

Die äußerst lebhafte Medienszene wird beim Fernsehen durch ein Duopol gekennzeichnet. Auf der einen Seite die Kanäle der staatlichen RAI (Radio Audizione Italiana) auf der anderen, die des Mailänder Unternehmers Silvio Berlusconi (Rete Quattro, Canale Cinque, Italia Uno) mit eindeutig kommerzieller Ausrichtung. Der florentinische Unternehmer Vittorio Cecchi Gori versucht, mit zwei landesweiten Kanälen (Telemontecarlo, TMC2) sich einen festen Platz in der Szene zu erkämpfen. Daneben gibt es einige regionale und lokale Sender mit selten nennenswertem Programm. In vielen Teilen der Regionen sind außerdem Sender aus Frankreich und der Südschweiz zu empfangen. Neben den drei nationalen Radiosendern der RAI gibt es eine Fülle von Privatstationen, die häufig nur in einem Umfang von wenigen Kilometern zu empfangen sind. In Mailand sitzt Italiens wohl bester Lokalsender: »Radio Popolare« (FM 101,5), der rund um die Uhr über das Geschehen in der Lombardei berichtet und Hörerdiskussionen initiiert. Die Deutsche Welle auf 49 m Kurzwellenband (6075 Khz) bringt Nachrichten zu jeder vollen Stunde.

Sport

Fußball beherrscht den Sportalltag. Danach kommt die Formel eins, ein bißchen Radsport, Basketball, Boccia (Lombardei) und in den Alpen Eishockey. Frei-

Allgemeine Informationen

zeitsport wird meist in Zirkeln und Clubs betrieben, für die man einen Jahresbeitrag zu entrichten hat. Schwimmbäder mit Publikumsverkehr sind rar, und nur Joggen ist umsonst. Aber dennoch, zum großen Erstaunen der Italiener hat der dauernde Fremdenzufluß etwas verändert. Man informiere sich vor Ort bei den APT: Schwimmen und Segeln (Ligurisches Meer, oberitalienische Seen), Surfen, Tauchen und Fischen, Boccia-, Golf- (Provinz Varese) und Tennisspielen...

Bergsteigen und Wandern
Die Höhenwege in Ligurien oder am Comer See, das Valtellina oder Aosta-Tal sind ebenso Paradiese für Naturfreunde wie der Parco dell'Alto Garda Bresciana, das Naturschutzgebiet zwischen Salò und Limone westlich des Gardasees. Im Apennin des Oltrepò oder der Langhe sind die Wanderwege weniger gut ausgeschildert, dafür um so abenteuerlicher. Im Buchhandel sind Wander- und Naturführer erhältlich, die gemeinsam von der jeweiligen Region und dem WWF herausgegeben werden (»Il Cammina...«, Arcadia Edizioni). Informationen geben außerdem die regionalen Alpenvereine des Club Alpino. Die Zentralstelle befindet sich in Mailand:
Club Alpino Italiano
Via E. Fonseca Pimentel
20127 Milano
Tel. 02/26 14 13 78

Fahrradfahren
Die Po-Ebene mit den Kanälen und Reisfeldern, Strecken zwischen den Kunststädten Mantua, Cremona und Pavia bieten sich für Touren geradezu an. Mit dem Mountainbike kann man sich auch in den Apennin oder noch höher hinauf wagen.

Reiten
Vor allem im Piemont und in der Lombardei hat sich eine gute Infrastruktur von Reitställen herausgebildet. Beide Regionen halten entsprechendes Infomaterial bereit (→ Auskunft), das man kostenlos anfordern kann.

Wintersport
Von Limone Piemonte (nur 50 km vom ligurischen Meer entfernt) über das mondäne Sestriere bis nach Bormio zieht sich ein Kranz von Skistationen durch die Alpen. Höhepunkte sind sicher das Aosta-Tal (Courmayeur) und die Valtellina. Aber auch in einigen Apenninhöhen der Lombardei (Monte Penice) findet man präparierte Pisten. Der italienische Touring Club hat einen umfassenden Wintersportführer (»Sci in Italia – Nuova guida illustrata«) herausgegeben, der in den meisten Buchhandlungen zu erhalten ist.

Sprache

Anders als etwa in Venetien und Friaul finden wir im westlichen Norditalien eine relativ geschlossene Sprachlandschaft vor – ein-

Entspannung großgeschrieben: am Strand von Ventimiglia

zige Ausnahme ist der französische Dialekt des Aosta-Tals, der dort als Amtssprache zugelassen ist. Französisch wird auch in einigen Dörfern Liguriens der Provinz Imperia gesprochen. Es lassen sich Unterschiede im Dialekt besonders zwischen der von Venetien beeinflußten östlichen Lombardei (Brescia, Bergamo) und dem westlichen Raum feststellen – dem Reisenden werden dort die vielen »Ü-Laute« auffallen.

Strände

Die Meere dieser Welt haben längst ihre natürliche Unschuld verloren – und wenn es nach Streßkategorien ginge, wäre das ligurische Meer bereits einem ökologischen Infarkt erlegen. Daß bisher die große Katastrophe ausblieb und es im Gegenteil in jüngster Zeit deutlich besser geworden ist, liegt auch am gestiegenen Umweltbewußtsein in Italien. Die ligurische Küste profitiert von der großen Tiefe des Tyrrhenischen Meeres und der starken Wasserströmung, dennoch sollte man auch hier die Nähe größerer Städte (Genua, Savona, La Spezia) meiden – herrliche Küstenabschnitte (und nicht nur in den Nobelorten wie Portovenere oder Portofino) gibt es zuhauf. Sandstrände findet man vornehmlich an der westlichen Riviera di Ponente, vor allem bei Alassio. Über die (steigende) Wasserqualität der oberitalienischen Seen informieren die jeweiligen APT.

Taxi

Die vielfach noch gelben (und demnächst durchgehend weißen) Wagen mit einem Taxischild auf dem Dach haben im Inneren sichtbar ein Taxometer mit dem laufenden Preis angebracht. Über den aktuellen Tarif, Zuschläge für Gepäck, Fahrten über die jeweilige Gemeindegrenze sowie die Taxennummer (wichtig für mögliche Beschwerden) gibt eine Infotafel Auskunft (auch auf Deutsch), die im Fond des Wagens hängt. Vorsicht vor Bauernfängern, die ihre Kunden auf der Straße ansprechen. In den Städten bieten auch Funktaxi ihre Dienste an.

Telefonieren

Italiener sind telefonverliebt. Scheinbar jeder besitzt ein Handy, mit dem er ganz ungeniert überall telefoniert. Dazu stößt man überall auf Telefonzellen, die wahlweise mit Münzen oder einer Telefonkarte (*scheda telefonica*) zu bedienen sind. Eine mehrsprachige Bedienungsanleitung hilft zu problemlosem Umgang. Die früher verbreiteten Telefonmünzen (*gettoni*) spielen keine Rolle mehr. *Schede telefoniche* (im Wert von 5000 bzw. 10 000 Lit.) verkaufen viele Kioske, Tabakhändler und die Büros der Telefongesellschaft Telecom.

Heute findet man fast in jeder Bar ein Telefon, manche weisen sich noch auf die traditionelle Art mit einem gelben Schild (Symbol einer Wählscheibe) aus. Auslandsgespräche sind ähnlich wie im deutschen Sprachraum ab 18.30 Uhr billiger (Nachttarif von 22 Uhr abends bis 8 Uhr morgens). Die Einheit für ein Ortsgespräch (3 Min. 40 Sek. tagsüber, 6 Min. 40 Sek. nachts) kostet 200 Lit.

So wählen Sie richtig:
Von Deutschland, Österreich und der Schweiz aus:
Erst Vorwahl Italien 00 39, dann Vorwahl der Stadt ohne Null zum Beispiel Turin 11) plus Nummer des Teilnehmers.
Von Italien aus:
Erst Vorwahl Ausland 00, dann Vorwahl Deutschland 49, Österreich 43 oder Schweiz 41; danach Vorwahl der Stadt ohne 0 (zum Beispiel für Hamburg 40) und schließlich die Nummer des Teilnehmers.

Telefonauskunft:
Inland 12
Ausland 15
Apotheken 192
Nachrichten 190
Seewetter 196
Straßenzustand 194
Weckdienst 114
Wetter 191
Zeitansage 161

Trinkgeld

Alle Rechnungen im Hotel, im Restaurant wie im Taxi enthalten bereits Bedienungsgeld. Dennoch gibt man gern Trinkgeld (das Wort *mancia* heißt zutreffender »Handgeld«), wenn man mit der Dienstleistung zufrieden ist. Man rundet einen Betrag im Taxi etwas auf (von 9500 auf 10000 Lit.), gibt – je nach Hotel – dem Kofferdiener etwa (1000 Lit.). In der Bar läßt man schon mal ein 100- oder 200-Lit.-Stück auf dem Tresen liegen. Und im Restaurant? Das ist natürlich immer auch Gefühlssache. Wer zuviel gibt, macht sich lächerlich; wer zu wenig gibt, beleidigt sogar. Als Faustregel gilt: von 1000 Lit. bis zu 10 Prozent der Rechnungssumme. Übrigens wartet man damit, bis die Bedienung das Wechselgeld gebracht hat und läßt das Trinkgeld einfach auf dem Tisch liegen. Wer mit Kreditkarte bezahlt, sollte das Trinkgeld extra geben – manche Kellner klagen, daß das Trinkgeld der Kreditkarte vom Chef nicht weitergegeben wird. Übrigens: Unser »stimmt so«, gilt in Italien als nicht besonders fein.

Zeitungen und Zeitschriften

Die vier Regionen weisen eine hohe Dichte an eigenständigen Lokalzeitungen auf. Zum Beispiel in Como, Bergamo, Brescia, Varese, Mantua, Pavia, Genua, Turin. Hinzu kommt die Pressestadt Mailand, wo allein sieben Tageszeitungen erscheinen sowie die wichtigsten Magazine Italiens.

Die überregionalen Blätter »Corriere della Sera« und »La Repubblica« haben einen großen Mailänder Lokalteil, wie auch »L'Unità« mit der täglichen Beilage »Mattina«. Für den Gardasee ist »Il Giornale di Brescia« wichtig. In Turin und dem Piemont informiert traditionell »La Stampa« und in Ligurien »Il Secolo XIX« (die Traditionszeitung »Il Lavoro« ist zur Beilage der »Repubblica« geschrumpft). In diesen Blättern findet man täglich ein ausführliches Kultur- und Kinoprogramm sowie Veranstaltungshinweise. Die Tageszeitungen erscheinen auch am Sonntag. Man kauft sie am Kiosk, den es an jeder Straßenecke gibt. Die Kioske müssen laut Gesetz alle vorhandenen Zeitungen und Zeitschriften sichtbar aushängen – so kann sich jeder ein Bild von der italienischen Presselandschaft machen.

In den Zentren der Städte und in touristisch erschlossenen Ortschaften findet man auch internationale Presseerzeugnisse – die aktuelle Ausgabe spätestens ab zehn Uhr.

Zoll

An den Binnengrenzen der Europäischen Union gibt es seit Januar 1993 keine Zollkontrollen mehr (Sicherheitskontrollen werden allerdings weiter durchgeführt) und somit auch keine Ein- und Ausfuhrbeschränkungen. Die ausgeführten Waren dürfen allerdings nur für den Privatgebrauch sein, ansonsten müssen Sie die Waren versteuern.

Register

Hier finden Sie die in diesem Band beschriebenen Orte und Ausflugsziele sowie wichtige Stichworte. Wird ein Begriff mehrfach aufgeführt, verweist die **fettgedruckte** Zahl auf die Hauptnennung. Die Buchstaben-Zahlen-Kombinationen verweisen auf die Planquadrate der Karten in der vorderen und hinteren Umschlagklappe. *Kursive* Zahlen beziehen sich auf Abbildungen.

🅜 = Der gute Tip von MERIAN

Abbazia di Chiaravalle (Mailand) 135
Abbazia di Piona 102
Abbazia di S. Fruttuoso (Camogli) 126
Abbazzia di Staffarda 65
Abtei von Viboldone 158
Acquario Civico (Mailand) 148
Acquario di Genova 🅜 19, 106f., *106*, 109
Acquario Tirrenico (Camogli) 126
Acqui Terme 59
Alassio 18, **117f.**, 231, C6
Alba 13, 15, 50, **55f.**, 58, 62, 224, C4
Albenga 28, 31, **118**, C6
Albisola 123
Alessandria 41, **58f.**, D4
Alta Via dei Monti Liguri 205
Antica Locanda Solferino 🅜 (Mailand) 134
Antica Osteria Casa di Lucia 🅜 (Lecco) 100
Antica Pasticceria Klainguti (Genua) 🅜 112f.
Antikenmuseum/Museo Civico Età Romana (Brescia) 72
Antiquarium della Vita Romana (Desenzano) 87
Aosta 30, **41f.**, A2
Aosta-Tal 11, 13, 35, 37, 41f., 48, 225, 230
Arazzeria Scassa (Asti) 51
Arco di Ausgusto (Aosta) 43
Argegno 92
Armeria Reale (Turin) 187
Arona 165, **168**, 176, D2
Ascona 174
Asti 13, 15, 28, 41, **49**, 50, 52, 56, 62f., *214*, 224, C4
Avigliana **194f.**, B3
Azienda Agricola Cascine Orsine 🅜 202
Azienda Agrituristica Oberto Egidio 🅜 56f.

Bagolino 72, 224
Barolo 50, 56f.,

Bellagio 🅜 16, 92f., **94f.**, 100f., E1
Bellinzona 204
Bergamo 16, 26, 29, 41, 99, **152f.**, 208f., 215, 231, F2
Bergamo Alta 208
Biella 14, 41, 179, **195**, C2
Boario 75, G2
Borromäische Inseln 🅜 175
Bra **60f.**, B4
Braveno 176
Brembo 153
Brescia 16, 25f., 30, 35, 41, 51, 65, **67f.**, 72, 74, 81, 224, 227, 231, 233, G2/G3
Breuil Cervinia 48
Brixia 69f.
Broletto (Brescia) 69
Broletto (Como) 90
Broletto (Novara) 165
Brunate 89

Cadenabbia 93, 100, 102
Caffe Piatti 🅜 (Turin) 189f., *189*
Calizzano 118
Camogli 18, **125f.**, *126*, E5
Camonica-Tal/Valcamonica 75, G2
Campione d'Italia 99
Campo del Palio (Asti) 54
Canavese **196f.**, C2
Cannobio 168, D1
Cantù **95f.**, 224, E2
Cappella Colleoni (Bergamo) 210
Cappella dei Ragusei (Genua) 110
Cappella S. Aquilino (Mailand) 25
Cappella SS. Sindone (Turin) 184
Casa Cassava und Museo Civico (Saluzzo) 66
Casa Castiglione (Castiglione Olona) 97
Casa del Terragni (Como) 91
Casa di Cristoforo Colombo (Genua) 107
Casa Museo G. Mazzotti (Albisola Marina) 123
Casa Vinicola Nino Negri (Chiuro) 103
Casale M. **12**, 53, **61 f.**, D3
Cascine Orsine 202
Castel Savoia 49
Castellazzo Bormida 59
Castelletto (Genua) 107
Castello (Brescia) 69
Castello (Mailand) 29
Castello (Novara) 165
Castello della Manta 66
Castello di Fénis 48
Castello di Issogne 48
Castello di Masino 196
Castello di Rivoli – Museo d'Arte Contemporanea 197
Castello Dragone (Camogli) 125

234

Castello Falletti di Barolo 58
Castello Grinzane Cavour M 57
Castello Sforzesco (Mailand) 26, 30, 136, c2
Castiglione delle Stiviere M, 76
Castiglione Olona 97, E2
Cenacolo Vinciano – Abendmahl (Mailand) 135, a3
Ceparana 124, 205
Certosa di Pavia M 161, 200
Cherasco 15, 29, 62f., B4
Chiesa di Villa (Castiglione Olona) 97
Cidneo 68f.
Cimitero di Staglieno (Genua) 108
Cinque Terre 10, 18, 126f., 198/199, 206f., F6
Circonvallazione a Monte (Genua) 20, 107f.
Civica Galleria d'Arte Moderna (Mailand) 142
Civica Raccolta di Terraglia (Laveno) 170
Civici Musei del Castello (Mailand) 142, c1/c2
Civico Museo d'Arte Contemporanea (Mailand) 142, e4
Civico Museo d'Arte Contemporanea di Villa Croce (Genua) 111
Civico Museo di Storia Naturale (Mailand) 148
Civico Tempio Voltiano (Como) 91
Cogne 46f.
Cogne und der Parco Nazionale del Gran Paradiso M 46f., B2
Colico 93, 102
Collegiata di S. Orso (Aosta) 43
Comer See 16, 37, 92f., 94, 98, 101f., 172, 230
Como 16, 26, 41, 88f., 224, 233, E2
Corniglia 127, 206f.
Corso Alfieri (Asti) 49, 54f.
Courmayeur 13, 47, A2
Cremona 17, 28, 41, 155f., G3
Cuneo 41, 63, B5

Desenzano del Garda 67, 86f., 87
Dogenpalast (Genua) 109
Dolceaqua 51, 124
Domodossola 13, 174, 177, 204
Dora Baltea 41, 48
Doria-Gräber 18
Doria-Häuser (Genua) 108
Duomo Nuovo (Brescia) 65, 68
Duomo S. Lorenzo (Genua) M 108
Duomo Vecchio (Rotonda, Brescia) M 69f.

Fénis 48
Fiera di S. Orso (Aosta) 42, 45

Fiera di Senigallia (Mailand) 147
Fiera Nazionale del Tartufo (Alba) 58
Finale Ligure 26, 118, C6

Galleria Civica d'Arte Moderna (Turin) 187
Galleria di Palazzo Bianco (Genua) 111
Galleria di Palazzo Rosso (Genua) 111
Galleria Nazionale di Palazzo Spinola (Genua) 111
Galleria Sabauda (Turin) 187
Galleria Vittorio Emanuele M (Mailand) 138, 138, e3
Gardasee 11, 16, 34, 51, 66f., 73f., 79, 86f., 164, 230, 233, G2/G3
Gardone Riviera 77f., H2
Gargnano 78
Geigen in Cremona – Museo Stradivariano M 156, 157
Genua 12, 18f., 31f., 41, 104f., 105, 107, 114f., 123f., 128, 205, 215, 217, 224, 227, D5
Giardino Alpino Paradisia 47
Giardino Botanico Hanbury 124f., 124
Giardino Botanico Hruska (Gardone Riviera) 78
Gran Balôn – Markt auf der Piazza della Repubblica M (Turin) 191
Gran Madre de Dio (Turin) 184
Gravedona 98, 102, E1
Grotte di Catullo – Antiquarium Zona Archeologica 87
Grotte di Toirano 119

Hotel Gianni Franzi M (Vernazza) 207f.

Idrosee 16, 78
Imperia 18, 41, 119f., 231, C6
Insel S. Giulia 173
Intra 165, 177f.
Iseo-See 16, 74, 80f., 99, G2
Isola Bella 175, 176
Isola Madre 176
Issogne 48
Ivrea 14, 196f., 224, C2

Kapitol (Brescia) 70
Kastell in Montaldo Dora 196
Kathedralmuseum/Museo del Tesoro della Cattedrale (Aosta) 44
Kloster S. Caterina (Aosta) 44

La Douja d'Or (Asti) 55
La Palud 48
La Spezia 12, 18, 26, 41, 124, 128, 205 f., 224, 231, F6
Lago d'Idro 16, 78

235

Orts- und Sachregister

Lago d'Iseo 16, 74, **80f.**, 99, G2
Lago di Como 16, 37, 92f., 94, 98, 101 f., 172, 230
Lago di Garda 11, 16, 34, 51, **66f.**, 73 f., 79, 86f., 164, 230, 233, G2/G3
Lago di Lugano 16, **98f.**, 100, 172, E1
Lago di Orta 14, 164, **172f.**, *173*, 177, D2
Lago Maggiore 6, 11, 16, 26, 29, 36, 164f., 168, 171f., 175, 202, 225
Laveno **168f.**, 176, *203*, D1
Lecco 16, 41, 93, **99**
Lega Nord 26, 29, 37
Limone 230
Limone Piemonte 13, **63f.**, B5
Locarno 174, 204
Lodi *17*, 17, 41, **158**, F3
Lodi Vecchio 158
Luganer See 16, **98f.**, 100, 172, E1
Luino **171**, D1

Mailand 12, 14f., 17, 26f., 34f., 41, 70, 88, **131f.**, 144f., 150f., 158, 165, 208, 215, 217, 224f., 233, E3
Mailänder Dom *38/39*, *135*, *137*
Malcesine 67
Manarola 127, 206f.
Mantovano 76
Mantua 17, 27, 41, 61, 72, **81f.**, 84, 224, 233, H3
Menaggio 92, *95*, **100**, E1
Mondovì *15*, 29, **64**, B5
Monferrato 12, 15, 50, 61, 201
Monte Baldo (Gardasee) 66
Monte Isola (Lago d'Iseo) 16, 80
Monte Rosa 13, 49
Monterosso (Cinque Terre) *10*, 206 f.
Monviso 11, 13, 57
Monza 28, 36f.,**159f.**, 160, E2
Mortola 124
Museo Alpino Duca degli Abruzzi (Courmayeur) 48
Museo Archeologico (Asti) 52
Museo Borgogna (Vercelli) 179
Museo Civico (Lodi) 158
Museo Civico Archeologico (Sesto Calende) 170
Museo Civico d'Arte Antica Medioevale e Moderna (La Spezia) 128
Museo Civico del Risorgimente/Einigungsmuseum (Brescia) 72
Museo Civico delle Arme Antiche (Brescia) 72
Museo Civico di Archeologia Ligure (Genua) 111f.
Museo Civico di Storia Naturale Giacomo Doria (Genua) 112
Museo Civico di Villa Manzoni (Lecco) 99

Museo Civico e Pinacoteca (Alessandria) 59
Museo Civico Età Romana/Antikenmuseum (Brescia) 72
Museo Civico Etnografico (Oleggio) 171
Museo Civico Storia Naturale (Brescia) 74
Museo Civiltà Contadina 58
Museo d'Architettura e Scultura Ligure di Sant'Agostino (Genua) 112
Museo d'Arte Contemporanea – Castello di Rivoli 197
Museo del Capello (Alessandria) 58f.
Museo del Presepio (Brembo) 153
Museo del Risorgimento (Brescia) 69f.
Museo del Risorgimento (Genua) 112
Museo del Tesoro della Cattedrale/Kathedralmuseum (Aosta) 44
Museo dell' Automobile Carlo Biscaretti di Ruffia (Turin) 188
Museo della Barca Lariana 98
Museo della Battaglia di Marengo 59f.
Museo della Fondazione Bagatti Valsecchi (Mailand)142, f2
Museo di Storia Naturale ed Etnografico (Novara) 166
Museo Didattico della Seta (Como) 92
Museo Didattico per il Riconoscimento del Falso nell'Antiquariato (Mailand) 142, c2
Museo Donizettiano (Bergamo) 152, 211
Museo Egizio (Turin) 188
Museo Etnografico e della Stregoneria (Triora) 122
Museo Internazionale della Croce Rossa 76f.
Museo Manlio Trucco (Albisola) 123
Museo Martini di Storia dell'Enologia 197
Museo Nazionale del Risorgimento Italiano (Turin) 188
Museo Nazionale della Scienza e della Technica (Mailand)143, a5
Museo Novarese di Arte e Storia (Novara) 166
Museo Organologico-didattico/Scuola Internazionale di Liuteria (Cremona)156
Museo Ornitologico (Varenna) 102
Museo Poldi Pezzoli 🅼 (Mailand) 143, e2
Museo Stradivariano – Geigen in Cremona 🅼 156, *157*
Museum des Domschatzes (Genua) 109

Naviglio Grande (Mailand) *139*
Novara 14, 41, **162f.**

Oberer Gardasee **77f.**, H2
Oleggio 171, D2
Oltrepò 161, 230
Oltrepò Pavese 51

236

Orta S. Giulio und der Monte Sacro 🅼 173 f.
Ortasee 14, 164, **172 f.**, *173*, 177, D2
Osteria Il Gatto e La Volpe (Oleggio) 🅼 171 f.
Ostufer des Comer Sees **102 f.**, E1

Palazzina Mauriziana di Caccia (Stupinigi) 197
Palazzo Bianco (Genua) 110
Palazzo Cambiaso (Genua) 110
Palazzo Carrega-Cataldi (Genua) 110
Palazzo del Te (Mantua) *22/23*, *84*, 84
Palazzo della Ragione (Bergamo) 209
Palazzo Doria (Genua) 110
Palazzo Ducale (Genua) 109
Palazzo Ducale (Mantua) 17
Palazzo Gonzaga (Castiglione) 76
Palazzo Madama (Turin) 185
Palazzo Mazzetti (Asti) 52
Palazzo Pretorio (Sondrio) 103
Palazzo Reale (Mailand) 140, e4
Palazzo Reale (Turin) 180, 185
Palazzo San Giorgio (Genua) 109 f.
Palazzo Tursi (Genua) 110
Palazzo Vecchio (Bergamo) 209
Palio (Asti) 50, 55
Palio degli Asini (Alba) 58
Pallanza 176 f.
Parc National de la Vanoise 46
Parco Archeologico del Teatro Romano (Aosta) 43
Parco dell'Alto Garda Bresciana 230
Parco Minitalia 🅼 (Bergamo) 154
Pavia 17, 28 f., 36, 41, **160 f.**, 202, 233, E3
Peschiera 66 f., 74, *212/213*
Piazza Dante (Genua) 107
Piazza del Comune (Cremona) 30
Piazza della Borsa (Mailand) 30
Piazza della Libertà (Alessandria) 59
Piazza della Vittoria (Lodi) 30
Piazza Ducale (Vigevano) 30
Piazza Duomo (Bergamo) 209
Piazza Duomo (Mailand) 12, 30, *38/39*
Piazza Maggiore (Mondovì) 64
Piazza Mercanti (Mailand) 140, e4
Piazza Statuto (Asti) 54
Piazza Vecchia (Bergamo) 31
Piccolo Sindaco (Saint-Vincent) 48
Pinacoteca Ambrosiana (Mailand) 143, d4
Pinacoteca Civica (Savona) 123
Pinacoteca Civica (Asti) 52
Pinacoteca Civica (Como) 92
Pinacoteca dell' Accademia Carrara (Bergamo) 153
Pinacoteca di Brera (Mailand) 144, e1

Pinacoteca Tosio-Martinengo (Brescia) 72
Po 14 f., 33, 61, 65, 160
Porta Palatina (Turin)185
Porta Soprana (Genua) 107
Porta Ticinese (Mailand) 25
Porto Vecchio (Genua) 109
Portofino 18, 126, 130, 231
Portovenere 18, *19*, **129**, 231, F6
Priamar (Savona) 123

Rapallo 125 f,. **130 f.**, *130*, E5
Riomaggiore 127, 206 f.
Ristorante Miranda 🅼 (Lerici) 129
Riviera dei Fiori 121
Riviera di Levante 18, 105
Riviera di Ponente 18, 105, 231
Rivoli 194, **197**, B3
Rocchetta Tanaro 15, **64**, D4
Rotonda (Brescia) 65

S. Abbondio (Como) 88, 91
S. Afra (Brescia) 71
S. Ambrogio 🅼 (Mailand) 91, 140, *141*, b5
S. Ambrogio Olona 103
S. Andrea (Mantua) 81
S. Andrea (Mantua) 81
S. Antonio di Ranverso 194
S. Bassiano (Lodi) 158
S. Bernardino (Ivrea) 196 f.
S. Caterina (Finale Ligure) 118
S. Caterina del Sasso 6
S. Chiara (Bra) 60
S. Domenico (Turin) 185
S. Donato (Mondovì) 64
S. Fedele (Como) 88, 91
S. Filippo Neri (Turin) 186
S. Francesco (Cassine) 59
S. Fruttuoso 18, 126
S. Giovanni (Saluzzo) 65
S. Giovanni Battista (Alba) 56
S. Giovanni Battista (Monza) 159
S. Giovanni di Prè (Genua) 110
S. Giustina (Sezzadio) 59
S. Lorenzo (Turin) 186
S. Margherita 126, 130
S. Maria Assunta (Ivrea) 196
S. Maria Assunta (Ventimiglia) 124
S. Maria Assunta 🅼 (Novara) 165 f.
S. Maria Consolatrice (Consolata; Turin) 186
S. Maria di Castello (Genua) 110
S. Maria del Monte (Varese) 103
S. Maria del Tiglio (Gravedona) 98
S. Maria della Neve (Pisogne) 80
S. Maria delle Grazie (Mailand) 30, 141, a3

S. Maria delle Grazie (Varallo) 177
S. Maria Maggiore (Bergamo) 209
S. Maria Maggiore (Como) 88, 91
S. Maria Maggiore (Sirmione) 86
S. Maria Nascente M (Mailand) 136, e4
S. Matteo (Genua) 108
S. Maurizio (Porto Maurizio) 119
S. Michele (Albenga) 118
S. Michele (Pavia) 91
S. Orso (Aosta) 42
S. Pietro in Ciel d'Oro (Pavia) 160
S. Pietro in Consavia (Asti) 52
S. Pietro in Mavino (Sirmione) 86
S. Salvatore/S. Giulia (Brescia) 72
S. Vigilio (Bergamo) 210
S. Vincenzo M 96 f.
Sabbioneta M 84 f., H4
Sacra di San Michele M 195
Sacro Monte (Varese) 103
Saint-Vincent 48, B2
Salò 34, 37, 67, 87, 230
Saluzzo 65, 65, B4
San Lorenzo (Basilika, Mailand) 25
San Remo 18 f., 21, 120, *121*, B6
Santuario dell'Incoronata (Lodi) 158
Santuario di Oropa 195 f.
Santuario di Vicoforte 64
Savona 12, 18, 31, 41, 122 f., 227, 231, D5
Schiffahrtsmuseum (Genua) 111
Schweizer Ufer – Lago Maggiore 174, D1/D2
Sestri Levante 18, 125
Sinagoga und Museo d'Arte e Storia Ebraica (Casale) M 61 f.
Sirmione 67, 86, 86 f., H3
Skaliger-Festung (Sirmione) 86, *86*
Slow Food und die Osteria Boccondivino (Bra) M 60 f.
Sondrio 41, 103, F1/G1
SS. Maria Assunta e Gottardo (Asti) 51
SS. Nazaro e Celso (Brescia) 71 f.
SS. Sindone (Kapelle, Turin) 15
Stadtmauern und Stadttore (Porta Praetoria) M 44
Strehlers Piccolo Teatro (Mailand) 147 f., d3
Stresa 165, 174 f., 176, D2
Südlicher Gardasee 86 f., H3
Südliches Ufer des Lago Maggiore 168, D1
Superga (Turin) 186, *187*

Teatro Alfieri (Asti) 54
Teatro alla Scala *32*, 146, 147 f., e3
Teatro Carlo Felice (Genua) 20, 113, 115
Teatro delle Marionette (Mailand) 149, a5
Teatro Grande (Brescia) 73

Teatro Olimoico (Sabbioneta) *85*
Ticino-Park 202 f.
Torrazo (Cremona) 156
Torre De Regibus (Asti) 52
Torre dei Comentini (Asti) 52
Torre dei Guttuari (Asti) 52
Torre dei Troya (Asti) 52
Torre del Comune (Como) 90
Torre del Comune (Saluzzo) 65
Torre del Popolo (Brescia) 65, 69
Torre della Laterna 109
Torri del Benaco 67
Trattoria Da Dirce (Asti) M 53
Trentino 16, 34, 67, 75
Triora M 121 f.
Turin 12 f., 30, 32, 34 f., 41, 116, 180 f., *180*, 201, 215, 227, 233, B3

Valle D'Aosta 11, 13, 35, 37, 41
Valle de Gressoney 49, C2
Valle Vigezzo 204
Valnontey 46
Valtellina 13, 15, 51, 75, 93, 102, 103, 230, F1/G1
Varallo 172, 174, 177, C2
Varenna 93, 100, *101*, 102
Varese 41, 103, 233, D2/E2
Venedig 29, 31, 224
Venetien 16, 33 f., 67, 72, 231
Ventimiglia 18, 25, 31, 124 f., 205, 215, B6
Verbania 177, C1
Vercelli 14, 41, 164, 179, 224, D3
Vernazza (Cinque Terre) *8/9*, 127, 127, 206 f.
Verona 67, 74, 81
Via Garibaldi (Genua) 104
Via Sottoripa (Genua) 12, 21
Vigevano 17, 202
Villa Balbaniello (Lenno) 101
Villa Carlotta (Bellagio) 95
Villa Carlotta (Tremezzo)101
Villa Della Porta Bozzolo 104
Villa Melzi (Bellagio) 95, 96
Villa Monastero (Varenna) 102
Villa Pallavicino (Stresa) 176
Villa Romana (Desenzano) 87
Villa Serbelloni (Bellagio) 95
Villa Taranto (Verbania-Pallanza) 178, *178*
Villa Venini (Varenna) 102
Vittoriale degli Italiani – Museo Dannunziano M 78, 79
Vittorio Emanuele II 33, 37, 138

Westufer des Comer Sees 100, E1
Winzerei Oberto M 57 f.

Der Autor dieses Bandes

Henning Klüver, geboren 1949 in Hamburg, studierte Literaturwissenschaft, Kunstgeschichte und Philosophie in Hamburg, Berlin, Hannover und Rom. Als Kulturkorrespondent für die Süddeutsche Zeitung lebt und arbeitet er in Mailand.

Fotonachweis
Alle Fotos in diesem Band stammen von Herbert Hartmann, bis auf:
Thomas Stankiewicz S. 42

LAND UND LEUTE ERLEBEN.
MIT MERIAN.

Wohin Sie auch reisen, MERIAN war schon da.
Das MERIAN-Heft Ihrer Lieblingsregion bekommen
Sie für DM 14,80 überall, wo es gute Bücher gibt.